仓圣明智大学

王国维

在一九一六

虞坤林　编

山西出版集团

山西古籍出版社

王国维壮年像

念紀遊言叔事參羅月四巳丁

1917年4月,王国维(左一)在爱俪园与罗振玉等合影留念

出版说明

　　2007 年是王国维先生诞辰 130 周年,又是他"自沉"80 周年。他的同乡晚辈虞坤林整理乡邦文献多年,于王氏生平也多有研究。出于对先生的怀念,遂选定王国维在 1916 年的日记和书信作为主体,兼及其《学术丛编》的两篇序言和《经学概论讲义》,名之曰《王国维在一九一六》。虞先生的这一选辑角度,恰好反映了王国维从日本归国,入英籍犹太人哈同所办的仓圣明智大学执教的一年。在这一时期,他冷眼关注着乱世,从容执着地从事学术研究,不仅写出了《殷周制度论》等名著,而且编就了《观堂集林》,可谓其学术研究的高峰。然而,王国维先生在仓圣明智大学的执教,并不为时人理解,郭沫若先生对此即颇有微词。有关这些议论,虞坤林先生并未加以评说,他只是将王国维在这一年的日记和书信集在一起,让王国维自己说话。这正是虞先生的高明之处。当然,虞坤林先生并非只做了资料收集工作,他对王氏的日记和书信,都作了认真注释,使我们便于阅读;还特意将罗振玉诸人的回信或来信附于注文中,使我们易于看到王氏治学与生活的真实面貌。尤其先生在生活方面的精明及对国家大事的关心,使人注意到他不仅仅是一个学者,还有更加丰富的人生经历。需要引起读者注意的是,王氏书信自署的日期与编者所署的日期,在公历与农历方面不尽一致。至于本书的主旨以及编纂原因,著名的王国维研究专家陈鸿祥先生已在序言中予以详述,读者诸君亦自可判断,就不再赘述了。

目　录

前 言

1916年2月，王国维先生离开了移居近五年的日本，回到上海，并进入哈同的"广仓学窘"，主编《学术丛编》，这是乡友邹安适庐为之介绍。自此在上海生活了六年，并又一次进入了学术研究的高峰。郭沫若先生在《鲁迅与王国维》一文，盛赞王国维先生"在史学上的划时代成就"，就是指这段时间里的著述。但是，对于王国维进入哈同，学界各有己见，褒贬不一。也是郭沫若先生在同样的文中谈到，假如当年知道了王国维在这样的一个"大学"里任教，"说不定我是从心里便把他鄙弃了"！也有人认为王氏在上海接触的人物，以保守反动者居多，故将他定为"保守复辟"中的一员；而顾颉刚先生对这一件事，在《悼王国维先生》一文中是这样评价的："……所以他的学问见解虽是比较一班遗老差得天高地远，还是情愿和他们虚与委蛇。这是不能过分责备他的第一桩。凡是专心研究学问的人，对于政治的兴味一定很淡，这并不是遗落世务，实在一个人只有这一点精神。它即集中于学问，便再不能分心于政治了。静安先生归国之后，何以宁可在外国人所办的学校（广仓学窘）与半外人所办的学校（清华学校）中任事，也只因里边的政治空气较为疏淡之故。"其实我认为，名人也是人，他们也有七情六欲，亦有所喜，亦有所恶，要生活就必须挣钱，只要用平常心去看待名人学者，我想一切事情就变得简单多了。由于王氏在上海时期的争议颇多，而1916年又是到上海的第一年。目前已挖掘出来的关于是年的史料颇多（包括目前所发现王氏唯一的一部日记），故将这一年王氏的日记、书信，包括相关哈同的史料等汇编一册，让大家在这些史料中，重新审视王氏在沪的学术活动，也许有更深体会及发现。

下面我将撰入是编各文的所用版本向大家作一个交代。《丙辰日记》是根据其家属捐赠给国家图书馆的稿本整理而成。《致友朋书信》（以致罗振玉的信为主），是据《王国维全集·书信》（刘寅生、袁英光编，1984年3月中华书局出版)为底本(简称"中华本"),参校《罗振玉王国维来往书信》(王庆祥、萧文立校注,罗继祖审订,2000 年 7 月东方出版社出版)(简称"东方本")进行整理,并节录部分罗振玉在 1916 年间致王的相关信札,对个别信件的书写日期,经考证后,重新进行了调整。《经学概论讲义》是据民国年间商务印书馆版本编入。同时,在附录中又编入李思绩的《爱俪园——海上的迷宫(选录)》、徐铸成《仓圣》、蒋君章《仓圣明智大学的回忆(节录)》、费行简《观堂先生别传》、陈鸿祥《王国维和"广仓学宭"及其他》等五篇文章。应该讲这几篇文章的撰稿人,有的是当时人,有的是对王国维在这时期的活动有专门的研究,对我们了解哈同的"仓圣明智大学"、"广仓学宭",及王国维在沪时期的活动有很大的帮助。最后,附上目录二种:《〈学术丛编〉篇目》和《王国维著述年表》。试图通过这两个目录,给读者展示王国维先生在世事纷乱的状态下,仍孜孜不倦地钻研学术,勤勉不息地写作,为后人留下了一笔宝贵的文化遗产。

在整理是书的过程中,得到了许多学者及朋友的帮助和支持。如陈伯良师、孙平沙先生、沈学强兄为该书的整理及注释提出许多关键性的建议和帮助;复旦大学图书馆王国维的曾孙王亮先生为我提供了王国维在哈同时期的照片及资料。海宁图书馆、上海图书馆、国家图书馆提供查阅相关资料的方便。尤为感人而值得一提的是南京陈鸿祥先生(我是经王学海兄提供陈老的通讯地址,才联系到陈先生的),当我拨通电话将我的请求提出后,一口答应在百忙中为本书作序。不几日收到他为本书精心撰写的序言,并又冒着酷暑对电子稿《王国维来到了"爱俪园"》、《王国维和"广仓学宭"及其他》及《仓圣明智大学章程序》再次进行了校对及修正。

该书从策划到杀青,山西古籍出版社的张继红总编及苏华老师给予了全方位的帮助及指导;在此向支持帮助我的朋友及长者表示衷心的感谢。我编此书的唯一宗旨是:将一个特定时期的资料汇集起来,供大家参考,也许从中我们能还一个学者的本来面目,还一个具有平凡心的真正学者。是书已结稿,作为一个整理者心里很明白,一定会留下许多遗憾和不尽如人意的地方,在此敬请广大读者见谅。

今年是王国维先生诞辰 130 周年,逝世 80 周年,在这个特殊日子里,编辑是书,也作为乡晚对贤者的崇敬及怀念。

王国维来到了"爱俪园"

——序《王国维在一九一六》

陈鸿祥

　　王国维于 1916 年 2 月初自日本京都返回上海，距今已逾九十年了。时值丙辰春节，所以，我在《王国维全传》(修订版)(人民出版社 2007 年 5 月版)中称为"丙辰归国"，并指出"在他的学者生涯中，丙辰之春归国，是一个非常重要的、再创他后半生学术辉煌的新起点"。现在，虞坤林先生搜集他归国之年的日记、书信及其他著述、史料，裒为一集，颜其名曰《王国维在一九一六》。我觉得这个创意很好，是一本有特色的书。

　　那么，王国维为何要在"爆竹一声除旧岁"，家家户户"过大年"的日子里，辞别与他在东京郊外风景幽丽的"神乐冈"摩挲青铜甲骨，共研文史考古近五载的挚友和亲家罗振玉，行色匆匆赶回上海？他在《丙辰日记》开卷第一篇，正月初一(1916 年 2 月 5 日)晨起"与韫公(按，罗氏)贺岁"后，即记其要在此时归国的缘由，云：

　　　　去冬十二月，同乡邹景叔(按，即邹安)大令移书，谓英人哈同君之夫人罗

　　　　氏，拟创一学问杂志，属余任其事。其杂志体例分字学、礼学、文学、觉学、宗教

　　　　诸门，并俟余到沪商酌……

　　上海素称"冒险家的乐园"。其中一大"冒险家"，就是祖籍巴格达，漂洋过海来到上海

"十里夷场"之后，以经营地产而致暴富，人称"地皮大王"的英籍犹太人哈同；而在王国维谓之"哈夫人"的罗氏操持下，耗费哈同搜刮来的巨资，历时数年营建的私家花园"爱俪园"，则是一个真正堪称"大富豪"的"海上大观园"，一个在上海滩上无人不知、无人不晓的"大乐园"。

不过"爱俪园"之名不免有点儿"洋气"，故上海及周边的寻常百姓管它叫"哈同花园"，王国维笔底则简之为"哈园"。由于"上海语境"里"哈""蟹"音近，"同""洞"难分，于是又有了"蟹洞花园"之"戏称"。笔者儿时在沪郊，尚不知哈同其人"来头"，却已闻"蟹洞"之名，就是这么听得的。

当然，这都是后话。"哈园"建成（1909年），恰值清末民初"共和"取代帝制的历史大变动时期。"爱俪名园"不惟是令多少大小"冒险家"艳羡的一道特别靓丽的"景观"，在某种程度上还是映现着政治风云变幻的"晴雨表"：行将就木的慈禧老太后所赐御笔"福"字，既高悬于厅堂，辛亥武昌起义的枪炮声中落荒而逃的湖广总督瑞澂亦隐匿于此；尤令"哈园"风光无限，蓬荜增辉的，则是盛情迎来了归国就任中华民国开国大总统的孙中山下榻于此园；而由蔡元培证婚，近千人参加，时任东三省"筹边使"的"国学大师"章太炎与汤国梨之"文明婚礼"，在"爱俪园"的"天演界"举行，更轰动了大上海，几成孙中山及其左右黄兴、廖仲恺等革命党人的一次盛大集会，至今仍是民国史家乐道的佳话……

"哈园"既以豪富炫耀，当然也少不了"文化搭台"，颇招徕了诸多学者名流出入园内。举其最著者，如被鲁迅称为"公车上书的头儿""戊戌变法"的风云人物康有为；曾"行走"于前清总理各国事务衙门，又在恩铭被刺后"署理"安徽巡抚的"大儒"沈曾植；被王国维《人间词话》誉为"学人之词，斯为极则"的词学大家朱祖谋（彊村）和同样以词著称的况周颐（蕙风）；还有书画名家黄宾虹、徐悲鸿、胡小石等等；至于辛亥以后做了"海上寓公"而来"渊渊作金石声"的哈同"戳寿堂"玩赏青铜甲骨，兜售文物古籍的失意政客、落魄文人，以及其他古董收藏家，那就更多了。

我们还不应该忘记：辛亥革命虽"把皇帝拉下了马"，但"革命尚未成功"。王国维归国之际，恰为袁世凯龙袍加身，并悍然宣布改元"洪宪"之时。做了八十三天"洪宪皇帝"（1916年1月1日至3月23日）的袁氏"过把瘾就死"，王国维顿即致信留在京都的罗氏，敏感地指出："元凶既毙，虽快人心，然后来之事，仍如长夜。"果然，紧接着是张勋"复辟"。一心要做"议政大臣"并让自己七八岁的女儿册封"贵妃"的"辫帅"，迫不及待地将十来岁的少年"宣统"重新扶上"龙廷"，当然更加短命："七日而终"（1917年7月1日至7日）。王国维既致信罗氏，惊呼"今日情势大变"；更清楚地看到，谁想要在神州大地上再行帝制，那只能是"钧天一梦"。

尤其意味深长的是，就在王国维归国的1916年秋八月，孙中山偕同夫人宋庆龄，前往王国维的故里海宁盐官镇观看钱江潮，并以革命先行者的宏伟气魄，亲书"世界潮流，浩浩荡荡，顺之则昌，逆之则亡"的著名题词；而王国维则在两年之后（1918年），"五四"前夕，面对汹涌而至的新文化大潮，写下了"世界新潮，溃洞澎湃，恐遂至天倾地折"，并且预言

"东方道德政治,或将大行于天下"。我们不能不惊叹他作为"兼通世界之学术"(而非"一孔之陋儒")的一代大师,思想是何等深邃。他那富有历史穿透力的眼光,应该说是当时一班高喊"打倒孔家店"的新文化人士难以比及的,而到了近世犹在倡言"东方文化",奢谈"东学西渐"的"大师""泰斗",实在不过是拾其"馀唾"而已。

王国维有诗云:"事到艰危誓致身,云雷屯处见经纶。"(《罗雪堂参事六十寿诗》)正是在这样新旧兴替、云雷激荡的情势中,王国维这位经纶满腹的大学者来到了"爱俪园",进入了由于他的应聘而遂至其有了文化品位及学术档次的"广仓学宭"。我在上世纪80年代初着手撰写《观堂遗事》的"系列研究"文章,率先推出的第一个专题,是《王国维和"广仓学宭"及其他》(《学林漫录》第八集,中华书局1983年4月版),列出了"广仓学宭"的组成简表:一是"教育",即"仓圣明智大学"及其附属中小学;二是"出版",即分别由王国维、邹安编辑的《学术丛编》《艺术丛编》杂志(合为《广仓学宭学术丛书》)。

还应该指出,伴随着上世纪80年代掀起的"上海滩热",对哈同其人其事,连着"哈夫人"及其"爱俪园",也成了颇受青睐的"热门话题"。但是,关于王国维与"广仓学宭",就不但不是"热点",从王氏研究的角度来说,甚至还是个"盲点";更因为事关哈同其人,故在过去很长时间内即使偶尔提及,也基本上是(或者完全是)被否定的。例如,郭沫若在《鲁迅与王国维》这篇影响极大的名文中,就有如是论述:

> 那时候(按,1921年)王国维在担任哈同办的仓圣明智大学的教授,大约他就住在哈同花园里面的吧……假使当年我知道了王国维在担任那个大学的教授,说不定我是从心里便把他鄙弃了。我住在民厚南里的时候,哈同花园的本身在我便是一个憎恨。连那什么"仓圣明智"等字样,只觉得是可以令人作呕的狗粪上的霉菌。

郭沫若是鼎鼎大名的甲骨"四堂"之一。他推崇观堂之学,尊王氏为"新史学的开山",也是大家熟知的。他早年自日本留学归来就曾在旁靠"爱俪园"的民厚南里"住过一些时间",因而用了后来广为流行的"狗屎堆"这样"憎恨"的话语来"鄙弃"哈同及其所办之"学";其实,就连王国维自己初入"哈同",何尝不是如此?从辑入本书的王氏日记、书信,我们便可以看到,他在走访了沈曾植等"海上友人",又由"哈园"总管姬觉弥"导观"了"学宭"办事处,参加了那时仅有初中和小学的"仓圣明智大学"的"开学典礼",了解了哈同夫妇的种种传闻之后,经与邹安反复商酌"定计",并通信征询罗氏意见,这才勉强同意应聘就任《学术丛编》"编辑主任",并提出了就职"三原则":

一、由他"包办"《学术丛编》杂志,刊载他本人的著述及其他文稿,他人不得插手干预,尤其是拒载姬某"随口胡诌"的"仓学";

二、拒绝园方的"教务长"之请,专任杂志编辑之外,不兼教职,不参与所谓"仓圣明智大学"的教务;

三、不入住"哈园",也不每天到园"上班",并辞谢了姬某邀其举家迁居园内新建的二幢华宅。

这就是王国维,就是被梁启超称颂不已的"学者人格"。自称曾在"哈园"与王氏"共居处逾五载"的费行简,拜服观堂学问之外,更说他"唯厥躬行贞洁,践履笃实,更为予生平所未觏"(《观堂先生别传》)。郭老所谓"大约他就住在哈同花园里面",则属揣测;说"担任那个大学的教授",在他丙辰归国的头两年,实在也是并无其事的子虚之谈。

惟此之故,我怀着对观堂之学的钦仰,于1980年撰写并发表了《王国维年表》及一批相关的研究资料,受到了那时尚健在的戴家祥、周传儒等毕业于清华研究院的"王门弟子",蔡尚思、唐弢、唐圭璋等前辈学者,以及其他学界同仁的关心和鼓励;而作为罗振玉长孙并亲炙观堂风采的罗继祖教授在写信给我鼓励的同时,特就《年表》采纳同为"王门弟子"的赵万里、姚名达所述曾任"仓圣明智大学教授"一事提出质疑,认为"王先生律己甚严",不会在"仓圣明智"任教;即使真的在这样一个"大学"当过"教授",又有什么可以称道的呢?那时,学风醇正,编风清淳,尚无滥捧"名人""大家"之类谀风;我业馀做王国维研究,不断与继祖先生通函请益,受教良多。于是,学习顾颉刚先生当年编《古史辨》"疑义相与析"的精神,将他这封持否定意见的来信,加写了《附记》转交相关刊物发表;继之,又多方寻访、搜集,包括向已逾九十高龄、曾与"哈夫人"罗氏"结拜姐妹"的瑞澂夫人廖克玉老人写信请教,尽可能据"第一手史料",对王氏与"广仓学宭"的那段往事作较为客观的考辨。但是,也必须如实指出,当拙文在《学林漫录》发表的80年代初,要真正破解王氏入"爱俪园"及其是否担任哈同所办"大学"的"教授"之"谜",可资"信史"的相关记述还不多。以"见证人"回忆当年的李恩绩之《爱俪园梦影录》(1984年)尚未面世,王氏自记"哈园"见闻的《丙辰日记》更藏在深闺,就连后来整理编辑了《罗振玉王国维往来书信》(2000年)的罗继祖(实际上是王庆祥、萧文立校注,罗继祖审订),也只见过收藏于他本人手里的部分书信。嗣后,进入80年代中后期,继祖先生阅看了李恩绩等人的回忆录,特别是读到了王氏丙辰归国及其后数年间与罗氏"全部的《书信》",这"才发现自己犯了主观片面的错误",亦即王国维确实担任过"仓圣明智大学"的教授,并且写信向我热情引荐了他的老友孙晓野教授为之笺证的《经学概论》,说:这部由商务印书馆作为"函授教材"排印出版的"讲义","本是广仓的教材",是王国维为"仓圣明智大学"讲授"经学"编写的。

当然,这又提出了另一个问题:姬某所诌的"仓学",既是"骗人的鬼话";哈同夫妇办"学"更属"附庸风雅""欺世盗名"(廖克玉致笔者信中语),所谓"哈同大学"在旧上海就名声很"臭",故王国维初入"哈园",只编杂志,坚辞教职。后来何以违拂初衷,允任"教授"呢?

从1916年归国到1923年4月"奉旨"北上就任溥仪小朝廷的"南书房行走",王国维居沪七年。这正是他进入"不惑"之年的学术鼎盛期。而在"哈园",他则经历了由编而教的转折。他专编了两年杂志,每月一期(册),编到第二十四期,"注意绝多"又复善"变"的"总管"姬某传达园方旨意:"停出学报",改印《四库》未收书"(即《四库全书》未收书目中的古籍),并请王国维负责"选定校理"。廖克玉老人在给我信中曾说姓姬的是个"和尚",是罗氏的"面首";王国维则直斥之为依仗哈同夫妇财势的"小人",是"一无学术"的"浑蛋";而洋"大班"哈同又哪会"慨然输资"来印中国古籍?"姬佛陀"无非想借《四库》之名出风头。果然不出王国维所料,数日后姬某就改变了"印书"的主意,说是学校"明年开办预科","经学教授极难其选",恳请他任教。王国维考虑,杂志既然已停办,继续留在园内"势成闲散","遂亟允之"。但他将主要精力用于研究和写作的"初心"坚持不变,提出应聘的条件是"功课排在上半日,并令备车迎送各节"。姬某一一答应。于是,从1918年起,直到1922年底"学校解散",王国维担任了"经学教授",并且在庚申(1920年)春开办大学"正科一年级"时,他兴致盎然地代"校长"姬佛陀撰写了"举世竞言'新',独我学校以'旧'名于天下"的《仓圣明智大学章程序》!

更值得注意的是,在王国维就任"哈同"教职的四五年间,有案可稽邀他任教的国内外名牌大学,就有远在日本的京都大学,近在南京的东南大学;尤其是蔡元培任校长的北京大学。从1917年开始,先后多次致信并派人登门邀请,但他直至1921年只答应了个"不受薪"的"通讯导师"的"虚衔"。所以,顾颉刚在王氏"自沉"后写的悼文中曾提出"静安先生归国之后,何以宁可在外国人所办的学校(广仓学窘)与半外人所办的学校(清华学校)中任事,也只因里边的政治空气较为疏淡之故"。应该说,这是知人之谈。我们如果再结合"哈园"的实际,还可以这样说:他之所以明知不学无术的姬佛陀其人"殆难共事",却仍留在"哈园",不惜"虚与委蛇",除了按所编辑的杂志门类,或所教的学校课程取酬以维持生计之外,完全是为了可以做他所嗜好的学问,专心致志于他所从事的学术研究。正是在此期间,他写出了"轰动世界"的"二考一论",即《殷卜辞中所见先公先王考》及其《续考》与《殷周制度论》;写出了"一铭等于一篇《尚书》"的诸多钟鼎铭文考释和著名的《毛公鼎考释序》;写出了破解《诗》《书》《礼》《乐》,考释汉魏石经,论说唐韵、古文等大批专著,编定了他那"在古学的城垒上灿然放出了一段异样的光辉"的《观堂集林》……

即使是轶散在观堂遗书外的《经学概论讲义》,事实上也不是仅为"哈园"讲学而率尔操觚的应酬之作。我在《王国维全传》中曾专节探讨其书,是纵贯孔子以后之儒家经典,横及诸子百家,概述"四书"之来历,畅论"十三经"之形成,堪足为"四书""十三经"之导读;其所论之经籍虽古,而此书《总论》为"经"所下之定义则纯然是近代的。早在1916年8月,他归国之初写给罗氏的书信中,就论及"儒家独传之学在于六艺",提出"拟作《先秦儒术考》",这可以说是他撰这部讲义的"蓝本";而在他讲授经学之际(1921年),以书信形式所撰名文《与友人论〈诗〉〈书〉中成语书》,更被胡适尊为"揭开"了"旧经学'黑幕'"的"新经学宣言"(《我们今日还不配读经》)!

综上所述,从本书所辑的《丙辰日记》《经学概论讲义》、致罗振玉书信以及其他相关回忆文章,对于帮助我们了解王氏丙辰归国以后的学术活动,和观堂的学术业绩,是非常必要的,有益的。今年是王国维逝世80周年暨诞辰130周年(1877—2007)。鲁迅曾说,"他才可以算一个研究国学的人物"。王国维生前,既未以"经学大家"自命,更无意为"国学大师"。他默默耕耘,不图虚名;以"学术为性命",把"五十之年"的一生奉献给祖国的文化学

5

术事业。我们在新的世纪里，要弘扬他的这种学术精神，不虚夸，不浮躁，从他留下的丰富的学术遗产中汲取营养，为振兴中华文化学术再创新的辉煌。这才是对他的最好的纪念。

这也是我作为后学晚辈，回眸观堂之学为本书写序的心愿所在。

2007年"端午"前夕，按照旧历适为观堂效屈原"自沉"之期，

写于南京龙园新寓之清平斋。

6

丙辰日记

王静安

王国维《丙辰日记》墨迹

丙辰元旦　　晴

　　起，盥洗讫。与韫公[1]贺岁。自去岁送家眷回国，即寓韫公家，至是已八阅月。去冬十二月，同乡邹景叔[2]大令移书，谓英人哈同[3]君之夫人罗氏[4]，拟创一学问杂志，属余往任其事。其杂志体例分字学、礼学、文学、觉学、宗教诸门，并俟余到沪商酌。已于去岁函允。摒挡行李书籍，于开岁初二日坐"筑后丸"赴沪。至是书籍十箱，已送神户，行李亦料理有绪。

　　正旦客中无事，亦无客至。与韫公清谈，韫公出郭河阳[5]《寒山行旅》、黄子久[6]《江山幽兴》与王叔明[7]《柳桥渔唱》三卷相赏。郭卷树仿右丞[8]，枝皆下向，与世所传蟹爪树枝两头向上者不同。山石皴法从北苑[9]出，亦非所谓鬼面石者。气局深厚，有惊心动魄之观，平生所见河阳画，此为第一。韫公又藏郭《寒雅[鸦]秋水》卷，亦佳。忆十年前在京师见二巨卷，气象、笔墨俱佳，然恐非真迹，殆燕文贵[10]辈所为耳。子久卷冲夷古淡，无笔墨痕迹可寻，有徐朗白题字。《黄鹤山樵》卷融泄骀荡，亦与常作不同，后有字"公谅[11]记"，字法赵吴兴，气韵妍雅，在句曲外史[12]之上。又有杨铁崖[13]、王元章[14]诸公跋，所图乃越中故事，故韫公特宝之。忆去岁秋后所见名迹最夥，如王右丞《江山雪霁》卷；杨昇[15]《云山》图幅；北苑《溪山行旅》、《万壑松风》、《松峰高士》，又《松泉》四大立幅及《群峰雪霁》卷；巨然[16]《烟浮远岫》立幅，又《万壑》图卷；无名氏《山园古木》图轴（疑出巨然）、《雪山》图轴（疑李成笔）[17]、《濯足》图轴、《雪雁》图轴；米元章[18]《云山》图轴；钱舜举[19]《七贤过关》图卷：皆海内剧迹也。诸画皆已用整色乾版摄影，与真迹无异，并出照片相与玩赏久之。

韫公赠坛山刻石一纸，世传周穆王所刻。以字迹观之，颇似李少温[20]，与秦刻石、汉碑额皆不类。然"吉日癸巳"四字位置疏落，不独少温所不能，即相斯[21]亦恐不易为此，或系少温临古之作，此事真不可解也。午后稍憩。晚十时就睡。

注 释：

[1]韫公：即罗振玉（1866—1940），乳名玉麟，初名宝钰，改名振钰，再改振玉。字式如，又字叔蕴、叔言；亦作叔韫、叔韫，别署叔坚。初号雪堂，晚年因溥仪赠书"贞心古松"，因号贞松。浙江上虞人（居江苏淮安）。曾在上海与蒋伯斧创办农学社，并创刊《农学报》；嗣后又创办东文学社、《教育杂志》、江苏省师范学堂等。曾任职伪满洲国。精于古文献、金石学、古文学、古文字学。著述颇丰。

[2]邹景叔：即邹安（1864—1940），字寿祺，号适庐，海宁人，居杭州。清末学者，精金石学，著有《周金文存释文》、《艺术类征》、《双玉錀斋吉金图录》、《横通举要》等。

[3]哈同：即欧司爱·哈同（Silas Auron Hardoon）（1847—1931），号明智，犹太人，生于土耳其，1886年改入英国籍。来中国上海后以地产起家，遂成暴富。建寓于静安寺（即今之上海展览中心附近），占地二百馀亩，名曰"爱俪园"，又称"哈同花园"。

[4]罗氏：即罗迦陵（1864—1941），原名罗诗，名俪穗，亦作俪蕤，号迦陵，法名太隆、大纶，哈同妻。

[5]郭河阳：即郭忠恕（？—977），北宋洛阳人，字恕先，又字国宝。书画家、文字学家。曾任国子监主簿，因议论时政得失被黜，流配登州，死于临邑途中。工画山水尤擅界画，楼观舟楫皆极精妙。而所画山水树石亦入妙，后人评之曰"作石似李思训，作树似王摩诘"。

2

[6]黄子久：即黄公望（1269—1354），元常熟人。本姓陆，约十岁时父母双亡，因出嗣浙江永嘉黄乐为嗣，改姓黄，名坚，字子久，号一峰、大痴，又号一峰道人、大痴道人，晚号井西道人。工书法、诗词，通音律，其山水宗法董源、巨然，曾受赵孟頫教导。存有代表作《富春山居图》。

[7]王叔明：即王蒙（约1308—1385），元末吴兴人。字叔明，号黄鹤山樵、黄鹤山人、黄鹤樵者、香光居上，明洪武年间曾任泰安知州，因胡惟庸案牵累，被捕冤死狱中。善书文，工书画，尤精山水，综采诸家，独成风格。传世之作《葛稚川移居图》、《夏日高隐图》、《竹石图》等。

[8]右丞：即王维（701—761），唐山西祁县人，字摩诘。诗人、画家。官至尚书右丞。博学多艺，诗画俱佳，有"诗佛"之称，善写破墨山水，笔迹劲爽，气势深重，苏东坡称他"诗中有画，画中有诗"。明代董其昌推崇他为"南宗之祖"。传世作品有《雪溪图》、《伏生授经图》等。

[9]北苑：即董源（？—962），五代钟陵人，字叔达。曾任北苑副使，故世称"董北苑"。擅山水，用色古朴，景物富丽，水墨类王维。其画风细密精致，雍容典雅，开创了平淡天真之江南画派之特有风格，其水墨山水对后世影响颇大。传世画作有《夏山图》、《夏景山口待渡图》等。

[10]燕文贵（967—1044）：北宋吴兴人，一作燕贵。其山水初师郝惠，但不为师法所囿，自成一家，人称"燕家景致"。

[11]公谅：即宇文公谅（1292—？），元归安（即湖州）人，字子贞。元统进士，历国子监丞、江浙儒学提举、金岭南廉访司事等，善画。

[12]句曲外史（1277—1348）：元浙江海宁人，居杭州，道士。字伯雨，号天雨、天宇、贞居子、贞居真人，又自号句曲外史，居室名"黄箓楼"。工书画善诗文，时人评称"字画清道，有晋唐人风格"。

[13]杨铁崖：即杨维桢（1296—1970），元浙江会稽人。字廉夫，因筑楼于铁崖山，故号铁崖，又号东维子、铁笛子、铁心道人等。文学家、书法家。泰定进士，累官建德路总管推官。

[14]王元章：即王冕（约1287—1359），元浙江诸暨人。字元章，号老村、竹堂等。诗人画家，擅画竹石，尤工墨梅，亦工金石。

[15]杨昇：唐开元馆画直，善画人物。

[16]巨然：北宋初江宁（今南京）人，五代末南唐时为开元寺僧。善画山水，师法董源，创"淡墨轻岚"一体，为南方山水画派之祖，与董源并称"董巨"。

[17]李成（约919—967）：字咸熙，北宋画家，世居长安（今陕西西安）。精于山水，其画笔峰颖脱，墨法精微，好用淡墨，被誉为"惜墨如金"。其画山石如云动，后人称其为"卷云皴"，是山水画形成时期代表画家。

[18]米元章：即米芾（1051—1107），北宋太原人，后迁居襄阳。初名黻，字元章，号鹿门居士、襄阳漫士等。能诗文，擅书画，精鉴别，其书法著名于时，行、草书博取众长，自成一

家，有"风樯阵马，沉着痛快"之评。

[19]钱舜举：即钱选（1239—1300），南宋末元初浙江吴兴人。字舜举，号玉潭、巽峰、清瘪老人等。工诗擅画，尤善人物、山水、花鸟、蔬菜等，作画能自出新，不为宋人法度所拘，对后世有一定的影响。

[20]李少温：即李阳冰（约756年前后在世），唐赵郡（今河北赵县）人，文学家、书法家。工篆书，有《怡亭铭》、《般若台题名》等石刻存世。

[21]相斯：即李斯（约公元前284年—前208年），楚上蔡人，秦丞相。创小篆，工书法。《泰山》、《琅琊》等刻石之文均出其手，被推为后世碑铭之祖。

初二日　晴

早起收拾行李共十二件。与韫公话别。狩野博士[1]（直喜）来送行，立谈即去。午后一时赴车站，韫公与君美[2]、君楚[3]、君羽[4]兄弟三人，俱送至车站揖别，独与潜儿[5]登车。二时四十七分开车，五时抵神户，住西村旅馆。少顷博文堂[6]主人来送，少坐即去。旋与潜儿出，至谷香楼晚饭。归尚未七时也。书日记。前此书日记往往间断，惟光绪末年所书者持久至半岁，旋亦弃去。今年与韫公约同记所历，异日相见可互阅之，或可不至有作辍耳。

未发京都，接景叔书，嘱购《瑜伽地功论》[7]并《释》二书，已不及购，转托君楚购之，书并言杂志须添门类，属荐通人。与韫公商，略数近日学人，惟得杨子勤太守钟羲[8]，震介亭主政钧[9]，并李审言详[10]、孙君德谦[11]（苏州人）

罗振玉在日本时所居宸翰楼

等数人,馀则夹袋中无之矣。

　　晚作寄韫公一明信片。自辛亥十月寓居京都,至是已五度岁,实计在京都已四岁馀。此四年中生活,在一生中最为简单,惟学问则变化滋甚。客中书籍无多,而大云书库[12]之书,殆与取诸宫中无异,若至沪后则借书綦难。海上藏书推王雪澄[13]方伯为巨擘,然方伯笃老,凡取携书籍皆躬为之,是讵可以屡烦耶。此次临行购得《太平御览》《戴氏遗书》残本,复从韫公乞得复本书若干部,而以词曲书赠韫公,盖近日不为此学已数年矣。

注 释:

[1]狩野:即狩野直喜(1868—1947),字子温,号君山,日本京都大学教授,汉学家。

[2]君美:即罗福成(1885—1960),浙江上虞人,字君美,罗振玉长子。著有《西夏国书字典音同》等。

[3]君楚:即罗福苌(1896—1921),浙江上虞人,字君楚。罗振玉第三子。承家学,从事西夏文字研究。著有《西夏国书略说》《宋史夏国传集注》(未完成,由其弟福颐补成)等。

[4]君羽:即罗福葆(1899—1967),字君羽,罗振玉第四子,曾任职伪满洲国。参与整理敦煌文献,辑有《古写经尾题录存补遗》。

[5]潜儿:即王潜明(1899—1926),字伯深,王国维长子,娶罗振玉第三女罗曼华为妻。

[6]博文堂:日本京都书店名,主人原田大观,该店专售影印古籍。王国维逝世后,曾出版《王忠悫公遗墨》。

[7]瑜伽地功论:亦称《十七地论》,相传由古印度弥勒口述无著记录,唐玄奘译。

[8]杨子勤:即杨钟羲(1865—1940),汉军正黄旗人,姓尼堪氏,初名钟广,光诸二十五年(1899)改任外官时冠杨姓,易名钟羲,字子勤,号子琴、梓勤等。光诸十五年(1889)进士,历任编修、乡试、会试考官,国史馆协修,襄阳、淮安、江宁等地知府。曾任逊帝溥仪师傅。

[9]震介亭主政钧:即震钧(1857—1920),满洲镶红旗人,姓瓜尔佳氏,字在庭,号涉江、悯盦等。光绪举人。曾任江都知事、江宁八旗学堂总办等。

[10]李审言:即李详(1859—1931),字审言,一字慎言,又字嵝生,中年后改媿生,号寓斋,中年后号百药生等。江苏兴化人,曾任职东南大学国文系教授、中央研究院特约著述员。详以骈文知名当世,而考据、金石、目录无所不通,生平著作多笺注之学,为扬州学派后期的代表人物。

[11]孙君德谦:即孙德谦(1873—1935),江苏元和人,字受之,亦作寿芝,一字益庵,别号四益室、益堪居士等。学者,曾任职东吴大学、大夏大学、交通大学教授。著有《刘向校雠学纂微》《太史公书义法》《诸子通考》等。与王国维、张尔田并称"海上三君子"。

[12]大云书库:罗振玉的书库名,曾藏书三百多大箱,1943年遭焚,有《大云书库藏书题识》存世。

[13]王雪澄:即王秉恩(1845—1928),四川华阳(今成都)人,字雪澄,亦字雪澂、雪岑、息存,号茶龛。近代藏家,精于考据目录之学,颇多善本、稿本。尝在岭南得刘猛健碑。曾手校《淮南子》数册。善行隶。

初三日　晴

早七时起,八时朝膳,九时坐小汽船赴"筑前丸",十时开行。是日行濑户内海中,无风浪,惟船中用蒸汽管,热不可耐。

初四日　雨

朝九时许抵门司,而雨益甚。此次携带书箱十个,因太大不能携入舱中。船员言须入货舱,而已经一日,未经装运,露置在甲板上。虽以油布覆之,然其下近甲板处,水易浸入,而纸片又有吸收水分之性,深恐书籍著湿,与船员交涉再四,始将衣箱二、藤箱一、竹箱一移入,其木箱九个因太重大,无法移置其下,恐不免受水。船员之无责任,至难于理喻也。

阅段注《说文》[1]二十页。午后三时半,船由门司开行。行一时许,因天雨兼雾,停于门司口外。晚十时,风作雾散,船始开行,雨亦旋止。

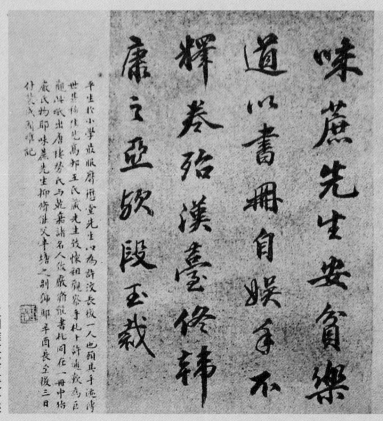

王国维跋段玉裁手迹

注　释：

　　[1]段注《说文》：指段玉裁的《说文解字注》。段玉裁(1735—1815)，字若膺，江苏金坛人。乾隆举人，历任贵州、四川等地知县。早年师事戴震，为乾嘉学派中著名训诂学家。

初五日　　早阴　午晴

　　早十时起船已至平户岛。十时馀将入长崎口。船内三等客中有一人蹈海自尽，闻其人年二十馀，浪费主人千馀金，因谋自杀。昨日作遗书数通，旁人知其事，因监视之，竟以小疏脱身投海。船因停驶，下舢板寻觅，卒不可得。

　　作一书致韫公，论石鼓"欶"字，(竊从穴、米、廿、卨皆声。鏊从韭，次、束皆声)[1]，并为举《说文》一字两声者，共得三字。前疑殷商卜文及小盂鼎之"𤎩"字，从日、从立、从囩(此疑"鼠"字)。疑"立"、"鼠"皆声，而苦无其例，今始得之，为之一快。

　　午刻入港，午后五时开行，天又作欲雨状矣。晚，风浪大作。

注　释：

　　[1]此句不在文内，书于右栏外。

初六日

　　风浪大作，余与潜儿皆不能起，亦竟日不食，入夜尤甚。

1916年王国维回国前与罗振玉合影于日本京都净土寺町永慕园

初七日

早,舟行至中国近海,风浪渐平。昨晚在卧床中思《石鼓》[1]第二鼓之"霝"字,当即《说文·火部》之"炱"字。"辝"本"台"声,故"辝"声、"台"声可通,用如"枲"字。小篆从"朩","台"声,籀文作"檭",则从林,"辝"声。以"檭"字即"枲"字例之,可知"霝"即"炱"字,其音亦当读如"台",与下"时"字为韵,但不能知为何字之假借耳。船中书至此,闻午后二三时可抵埠矣。

午后二时船泊三菱码头,则纬君[2]、抗父[3]、子敬[4]暨张尧香兄[5]已在埠相迎。此次在门司致电纬兄,托尧翁雇就踏车到埠相接。尧翁自晨已在埠相候,比船到后,书箱等装在舱下,俟起货一半乃始取出,故至五时左右始装车运回。与抗公同行即至其家,少顷尧香与行李俱至。晚,敬公复与李季仙翁同来,敬公亦同晚膳后去,与抗公长谈至十一时馀就睡。

王国维日记书影

注　释:

[1]见石鼓文《车工篇》。

[2]纬君:即范兆经,罗振玉妻弟。

[3]抗父:即樊炳清(1877—约1930),字少泉,号抗父、亢甫,浙江山阴(今绍兴)人。与王国维在东文学社时同学。曾为《农学报》、《科学丛书》等刊物翻译多种科技著作。并任商务印书馆编辑。参与《辞源》的编辑,主编《哲学辞典》。

[4]子敬:即罗振常(1875—1942),字子经,一字之经、子敬,号心井、邈叟、貌叟等。浙江上虞人。罗振玉四弟,与刘鹗之子刘大缙在上海汉口路设立蟫隐庐书肆,以经售并影印古书、画册、碑帖为主。

[5]张尧香:罗振玉友人,时在上海经商。

初八日　　晴

　　早七时半起，八时半出访纬公。交刘惠之[1]画件，而范子恒[2]亦于此日自北京归，相遇于纬公处。少坐出。过汲修斋古玩铺，因韫公属看画也。中有赵昌[3]花鸟轴，赵荣禄夫妇画兰卷，云林山水卷，佳。出至蟫隐庐书铺，敬公未到，与李季仙话旧，并看书籍。留饭之后，坐车至麦根路访沈乙老[4]，健谈，精神颇佳，而意趣殊劣。座中晤南海潘君（忘其字），久坐出。归寓已四时馀，则抗公已返，季英[5]亦在。晚膳后九时，季英辞去。与抗公少谈，十一时许就睡。至沪闻抗公、乙老诸人言姬事，殊出意料。

注　释：

　　[1]刘惠之：即刘体智（1880—1963），字惠之，后改晦之，号善斋。安徽庐江（今合肥）人。四川总督刘秉璋子。任中国实业银行总经理。富收藏，尤善甲骨、铜器，藏书达二万四千部，近八万册。著有《清代纪事年表》、《远碧楼书目》三十二卷、《善斋彝器图录》等。

　　[2]范子恒：即范兆昌，字子恒、子衡，范兆经之弟。

　　[3]赵昌（？—约1016）：字昌之，北宋广汉（今属四川）人。性情爽直高傲，刚正不阿。工书，擅画花果。晚年誉隆，而画秘不外流，如见之于市必重金购回，故世罕传。

　　[4]沈乙老：即沈曾植（1850—1921），字子培，号乙庵、寐叟、退斋等，浙江嘉兴人。近代学者，精研古今律令，书法负盛名。光绪六年（1880）进士，曾任刑部主事、安徽布政使等职。参与张勋复辟，受学部尚书。著述颇丰。

　　[5]季英：即刘大绅（1886—1955），字季缨，改字季英，又名刘觉，字髭潜，别号居夷等，江苏丹徒人，刘鹗四子。曾留学日本京都帝国大学，回国后曾任学部图书局局员、上海商务印书馆编译所编辑、天津《大公报》社会版编辑等职。

初九日　　晴

　　晨八时许起，作致韫公书并家信。午前尧香至，云明日须回绍兴一行。又陈少仙来（前江苏师范学堂旧徒），遂与俱出，看昕伯[1]吴兴里之屋，遂定之。出，过其家福海里一坐，俱至大马路午膳闲谈。遂购木器用具等，拟以明日入新屋。遂归樊宅。已而抗公归，与季英俱坚留暂住，谓该处不便，乃复尧香以暂缓入屋。晚饭后与抗公同坐电车至三马路蟫隐庐，与敬公闲谈至晚十时归，十一时就睡。

注　释：

　　[1]昕伯：即沈纮（？—1918），字昕伯，浙江桐乡人。与王国维是在东文学社时的同

9

学。曾在《科学丛书》等刊物上发表大量译作。

初十日　晴

　　早八时许起。尧香来,渠今日反[返]绍兴,付渠房租及器具洋五十元,杂阅抗公处书,王菉友《说文释例》[1]中,说一字两声者数字:"窃下云,啇、廿皆声;嫠下云,次、束皆声;稽下云,支、只声;殸下云,卪、又声;盡下云,聿、皕声;疑下云,匕、矢声,是一字两声也。"足补余前日所记之未备。午后书《通志考异》稿五页。旁晚外出,由爱而近路、浙江路界路、北河南路散步一转,归,与抗公谈。晚十时馀就睡。

注　释:

　　[1]王菉友:即王筠(1784—1854),字贯山,号菉友,山东安丘人。文字学家。道光元年举人。著有《说文句读》、《说文释例》、《文字蒙求》及《四书说略》等。

王国维日记书影

十一日　晴

早八时许起，至法租界纬公处，坐谈一刻。出，至西藏路大庆里漫画斋访邹景叔，尚未至沪，云今明可到。晤主人嘉兴方君[1]小谈。归寓。午时接韫公三书，即作一复。与抗公同出，访刘秩庭[2]于久兴里（成都路、白克路），并晤其弟季陶[3]，坐一时馀，与抗公、秩庭兄弟及其中子同出，游徐园[4]。园十年前在唐家弄，今移在康脑德路，然其房屋树石布置犹仍其旧。季陶携照相具往，为四人摄影。坐久出，已五时许，路过高照里访章一山[5]，渠新自无锡归，谈一刻出，归寓已上灯。晚膳后与抗公谈。十一时许就睡。

注　释：

[1]嘉兴方君：即方憬来，浙江嘉兴人。漫画斋主人。

[2]刘秩庭：即刘大猷，江苏丹徒人。大钧兄，为刘鹗侄。罗振玉弟子。

[3]季陶：即刘大钧（1891—1962），字季陶，号君谟，江苏丹徒人。刘鹗之侄。公费留学美国，归国后，任清华大学、重庆大学等校教授，联合国统计委员会中国代表等职。

[4]徐园：1886年建于闸北，名双清别墅，为私人花园，创建人徐鸿逵。1909年，徐子将其迁筑于康脑脱路（今康定路），易名徐园。内有草堂春宴、书桥垂钓、笠亭闲话等十二景。入园须酌纳券资。

[5]章一山：即章梫（1860—1949），初名桂馨，字一山等。浙江宁海人。光绪三十年（1904）进士，授编修。辛亥后寓沪上，张勋复辟时授学部左丞。工诗能文。晚岁笃好草书。著有《一山文存》等。

十二日　晴

早八时许起，作海宁信及蕴公信之半，写《考异》稿二页。午后出至蟫隐庐晤季英，坐久。至宁波路访邓秋枚[1]，欲借其《江氏韵书》[2]，初疑为歙县江晋三[3]（有诰）之书，蕴公欲借钞付刊，然实慎修[4]先生之书也。秋枚外出不值，随购慎修先生手稿《音学辨微》一册，其跋中"有《韵书》三种"云云，以是知之。四时复访景叔于漫画斋，尚未到，即归寓。

注　释：

[1]邓秋枚：即邓实（1877—1951），字秋枚、秋枚，别号枚子。经学家简朝亮弟子，1905年与同门黄节等组织国学保存会，创办《国粹学报》，后创设神州国光社。

[2]《江氏韵书》，即江永《韵学十书》：《诗经韵读》、《群经韵读》、《楚辞韵读》、《先秦韵读》、《汉魏韵读》（未刻）、《廿一部韵谱》（未刻）、《谐声表》、《入声表》、《四声韵谱》、《唐韵四

12

哈同像

声正》等十种。

[3]江晋三:即江有诰(? —1851),字晋三,号古愚,安徽歙县人。撰有《音学十书》、《等韵丛说》附《入声表》后。

[4]慎修:即江永(1681—1762),字慎修,号眘斋。江西婺源人。清经学家、音韵学家。通天文地理,长于考据,尤精三礼。著有《周礼疑义举要》、《群经补义》、《音学辨微》等。

十三日　　阴

早六时半起。是日令潜儿由火车回海宁,八时,抗公家仆阿四送至沪杭车站,计旁晚可抵家矣。拟将《说文》中籀文辑出为《史籀篇辑释》,午前共钞得百馀字。邹景叔来,约午饭后与姬君俱来访。午后一时,二人同来,即乘其汽车至哈同花园。晤哈同君,姬君导观各处,并仓圣明智大学。大学尚未开办,仅有中小学而已。出至《存古学报》编辑处略坐,出已五时馀,归与抗公长谈至十一时乃寝。

十四日　　晴

早八时起,作致蕴公书。十时半出,至哈同花园,则景叔先在。见越人李

爱俪园

君[1]，嘉兴人方君，并湖州人费恕皆[2]等。午后三时馀出，沿静安寺路行至派克路口，乃乘人力车至三马路，过汲修斋，见一卣，铭三字曰"鱼父乙"，又一敦则伪。纬君适至，告书架已成，送吴兴里矣。至蟫隐庐则章一山在焉。并晤陶拙存[3]部郎、金殿臣[4]太守。陶寓七浦路，金所居与一山相近。未几，缪艺老[5]至，闲谈。问江晋三（有诰）所著韵学书。渠云旧藏一部，为人借去，乙老处尚有此书云云。缪去，与敬公、季英谈。上灯后，敬公、季英招饮于"满庭芳"。楼系回教馆。座客为景叔、颂清[6]、抗公、李季仙与余五人，归寓已九时，与抗公闲谈，十时就睡。睡后邮局送潜儿家信至。

注　释：

[1]越人李君：即李汉青，浙江绍兴人，时在仓圣明智大学任坐办。

[2]费恕皆：字有容，湖州人，费丹旭孙，善骈俪文。时在仓圣明智大学任教务长。

[3]陶拙存：即陶葆廉（1870—？），一名宝廉，字拙存，号芦泾居士、淡安居士，浙江秀水（今嘉定）人。光绪末授学部咨议，补陆军部军计司郎中。辛亥（1911年）居沪上。

[4]金殿臣：即金蓉镜（1856—1929），初名鼎元，字学范，一字阆伯，号莘甫，又字殿丞、甸丞、甸臣等。浙江秀水（今嘉兴）人。光绪十五年（1889）进士。曾官湖南，清末辞归，潜心舆地之学，工书画。著有《潜庐全集》行世。

[5]缪艺老：即缪荃孙（1844—1919），字炎之，一作荄之，亦署缪炎，一字筱山等，晚号艺风老人。目录学家、金石学家、藏书家。江苏江阴人。光绪二年（1876）进士，历任国史馆纂修、总纂、提调等官及钟山书院总教习，江南图书馆及京师图书馆监督。1915年后任清史馆总纂。

[6]颂清：即金颂清（1878—1941），字兴祥，浙江嘉兴人。经史学家。光绪二十五年（1899）补博士弟子员。曾在上海开设青籍阁书店，后又经营中国书店，以收购出售古籍为主。

十五日

早八时起，作致景叔书，并拟《学报》两种办法，若此二法均不能行，则拟告辞，午后写成。写《说文》中籀文数十字。是晚，觉左目不适，就镜视之，则色稍红，盖连日疲于奔驰，或有灰尘入目故也。抗公齿痛。旁晚偕出散步，归后闲谈身世，未至十时就睡。

十六日　晴

八时起，录籀文三十馀字，作蕴公书，未寄。午后出过蟫隐庐，知敬公得一子,出至乐善堂购眼药归。旁晚景叔至,告姬君已允用第一种办法,因与抗公谈《学报》布置事,十时馀就睡。

十七日　　阴雨

早八时起,作蕴公及家信。检籀文共二百五六十字,其三四十字尚未录入。午时季英来。午后二时出,过吴兴里之屋,视书架等,定于明日入屋。途中雨颇大,遂至乙老处,座中遇南皮张文襄[1]之侄也。坐久,出,至一山处,少谈。遂至哈同花园,赴姬君之招,乃素席也。同座为临桂况夔笙[2]舍人周颐、杭州徐君及景叔并余,客共四人。九时馀归,与抗公少谈即睡。

注释:

[1]张文襄:即张之洞(1837—1909),字孝达、香涛、芗涛,号香岩、无竞,晚号抱冰老人,学者称"南皮"、"南皮公",直隶南皮(今属河北)人。同治二年(1863)进士。一生注重教育,影响很大。为清末洋务派首脑之一,亦曾列入强学会,而又反对变法。

[2]况夔笙:即况周颐(1859—1926),原名周仪,字夔笙,号蕙风,广西临桂(今桂林)人。近代词人。光绪五年(1779)举人,授内阁中书。一生致力于词,严守音律,情调抑郁。著有《蕙风词》、《蕙风词话》等。

十八日　　雨

今日本拟移居,因雨甚而止。九时许出,至西华德路谦吉里,访缪艺老,坐谈一时许出。午后二时出,过蟫隐,而三马路失火,路不得通,因至商务印书馆购前年所撰《宋元戏曲史》,并上海地图。复至蟫隐,则火已熄。晤罗凤洲、范子恒、敬公、季英诸人。敬公许假一仆。四时归。与抗公闲谈,十时馀就睡。

十九日　　阴

早七时起,午前九时许大车来,搬物至吴兴里。敬公处所借之人亦至。遂先坐人力车至吴兴里,抗公同往。未几行李至,指麾陈列等事。抗公辞去。作付潜儿谕。初至新寓,一切无有,午饭包诸饭店,二人日大洋三角。饭后与张二开书箱,共开七个,馀二个未开,并整顿上架。三时许,章一山检讨来访,写示近诗,亦书《游仙》三律以示之。久坐去。季英亦来,二人见予新居,均以为屋好而房价廉,皆有结邻之意。晚理书籍,已十得七八,其中一部已在船被雨受湿,甚为懊恨。灯下作致蕴公书,九时馀就睡。(古语云:"书经三写,鲁鱼成马。"今可下一转语曰:"书经三迁,竹帛为烟。")

二十日　雨

前日艺老言，查伊璜[1]《明史》稿本名《罪惟录》者，共百卷，纪、志、传皆全。去年出吾邑乡间，为费景韩[2]所得，售诸刘汉仪[3]。又陈仲鱼[4]《简庄疏记》十八卷，皆说经之作，归武进盛氏[5]。此书已由刘氏[6]付刊，皆吾乡掌故也。乙老言《东观馀论》[7]有南宋福建家刊本，与楼攻媿本[8]不同，其书未知在谁氏。

今日书籍已全上架，应用时大苦缺乏，而携带则已不便如此。竟日大雨，不出。饭店送饭菜甚劣，不堪下箸，而昨又似伤食且伤风，故未及九时即就睡。

注　释：

[1]查伊璜(1601—1677)：本名继佑，后名继佐，初字三秀，更字支三，又字伊璜，号与斋、左隐等，晚号东山钓叟，人称"东山先生"。浙江海宁人。明崇祯六年(1633)举人。清初学者，善戏曲，工书画，作明史《罪惟录》得后世所瞻，著作颇丰。

[2]费景韩：即费寅(1865—1933)，字景韩，一字景翰，号复斋、自怡居士，浙江海宁人。清末学者，藏书家。光绪二十八年(1902)举人，授嘉兴教谕。曾客于嘉业堂。辛亥后设书肆于家乡。

[3][6]刘汉仪、刘氏：即刘承干(1882—1963)，字贞一，号翰怡，晚号嘉兴堂老人。浙江吴兴(今湖州市)人。近代著名藏书家。

[4]陈仲鱼：即陈鳣(1753—1811)，号简庄、河庄，亦号东海波臣。浙江海宁人。清代著名学者、藏书家。被清代学者阮元称为"浙西诸生经学中最深者"。

[5]武进盛氏：即盛宣怀(1844—1916)，字杏荪、幼勖，号次沂、止叟等，江苏武进人。近代实业家。生平喜书籍收藏，达十馀万卷。

[7]《东观馀论》：北宋黄伯思著。伯思(1079—1118)，字长睿，别字宵宾，自号云林子。邵武(今属福建)人。元符三年(1100)进士。所撰《东观馀论》十六卷，由其子黄言乃所刻。文中所言"福建家刻本"即指此。

[8]楼攻媿本，即楼钥刻本。楼钥(1137—1213)，字大防，自号攻媿主人，南宋隆兴间四明人。南宋学者，藏书家，工行书，曾于嘉定元年(1208)刻印过《通鉴总类》、《东观余论》。

廿一日　阴

早起，作致潘外舅书，并发蕴公书。接蕴公二书并潜儿一禀。午间至哈同花园，晤景叔及姬君，谈《学报》款式并页数等。午后作《史籀篇》序录未成。傍晚，抗公来。夜作致蕴公信。

哈同夫人像

廿二日　阴

早七时起，作《学术丛编》条例。食点后即出，至哈同花园，因仓圣明智大学今日开学。姬君约往与礼故也。至与景叔谈。即往其校，则况夔翁等已先在。是日园主哈同君未到。园长哈君夫人陆女士[1]、校长姬君与诸教习等率诸生拜仓颉，行三跪九叩首，我辈外人亦与于礼。次诸生拜园长、校长、教习等，行一跪三叩首礼。我辈无法，亦随同受之。既而行团拜礼，均所谓无于礼者之礼也。礼毕入大讲堂，姬君及陆夫人演说，稍久而散。还至编辑所饭，夔笙说灯虎，颇可听。饭后归，知范纬翁至，留字，招饮于大雅楼，而时已过，遂亟往，则将散矣，少谈即归。傍晚抗公至，谈良久去。晚饭闲思《史篇》诸字，见"𤲞"字作"𤲞"，其所从之"左"字从"二"，因思殷虚卜辞之"又"字有作"𠂇"者，则"左"正宜作"𠂇"。悟得此字，至快也。又阅卜辞有"𢹏"字，此即"扡"字，从"手"，引"它"，"它"亦声。此二字当告蕴公也。

注　释：

[1]陆女士：即哈同夫人罗氏，音误。

廿三日

早起作抗公、潘丈、健弟三书。午后写《史篇考释》三页。夜作致蕴公书。午前景叔来，夜陈啸仙[1]来，渠明日至，寓我处。

注　释：

[1]陈啸仙：即陈捷，字啸仙。罗振玉门人。

廿四日　晴

早起加一纸于蕴公书中寄之。写《史篇考释》五页。接潜儿信，言明后可到，即复潘丈一信。晚饭后出过抗父家，不值，取其代借书，出至蟫隐与凤洲、季仙等谈。九时许归。接读蕴公三书，十时馀就睡。啸仙来，寓我家。（报是日阅起。）

廿五日　　阴

起迟，已九时馀。潜儿昨日有禀，云今明由火车来，令张二往车站接之，未到。写《史篇考释》三页。午后四时许，抗公来，谈甚久。旁晚偕出，至四马路晚饭，啸仙同往。八时归，途中遇小雨，入夜雨甚。

廿六日　　雨

早起写潘丈信，写《史篇考释》四页，又作蕴公信。是日复令张二往火车站，而潜儿仍未到，殆由轮船来矣。夜拟作《〈书·顾命〉即位礼考》。入夜风甚。

廿七日　　晴

早起即往老公茂船局，询今日无船到，即归。写《考释》二页馀。薙头毕，往哈同花园，晤景叔，商报纸一部改用石印事。午饭后出，归复写《考释》三页。令张二送书箱至蟫隐。夜十时已睡，潜儿自海宁到，乃起。本午后四时可到，因火车停顿，遂迟四五小时，十一时馀始睡。

廿八日　　晴

写《史籀篇疏证》五页。午后二时许出，至蟫隐与凤洲谈。少顷，敬公亦到，谈稍久。取孙刻小字《说文》归。以楚公钟全形拓本并坛山刻石，交集古斋裱之。三时馀归，复写《疏证》三页，初稿已就。晚饭后，秩庭来长谈，至十时馀去。十一时就睡。是日缪艺老来访，不值。

廿九日　　晴

早作蕴公书，以改《疏证》数条，共得文二百二十一，重文二。午后拟作《〈书·顾命〉即位礼考》，下笔涩滞，乃出。至哈同花园，景叔今日归杭州，未晤。以欲接洽事告方憬来，少坐出。本拟至沈乙老处，而行路稍多，甚热，遂归。作《顾命礼考》，得半。

三十日　　阴

早起，作《顾命礼考》。饭后尧香来。三时许出，送书至纬公家，不值即归。诣乙老处长谈，六时许归。晚接蕴公信，即作一复。

二月朔　　阴后晴

早起写《史篇叙录》得二页。纬公来。午后续作《叙录》。得蕴公书。旁晚抗公来谈，夜作《叙录》毕。

初二日　　晴

早起作潘丈信。午后写《史篇叙录》毕，共六页。又写《疏证》稿二页。抗公与秩庭来谈，同出散步，至张园，车马甚稀，非复昔年光景。由园后出至威海卫路。由同孚路、卡德路归。秩庭招饮于都益处酒楼，饮毕至新世界，有灯虎，虽不佳，而颇不易中，抗公得其一。饮茶，归已十时。

初三日　　阴

写《疏证》得六页。午时季陶来，即率潜儿同至育才公学报名。午后四时出，至蟫隐晤敬公、凤洲、季英等，五时馀归。入夜又雨。

初四日　　雨

作潘丈信。写《疏证》六叶。午后，三时许至哈同花园，晤觉弥、景叔等。

初五日　　晴

早，景叔来。接抗公一信，附邮局取物单。午后作蕴公信毕，出至日本邮政局，取蕴公所寄书籍。是日写《疏证》五页。（初六二点钟）[1]

注　释：

　[1]此句写在该日眉头。

初六日　　阴

早起写《疏证》二页半。十一时出，至哈同花园，晤景叔等，交书令钞。饭后出，过蟫隐，晤敬公，同赴缪艺老之招。同席为朱古微[1]侍郎、越人顾鼎梅[2]兄弟、湖州沈君（在刘汉[翰]怡家）、同邑费景韩（寅），并纬公、敬公、季英，共九人，至晚方散。归写《疏证》二页。接蕴公函，知明日由"春日丸"动身，初十日可抵此矣。是日抗公来，不值。

注　释：

　[1]朱古微：即朱祖谋（1857—1931），原名孝臧，字藿生，一字古微，号沤尹、彊村。浙江归安（今湖州）人。光绪九年（1883）进士，历官编修、内阁学士、礼部侍郎。辛亥后寓上海，致力于词学研究，为近代著名词人。与王鹏运、况周颐及郑文焯并称清末四大家。

　[2]顾鼎梅：顾燮光（1875—1949），字鼎梅，号崇瘰、石言等，浙江会稽（今绍兴）人。金石学家，善书汉隶，能画花卉。1917年前后曾至河南搜集金石拓本，多有收获。著有《古志汇目》、《新目》、《两浙金石别录》、《梦碧簃石言》、《顾氏金石舆地丛书》等。

初七日　　雨

写《史篇疏证》八页半，已毕。竟日不出。

初八日　　阴后晴

写潘丈书。校阅《疏证》一过。出至乙老处小坐，即至哈同花园饭。与景叔小谈即归。健弟自嘉兴至，住寓中。

初九日　　阴

早，健弟返嘉。拟代作《学术丛编序》未成。午后四时许，抗公来，同出访一山，少谈归。晚饭后出访纬公，知蕴公明日到，已有电至。约明日往码头迎之。少坐归，发潘丈信。

初十日

早出，七时馀至汇山码头，"春日丸"尚未到，徘徊岸上，遇纬公、尧香久立谈，同至小茶馆茶，至九时半船到，见蕴公偕君楚在甲板上。少顷，同至纬公家饭。午后归，蕴公至，乙老亦来，久谈。旁晚出，蟫隐诸君招饮于都益处。与抗公同归，十时去。

十一日

作序未成。将午，蕴公来，即去。午后，艺老函送《李莼客日记》[1]至，因读之。旁晚出，遇秩庭兄弟。出，至蟫隐。是晚，景叔招饮蕴公于都益处，九时散。至蟫隐谈，归已十时馀矣。旬日目为尘所染，稍发红。

注　释:

[1]李莼客:即李慈铭(1830—1894)，字爱伯，号莼客，浙江会稽(今绍兴)人。清代文学、书画家。官至山西监察御史。留下著述多部。《李莼客日记》即《越缦堂日记》，为清末四部著名日记之一。

十二日　　晴

作《学术丛编序》成。将午，蕴公来，即去。旁晚抗公来，偕出诣蕴公观画，至晚十时归。

十三日　　晴

写《周书顾命礼征》，竟日不出。

十四日　　晴

写《礼征》毕。将午，至哈同花园，景叔未到，与方憬来谈，饭后归。写《尚书·顾命礼征》毕，得七页。接写《流沙坠简补正》，得五页。旁晚抗公来谈。是晚接海宁书，知余眷十八可到。

十五日　晴

写《沙简补正》，得五页。晚，写日本友人书五封，拟托蕴公携东。

十六日　雨

早访尧香，商接眷事。归写《沙简补正》毕，共得十三页。啸仙言蕴公已归，午后往访之，不值。与纬公、君楚谈，少坐归。旁晚蕴公来谈。

十七日　阴雨

早起阅《殷虚书契》一卷。蕴公一过。方憬翁来，少谈即去。校稿。十二时赴纬公之招，座有缪艺风、徐积馀[1]、刘惠之、宣古愚[2]、邹景叔、程云程并韫公父子、凤洲共十一人。三时出，至大公茂局问硖小轮到沪时刻，即归。

注　释：

[1]徐积馀：即徐乃昌(1868—1943)，字积馀，号随盦，安徽南陵人。近代著名藏书家。有《积学斋藏书志》三种，分藏北京、上海、四川三地。

[2]宣古愚：即宣哲(1866—1943)，名哲，字古愚，号愚公，江苏高邮人。鉴赏收藏家。善山水，能词。著《寸灰集》存世。

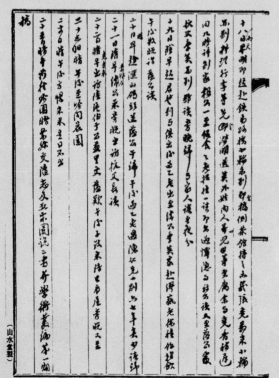

十八日　雨

天明即起，赴铁马路桥，小轮未到，至桥侧茶馆待之。未几，张尧翁来，小轮亦到。料理行李等，先令潜明送莫外姑、内人并小儿等至寓。余与尧香稍迟回。九时许到家，韫公一至，饭食。乙老招往一谈，即出。过蟫隐与敬公谈。又至蕴公处，抗父、季英亦到，杂谈，旁晚归。与家人谈至夜分。

十九日　阴

早起，君楚到，与俱出。后过乙老，出至纬公、季英家，赴缪艺老、徐积馀招饮。

午后散。晚诣蕴公谈。

二十日　　晴

早,赶汇山码头送蕴公,午归。午后过乙老,遇陈仁先[1],一别六七年矣。少谈归。

注　释:

[1]陈仁先:即陈曾寿(1877—1949),字仁先、耐寂、复志等,号苍虬,湖北蕲水(今浠水)人。光绪二十九年(1903)进士,任刑部主事、广东道监察御史。辛亥后居杭州。曾任伪满执政秘书、内廷局长等职。

21

二十一日　　晴

早,景叔及纬公来。旁晚出访抗父长谈。

二十二日　　晴

早,尧香来。出,访陆纯伯[1]于公益里,交蕴款。午后,子敬来,陪其看房屋。旁晚又至。

注　释:

[1]陆纯伯:即陆树蕃,字纯伯,实业家,为皕宋楼主陆心源长子。因生意亏累,以十万元之价,将皕宋楼藏书售于日本静嘉堂。

陆心源像

二十三日　　晴

午后至哈同花园。

二十四日　　晴

午后方憬来,是日不出。

二十五日　　晴

午前往哈园晤景叔,交《随志》及《五宗图说》二书,并《学术丛编》第一期稿。

廿六日　　晴

不出。

廿七日　　雨

早出至尧香处,赠以布二匹,归。杂阅诸书,思作一文不就。晚抗公来谈。

廿八日　　雨

作《殷礼小记》得六页。晚接蕴公一电二信,并博文堂主人信,为询印书部数,嘱问景叔,电复。

廿九日　　晴

早访纬公。归又过哈同花园,见景叔等。归午饭。作《殷礼小记》,得二页。啸仙、纬公来。

卅日　　晴

午前访陆纯伯。午后作《殷礼小记》。

三月朔　　晴

午前一至哈同花园。午后杂阅各书。晚饭后出访抗公,十时馀归。

此月自初二后又失记一月事。是月写定《殷礼征文》一卷、《释史》一篇、《乐诗考略》一篇,又作《毛公鼎释文》,未写出。

致友朋书信（1916）

致林泰辅[1]

（1916 年 1 月）

浩卿先生讲席：

承寄《东亚研究》杂志，知前所寄一书又荷审正。学术正赖如此违覆，乃有进步，所获益于先生者不鲜矣。

承教以祼字之义，谓灌地降神为第一义，歆神为第二义，用于宾客为第三义。周中世以后，尚多用第一义。不应周初作《洛诰》时却用第二义，剖晰至

王国维写作时所用书桌

精，甚佩甚佩。今当就此字再陈鄙见，诸惟裁正。案此字《书·洛诰》《诗·大雅》皆作祼，《周礼》小宰、大宗伯、小宗伯、肆师、郁人、鬯人、司尊彝、典瑞、大行人、考工记、玉人，皆祼、果杂出。康成于《大行人》注云"故书祼作果"，于《玉人》注云"祼或作果，或作课"。案殷周古文未见从示之祼，以示部诸字言之，如禄，古文作录；祥，古文作羊；祖，古文作且；祊，古文作彭；禘，古文作帝；御，古文作御；社，古文作土；知古祼字即借用果木之果，《周礼》故书之果，乃其最初之假借字，而祼乃其孳乳之形声字也。故果字最古，祼字次之。惟《论语》戴记始有灌字，此灌字果为先秦以前所用之字欤，抑汉人以诂训字代本字欤，疑不能明也。此祼、灌二字之不同也。祼字之音，陆德明音义以降，皆读如灌。唐本《切韵》亦入换韵（孙愐《唐韵》古玩切，亦同），段氏玉裁《说文注》始正之，曰此字从果为声，古音在十七部（即歌戈韵）。《周礼》注两言祼之言灌，凡云之言者，皆通其音义以为诂训，非如读为之易其字，读如之拟其音也。如载师，载之言事；族师，师之言帅；禪衣，禪之言宣；娶柳，柳之言聚；副编次，副之言覆；禋祀，禋之言煙；壮人，壮之言矿。未尝曰禋即读煙、副即读覆也。以是言之，祼之音本读如果，壮之音本如卯，读如鲲，与灌矿为双声，后人竞读灌、读矿，全失郑意。段氏此言，自音学上观之，则祼灌双声，又祼在歌部，灌在元部，为阴阳对转之字，然与同部之字究未达一间，此祼灌二音之不同也。至祼之字义，《毛诗·文王传》云："祼，灌鬯也。"《说文》则云："灌，祭也。"郑于《周礼》小宰、大宗伯、玉人三注皆云："祼之言灌。"然祼与灌不过以声相训。凡文字，惟指事、象形、会意三种可得其本义。至形声之字，则凡同母同韵者，其义多可相训，而不能以相专，故训祼为灌可也。训以他双声之字如假、斝、假等字，亦无不可也。考先秦以前所用祼字，非必有灌地之义。《大雅》"殷士肤敏，祼将于京"，毛以灌鬯、郑以助祭释之。然祼神之事，除王与小宰、大宗伯外，非助祭之殷士所得与，则《诗》之祼，将果为祼神抑为朝事仪中酳王之事，尚不可知也。《周语》"王耕籍田，祼鬯享醴乃行"。此非祀事，则祼鬯非灌地降神之谓也。《左氏·襄五年传》："君冠，必以祼享之礼行之。"诸侯冠礼之祼享，正当士冠礼之醴或醮，则祼享非灌地降神之谓也。投壶，当饮者皆跪奉觞，曰"赐灌"；胜者跪曰"敬养"。注，灌，犹饮也。此明明是灌人，非灌地矣。祭统，君执圭瓒灌尸，大宗执璋瓒亚灌。又明明云灌尸，非灌地矣。灌地之意，始见于《郊特牲》曰，周人尚臭，灌用鬯臭，郁合鬯，臭阴达于渊泉。郑注始以灌地为说。然灌地之事，不过祼中之一节，凡以酒醴献者亦无不然。郑于《尚书·大传》注（皇侃《论语集解义疏》所引）云，灌是献尸，尸既得献，乃祭酒以灌地也。夫裸之事以献尸为重，而不以尸之祭酒为重，此治礼者人人所首肯也。若如《说文》莤字下说，谓束茅加于裸圭而灌鬯酒，是为莤，象神歆之也。案《周礼·甸师》，祭祀供萧茅。郑大夫云，萧字或为莤，莤读为缩，束茅立之祭前，沃酒其上，酒渗下去，若神饮之，故谓之缩。许说本此。但郑大夫不云是裸，许君以莤裸为一耳。然古说莤缩二字皆与郑许异。《郊特牲》云，缩酌，用茅明酌也，醆酒涗于清，汁献涗于醆酒，皆言沛酒之事。《诗·小雅》"有酒湑我"，毛传，湑，莤之也，以薮曰湑。后郑于《甸师》注亦云：缩酒，沛酒也。是古谓沛酒为莤，与裸事固无涉。且如许君之说（皇侃《论语疏》所引一说略同），此乃士丧礼祭苴之礼（士虞礼：末迎尸佐食取黍稷，祭于苴亦三取，肤祭祭如初祝取奠，鲼祭亦如之）。大夫士之吉祭犹未有行之者，况天子宗庙之祭乎。且古天子于宾客皆裸，岂有尸而不裸者，故裸之义，自当取裸尸之说，而不当取灌地之说。故郑于《周礼·典瑞》注曰："爵行曰裸。"于《礼器》注曰："裸，献也。"此裸与灌地二义之不必同者也。裸字形、声、义三者皆不必与灌同，则不必释为灌地降神之祭。既非降神之祭，则虽在杀牲燔燎之后，固无嫌也。窃谓《郊特牲》一篇，乃后人言礼意之书，其求阴求阳之说，虽广大精微，固不可执是以定上古之事实。毛公、许、郑之释裸字，亦后人诂经之法，虽得其一端，未必即其本义。吾侪前后所论，亦多涉理论，此事惟当以事实决之。《诗》、《书》、《周礼》三经与《左传》、《国语》有裸字无灌字，事实也。裸，《周礼》故书作果，事实也；裸从果声，与灌从蕃声，部类不同，事实也。《周礼》诸书，裸字兼用于神人，事实也；《大宗伯》以肆献裸为序，与《司尊彝》之先裸尊，而后朝献，再献之尊，亦皆事实而互相异者也。吾侪当以事实决事实，而不当以后世之理论决事实，此又今日为学者之所当然也。故敢再布其区区，惟是正而详辨之。不宣。

注　释：

[1]林泰辅：字浩卿，日本学者。

致罗振玉

（1916 年 2 月 11 日）

姬觉弥像

叔蕴先生执事：

　　别后于神户、门司、长崎连上三书，想达左右。自过长崎，风浪殊大，一昼两夜间殆不能起，惟不至呕吐耳。船因风力少阻，至初七日午后二时始抵上海，纬、敬、抗三公与尧香已在埠相候。此次行李稍多，在船上已费唇舌，幸至长崎将书箱装舱，看来尚不至受湿，加水脚六元亦尚算不贵。至沪由尧香照料，一切甚便，堪慰远念。

　　次早往访纬公，已将画件交楚。出过汲修斋，冰泉出示诸画，中有赵昌花鸟轴（内府藏本）、赵荣禄夫妇画兰卷，元人题跋甚多，均佳；云林山水卷一，似不如尊藏立帧。而赵卷价二千，倪卷一千，似均非可留之物。许道宁[1]大幅系旧画，维不能定其真伪。又有徐熙[2]等幅(有宋高宗题字)，似伪。又宋元花卉册(即内府藏者)，似亦无惊心动魄之观，与寻常宋元册殊无大异。其余伪物大多。渠有派人赴东之语，未知果否? 前次被关吏将画件掠去，失去北苑画一件(其伙云直数十元)，又罚银四十两，并诸种小费共出百馀元，因此遂意兴萧索。维告以公语，渠云当即派人。后有便，当再过之。

姬君为人，至沪见敬、抗二公，即略闻其不妥，尧香亦知之。及晤乙老，又道其详。外间或云哈同夫人罗女士之干儿，乙老则直云罗氏嬖人也。而罗氏者，或云出于上海娼寮，或云广东咸水妹，其名誉颇不甚佳。姬则本姓潘，后改姓，皆谓系下等人。尧香谓其曾在广学会，与许默斋[3]同事，后入哈处逐乌目山僧[4]而代之。乙老并言其刻薄倾险，有江西士人黎某在哈等处校经，后以不合去，而姬君并扣其行李，又言僧某(似系乌目山僧)夙以忍辱著，欲藉哈以行其志，亦卒辞去。乙老谓欲与此种人共事，非与哈亲立合同不可。又谓其人为善不足，为恶有余。看来此人非可与共事者。现在景叔回杭，一二日内可至，俟景叔到后，与之一见，看其为人，再定办法。大约不出二途:(一)使景叔能负责，则我处只严定办事界限，使景叔担保每月交稿若干，润费若干，不问其他;(二)径弃前约。即使第一条能行，其人如此，决非久计。而其所办学堂，外间亦均有辞。学生只食蔬菜，又数年不许外出，故二三年后多得脚气病。其人如此，教科可知。故此次无论如何，学堂事决不问，哈君屋决不住。而昕伯处尚有三楼之底屋一所，至今未曾租出，月租二十九元(二月起租)，拟即向尧香定之，数日内即可搬入。好在《通志》事目下尚可敷衍，乙老云今年经费尚未全有着落，而商务股票尚可贴补，总可支持一年，此一年中再行设法。惟小儿等不能入其学堂，仍旧自课，长儿如何就学，再须设法耳。

乙老昨日长谈，颇复悲观。馀候续陈。敬请

道安，不一

国维再拜　初九日晨

注　释:

[1]许道宁(约970—1052):北宋长安(今陕西西安)人。少年狂宕不羁，喜画人物各种陋态。其画虽法李成，而命意狂逸，山水清润，林木劲硬，自成一家。黄庭坚赞其画曰"数尺江山万里遥，满堂风物冷萧萧"。

[2]徐熙(生卒不详):五代南唐金陵(即今南京)人。其为人宁静淡泊，潜心绘事，穷学

27

造化。后主重其才,宫中装饰之绘皆熙所作,谓之"铺殿花"、"装堂花"。与后蜀黄荃并称"徐黄",形成五代花鸟画两大主要流派。

[3]许默斋:即许同蔺(1874—?),字警叔,号默斋、家惺、仲威,山西人。光绪年间举人,光绪三十年(1904)间任山西大学堂译书院。汪康年邀其任《时务报》书记,乃举王国维代之。

[4]乌目山僧:黄宗仰(1865—1921),一名中央,释名宗仰,别号乌目山僧、宗仰山人,江苏常熟人。工诗古文辞,旁及释家内典。曾被罗迦陵延讲佛经,刻佛藏。与章太炎、蔡元培发起中国教育会。

致罗振玉

（1916 年 2 月 13 日）

叔言先生执事：

　　途中及到沪后所寄书，想均达左右。今日连接三函，敬悉一切。读公初三日惜别之书，更难为怀，好在花事前后总可相见，多作书之约当能践耳。

　　姬君为人，此间士大夫以至平人如张尧香诸人所闻，均有不满，然观其对维与公之举动，似不如所闻之甚。或其人素寡交游，或挟触望者言之过甚，须见其人乃可定。总之，对其人交涉，须谨慎耳。景叔仍未到（今日可到），三日内必可与此人相晤，即行奉告。

　　维已定昕伯吴兴里中之屋三幢，月廿九元，二月起租。本拟早日搬入，以便布置书籍，而抗公坚留，谓在彼处不便，然欲动笔作稿时仍须先往也。家中初有一信，有不愿到沪之语，又信促之，大约至此总须月杪。小儿尚未归。

　　此间皆言景叔在哈处有权，与姬甚洽。景叔粗则有之，似尚不至荒谬，又似能听人言。总之，须俟二三日后，一切均可揭晓。江氏《韵书》，当即往问。

　　乙老对时事，谓南人欲恢复辛亥冬间状态，是适以助北，故近又不能乐观云云。余亦无所闻。专此　敬请

　　道安，不一

国维再拜　十一日

抗公属笔问安。

致罗振玉

（1916 年 2 月 14、16 日）

［上缺］

一、景叔，昨晨往访之，尚未到，云今日必到。大约日内可晤。

一、昨闻纬公言，楚公钟在伊家时，哈同君与其夫人曾往看（景叔与姬君同住），欲出五千元购之。纬复以系公物不可得，则欲以二十元购一拓本，而纬公未之许也。

一、邓秋枚处，午后当往访之。所云江氏《韵书》或系慎修先生之书[1]，如系江晋三书，则大善。江晋三书，前见他书中引之，似有刻本，此等书自非复刻不可。景叔之《蒿里遗珍》当于蟫隐取之，今晚拟往访，即携以行。

一、书架至十六日始成。届时必已与姬君见过，恐文字亦须着手，当可搬入新屋。

一、昕伯吴兴里之屋已定。昨晤漫画斋方君，谓哈同花园后之屋月内可成，姬君意为维留三幢一所，唯该处现人家尚少，小菜场亦未就，大约数月后方便利。好在昕伯之屋无小租，随时可迁，不致损失。公来沪时，即住维家可也。

十二日午前写至此。

一、景叔于十二日晚到此，十三日早来访，午后复与姬君俱来。即乘其车，同至哈同花园，导观各处，并所谓"仓圣明智大学"者。其中仅有中学二年级并小学也。

姬君为人，昨相处数日，已能知其概，大约乙老及诸人之言不谬。其人随处自显势力，一无学术及办事用人方法，而主意绝多，复随时变易。昨即欲延维为该校教务长，观其校事绝不合理，即设词谢之。语及学术，随口胡诌，语语出人意外,其识见态度,绝似公所云天津某校之小学教员而胆大过之(其人北人也)。年不过三十许,一面挥金如土,在杭购西湖地,一亩出六七千元,一面有陵藉一切之意。我辈处今日固不必深问其人品学术,然以一小人而复多变易,且未受社会陶融,此等人殆难共处。试举一事:昨自同观学校后至学报编辑处,即谓维及景叔曰:"此地处学校之上级地位,如见教员有不妥者,可随时用条开除。"即此一语,公可得其为人矣。惟昨日周流游观半日,迄无要语,最后维提议:学报(一)分门类而不立名目;(二)各门不必每期皆有;(三)兼印古书,此三者皆立刻解决。然其人彗星也,又非能知吾辈意者。今日解决此议,明日复提出他议,或再翻前案(即有记事,亦属无效),皆在意中。虽以景叔之为人,亦颇畏之,故愿以印刷事自任(《艺术》恐须作六册,另自单行)。

　　姬谓维云,每日须入编辑处(然其处空无所有),因有事会议。故今日尚须一往。看来此局久则三个月,速则敷衍至月杪。明日便当致景叔书:(一)担任二门,每月必交稿,但不能到园;(二)薪水受二门之数,不必照原议一百五十元(即照原书一门五十元之数亦可),而吾辈之稿,他人不得干预。以返海宁一行或他事为辞,要其答书。如能允此,或可敷衍二三月,以后则不可知也。盖我辈如能委蛇取容,则辛亥以前早可得意,壬子以后又何事不可处乎[2]?此事不独公所厚望尽成泡幻,即杂志一小事亦不能办妥,亦出维意料之外也。

　　一、小儿已于昨日(十三日)早乘火车返海宁,二三日内当有信来。家眷本有不来之说,维以所带书籍已到沪,不能复运他处,暂时只能在此立一门户,故有函催之。照昨日所观情形,不来亦未始非计。昕伯之屋已先付二月租金(二月起租),器具亦已购十五六元。然所损无几,惟一身与书籍当再作区处,否则另觅一二幢楼之屋住家,作收缩之计。章一山言,麦根路左右有二幢之屋,月二十元。

　　以上十四日早晨续书。

　　此日午后访秋枚,不值。于该店购慎修《音韵辨微》一册,后有秋枚跋,中有"韵书三种"云云,知即《音韵辨微》、《四声切韵表》、《古韵标准》也,此书可不借矣。

　　十三日姬君导观新造之屋,极宽大而佳,然畏其人,不敢作移居想矣。

[下缺]

注　释:

[1]是年2月6日罗振玉致王信云:"顷读《古学汇刊》载捐书目,中有江氏《均书》,疑为江有诰撰,兹作函借之,若借得,祈觅胥迅抄,并乞公校,弟拟刻入《丛书》中。"

[2]对此罗于2月20日答云:"姬君为人,弟已悉大略。如公所言,弟以为甚不难处。不意公之所见,正与弟相反也。若弟处此者,似并无所滞碍。试将弟所以处姬者,为公略言之。一、姬为人恃权傲物,我则临之以正义(彼求我,非我求彼,临之以正义者,即不与委蛇是也)。二、姬君说话多变化,弟即明告以议定不得反复。三、姬请到学堂办事,弟告以撰述须书卷,在家任事便。但至校必定迟误。四、姬请办报,请为教务长,弟若发见其教务不妥(似无庸退为后言),即先忠告其不合之处,而辞其教务长。至办报则可慨然自任,与约稿由我备,款由公出,议定之后,即面商报之内容、办法,并须告以报章一事,程度愈高,销行愈少(此语最要,先说),若责我之程度高、销行畅,则势有所不能;若令我低其程度,以祈合于社会,我又不能。得其同意,即可引以己任。弟意如此办理,初无难处。若有所不合,即先事明[下缺]为此无谓之曲折。若既已任事矣,而虚与委蛇,至一月或三月,又托辞以去;姬请他人任编辑,亦须稽延时日,如此,则为我负人矣。此弟平日处世之法如此,不知尊意何如?

至所云'委蛇取容,则辛亥以前早可得意,壬子以后又何事不可处'云云,此又不然。因与姬共事,本无用其委蛇者也。弟平日峻廉自持,自知所短,公亦未必以弟为能委蛇能取容也。试举一事言之。前者大学存书交涉,当大学种种为难,弟但有以正义处之(若与委蛇及与决裂,胥失之矣),若彼时一怒而绝之,则但有委书而去,何如持正义而了结之之为愈乎?正义之谓何?即孔子所谓直道是也(自反而缩,何用委蛇)。弟性本坦率,先事未尝疑人,临事亦无顾忌,平生得力,亦正在此。不知公谓之何?至公谓敷衍云云,似无容为此。且公不云不能委蛇乎?云不能委蛇(敷衍即委蛇也),而又决此委蛇之策,则又何也?坦率之[下缺]公谅之。如不然者,仍请公来此,订海外十年读书之约,生计之事,必能为公任之。弟并无所为难,乃祷企以祝,而不可得者也。"

致罗振玉

（1916 年 2 月 18、19 日）

爱俪园

叔蕴先生有道：

前日寄一书，想达左右。比维起居多豫为颂。

哈同花园连往二日，见其办事毫不合法，而某君之言尤散无友纪。其欲刊行月报，曰欲提创苍教也，而所谓苍教（苍颉之教）者，又全为荒谬不经随口胡诌之说，虽景叔亦畏而笑之。

前日往，半日许无所事事，故昨决不往，而函致景叔言两种办法：一即包办之法，报中分经学、小学、史学三门[1]（美术本自别行，又除去觉学、宗教二门，使之别行，令他人担任），并附印古书。维任经、小二门，而史学中之征文与古书之借钞，均自任之，每月将全稿交该处付印。如此法不可行，则用第二种办法，即维担任二门，不问他事，但所撰述，他人亦不能过问。每月交稿若干页，其薪水亦但受二门。但无论用何种办法，均不能在园办事，且章程既定，别无商议之事，亦不必常常至园。如此二种方法均不能行，则只有谢不敏而已。此函昨日寄出，今明当有复信也（逆料复信必允一种，而后仍时以万不能行之事相纠缠，二三月内必致决绝而后已）。吾辈此数年中作理想上之生活，一入社会便到处扞格，然如某君亦社会中所仅见者。其学校亦奇甚，且所延教习，月修均在三十五元以下，又须住堂食素，人苟在下中以上，谁肯应之！其程度亦可知矣。

前日在蟫隐邂逅艺风，因问江晋三所著韵学书。渠言旧有之，为人借失，乙老处尚有其书，书高半尺许，种数颇多云云。渠又言其弟符孙，亦在仓圣学校，本荐其教图画，而令之教国文，且教《尔雅》，时必令就一字作篆、隶、真、行、草五种书。其荒谬大率类此。

连日奔走，唯昨日未出，而左目又稍发赤，殆因尘埃或睡不足之故。小儿返海宁，已有禀至，谓家中因舍弟处送租米至，又购米六石，足支一年，故以不出为便。但维在此仍须立一门户，两处开销，所费略等，故俟景叔复函后再行定计。近日尧香回绍（廿一二返沪），入屋运行李均不便，故仍暂寓抗公家。

以上十六日早书。

昨晚景叔至，云姬君已承认第一种办法，先行告知，并当函复（并令姬君签字），此亦出意料之外。如此则维对此事已获得全权，一面当设法请杨芷晴诸公为助（外间征文每页五六百字者，页酬三元，或千字五元，已与说定），一面附印古书（未刊或已刊而流传极少者）。求公选择尊藏之孤本稿本，初选适于俗眼者，大约每月须得五六十页乃至六七十页（前云每期须百廿页或百页）。约计尊藏之物，用之一年，尽有馀裕（现维与约暂以一年为期）。一切费神，至感至感（其稿检出，请寄沪付钞，并请先寄数种为感）。

现在报事定分部办理，美术以板大别行，哲学、宗教以性质不同别行，此报惟讲学术。美术景叔任之，渠拟将其金文尽行印出，此事极善。维告以渠所未备，可以尊藏补之，将来成一大书（如有考释，可附于后。如此，则拓本亦不至为考释所累。此中金石外，并印书画，维以公意如此。则尊藏之画可以尽印出矣。至哲学、宗教一报既已另行，无论如何，听之可也）。如此则《国学丛刊》虽停而不停，当亦公所乐闻也。

午后拟访乙老，询杨芷老事（缪老既邂逅一次，亦不能不登门，古书尚可借助）。大约姬之为人，处势既优，无人敢与之直言，故遂恣睢自如。此次对维亦慑于平日虚声，又虑决裂后为人所笑，而维所以对付之道，总在若近若远之间，故竟得如此结果。将来小小周折，谅尚有之，然亦不必问也。

维意拟以二月钞齐稿，三月中印刷，四月一日发行。报自四月起以后总如此办,大约不致误期。维小学中第一篇文字,拟作《史籀篇辑释》,经学该处要求注意三礼,题尚未定。现在籀文已写得二百许字,《说文》十一篇大约不出三百字。

明日定迁往新屋,屋在爱文义路上大兴路吴兴里(号数不明)。公有书暂请寄抗公处或者蟫隐均可。入屋将号数看明,再行奉闻,以后便可径寄。

小儿等读书,拟令入青年会,学费每年六十馀元,午膳三元,若住堂则年需一百六七十元。此会现名声甚好。维入新屋后暂拟令饭店送饭,并暂借抗公处一仆,并此附闻。敬请

道安,不具

国维顿首 七日早

目疾殆不至举发,并闻。

注 释:

[1]关于编辑一事,罗后在 2 月 27 日致王信中提出了自己的看法:"尊订门目仅经、史、小学之类,弟以为太单简。本朝之学,此三者以外,以校勘、目录二者,最有功于学者。又金石学中,考证、释文、目录三项,不能以美术括之。美术所括,图像、文字(谓金文)而已。弟意宜增此三门,似较好看,选材亦易。若谓此三项亦可包于史类,则小学亦可包于经类,何必又析出乎?刊印古籍,亦须限以所订之门类,乃为合宜。若但仅三门,则选材亦甚枯窘;若不加限制,则此报之主脑不能分明。若公已与订此三门,不能改易,弟到沪告景叔商改,但先须由公声明罗某不日返沪,报事仍须征渠意见,以资广益,则哈将来不能再以他人之说改易定章。弟之参预,由公商请,如此则无流弊。若尊见不以增三门为然,则不必矣。"

36

致罗振玉

（1916 年 2 月 21 日）

缪荃孙像

叔言先生有道：

昨日寄一书，想达左右。是晚赴姬君招饮，坐中尚有况夔笙等，不及言学报事。归时询景叔，每期页数大约需八十页，则附印古书殆三四十页足矣。夔笙恐须在此报中作文，又兼金石美术事，因其人乃景叔所延，又艺风所荐，而光境现复奇窘故也。乙老言其人性气极不佳。杨子勤则无暇为此云。姑询之。

艺风处到后十日未往，而于蟫隐邂逅近一次。渠见乙老，询维甚力。乙老劝往拜，殆有相怪之辞。昨因雨甚不能移居，因冒雨访之。谈古书事，颇有异闻。云查伊璜《罪惟录》一百卷手稿（乃明私史，纪、志、传皆有），去年由费景韩得之，售与刘翰怡。又陈仲鱼《简庄疏记》十八卷，皆经学札记，艺言甚佳（不知信否），此书归盛杏荪，已由刘氏付刊，其半已刻成。乙老言近岁见闽本《东观馀论》，系长睿之子所刊，与行世楼攻媿本不同，忘其归谁氏矣。

　　维今日移居，暂借蟫隐之仆用数日。今已开箱七只，其中书籍颇有受湿者，他书尚可。公所寄之新书在维箱中者，竟有数册生霉点，可恨之至。其竹箱幸免。维书受损亦不少。最奇者，舱中蒸汽成水滴，滴而下，地上皆水，初六日大风，所携数书坠在板上，亦受水厄。书籍之转运，真一劫也（木箱已坏四五只）。新居乃爱文义路大通路吴兴里三百九十二号门牌，以后函件可寄此地。今日一山、季英来此，见屋好价廉，均有结邻之意。因隔壁同式之屋，下月即空也。此间所［原件下缺］。

37

致罗振玉

（1916 年 2 月 23 日）

叔蕴先生执事：

　　今日读十四所赐二书,敬悉一切。维前所寄数书及今晨所寄一书(十九日晚写),亦当达左右矣。报事已定,具详前书。此次交涉,虽近强硬,然未尝形于辞色。迁居二日,诸事稍定,今日往园,现已定分三支:一、《学术丛编》,由维任之;二、《艺术丛编》,景叔任之;三、《仓圣大学杂志》,则况夔笙任之。《杂志》之门类与二《丛编》相出入,但加浅近,凡姬君所发挥之苍教教理皆归入其中。又往延江西人李某(似非李翊灼)任其中佛教事项。此皆景叔之巧计也。《瑜伽师地论》及《释》须各购五部,共计五十六元五角。现日币如何行市,希示即寄,或交纬公。《续藏经》亦须购,其价藏经会已拟定否,希先定并示价,即当汇款。费神至感。

　　《艺术丛编》中分金石、书画、古器等门。现告景叔,须影照何类,可行知会。景叔言将来每片(照费外)当酬若干如征文例云云。维告以公乐于流通,志不在酬报。景叔则云宜有此也。征文事今日与商,殊未定。若否,则除维稿外,须以古书充数也。

　　今日接家书,全眷至二月初几能到。二儿先来,即拟令入青年会。现陈啸仙在此甚困(有一银行事,在此待之,而尚无到馆之期,或恐成画饼),拟暂留在寓,将来或授小儿书兼写字均可。惟恐其志,以此为小耳。

　　《雪山图》疑是六朝画,公所据极确。法帖如《兰亭序》中之僧字在二纸之中,古所谓押缝也。《乐毅论》后之异僧,所谓押尾也。不知真迹名下本有押字,而刻石时遗之欤,抑押花起于唐中叶而古无之欤? 此事当可考出。

　　《史籀篇》已写出,得二百六十字。其他文字之同于古文篆文者皆不释,只释此二百六十字,此其异于古文(壁中书)篆文者也。拟先作《序论》一篇,道述籀篇源流;次论籀篇乃字书,非书之一体之名;次论其字数;次论其书之体裁。许君体例,篆文与古籀同者,不出古籀;其与古籀异而古籀自相同者,则出古文,不复出籀文;惟篆文与籀文异(篆或同古文,或古文无此字),始出籀文;篆与籀文异,而古籀又自相异,始兼出古文籀文。故所出籀文独少于古文。不知此说公谓何如? 祈教之。

又,吴中丞所藏北征篹,其中藁字忆似作葬,不知是否? 祈一检见告,至感。因籀篇有蓁字,须引此故也。

寓中天造草昧,现不能出,又未阅报,故绝不知时事。小儿等到后,蟫隐之仆可以还之。啸仙若来,则小儿等可遣就学。

公二书所言处哈事至当[1],惟当略加戒慎,不以先入之言逆亿也。明日仓圣学校开学,约往与典礼,并见哈君夫妇。乙老之言,视某君若蛇蝎,或有为言之乎? 专此 敬请

道安,不一

国维顿首 廿一日夕

注 释:

[1] 2月19日罗致王信中云:"弟意公仍以守初志,专意办报(学报内容仍愿闻),能兼教科更佳。弟所以以此相劝者,办学报与公平日学术有益无损,学堂则是长局。我不与人以可侮,外侮无由而至,此即善为戒备之良法,若别有防御之策,即是过度,转启争招侮矣。不知尊意如何? 方今谋食虽至艰,然以常理观之,断不至饿死。必欲舍此他图,以弟所知,若往昔杨子安之广学会,月谢百番,抗父诸君在商务,月薪亦百馀番,然每日必牺牲六七点钟,除去往复钟点,人已疲极,不复能修他业,若岁岁如此,学业终身无增长(略)。

抑弟尚有厚望于先生者,则在国朝三百年之学术不绝如线,环顾海内外,能继往哲开来学者,舍公而谁? 此不但弟以此望先生,亦先生所当以此自任者,若能如前此海外四年馀,则再十年后,公之成就必逾于亭林、戴、段,此固非弟之私言也。若以天挺之质,而以"生活"二字了之,岂不可惜! 弟非无前人之资禀,而少撄患难,根柢未深,中年又奔走四方,遂毫无成就,今且老矣,欲以炳烛之明,补东隅之补,所补能几何? 顾影汲汲,绠短汲深,故期之先生者,不能不益殷。择业与修学,相关至切,至于此次馆事,再三相渎,想不憎其[下缺十三四字]进退之小艺,亦须积二三十年之功力,乃可望成就,学术之难如此。"

致罗振玉

（1916 年 2 月 25、26 日）

叔言先生有道：

昨晨以前所寄各书，想均达左右。昨日接到《诗苑》一册，卷末果有佳句，读之喜戚交并，已拉杂摧烧之矣。

昨夜细阅《说文》中籀文，见蠿字作𦀖，从二。因梧卜辞弓字确是又字，左可作𠂇，则右可作冬无疑。又思古文从又之字，后世多变为寸，非增一画，乃省一画也。凡说之合理者久之必得其证，此类是也。又卜辞中𨚔字即《说文》

王国维等编纂出版的《学术丛编》

挖字，非徒以它为声，亦象形象意字也。此一字偶然拾得，故以奉告。又证明《说文》部首𦫵即𦫵，其说甚佳，惜函中不能详写之。此次作《籀篇疏识》，初以为无所发明，便据辍笔，及昨晚得所录诸字，细观一过，觉可发见者颇多。此事唯先生知我，亦唯我知先生。然使能起程、段诸先生于九原，其能知我二人，亦当如我二人之相知也。至于并世学者，未必以我辈为异于庄述祖[1]诸人也。

学报式已定，如《国学丛刊》，而每行加一字，用四开本印之。现在除用活字无他法，篆书则有方君憬来（即漫画斋主人，近亦兼园中事）粗知六书，能作篆，即令其书之，以刻木戳，略存形似，斯可矣。附印之书，此间有《续墨客挥麈》可以付印。元刊《中原音韵》虽有明以后刻本，此书终有价值，如他未刊之书不多，则此书亦请检寄。本思向乙老借江晋三《韵书》刊入，然虑卷帙太大，或乙老不愿刊于报中，但可借录一本耳。下次相见当即借之。专肃　敬请
　道安，不一

国维再拜　廿三日灯下

征文之事观前途意已作罢论，盖当因惜费故。然则，每期八十页中除维撰三十页左右，当全以古书充数矣。

再启者：刻又有一快意事奉告：《说文》艸部末之五十三字，许云大篆从茻。初拟录入《史篇疏识》中。今晨未起思之，忽悟其不然。许引《史篇》字，皆云籀文，此独云大篆者，明此五十三字不出于《史篇》，盖采《汉志》所录《八体六枝》一书中字也。秦八体中有大篆，则《八体六枝》中必有大篆无疑，虽当时已佚之《史籀》六篇中或有其字，然许君不敢谓之籀文从茻，盖其慎也。观此五十三字中蓬字下重籀文莑，可知草部所谓大篆之非出《史篇》矣。此说前人未有及之者，故亟奉闻。再请
　道安，不具

国维又拜　廿四日晨

注　释：

[1]庄述祖：清中期文字学家。

致罗振玉

（1916 年 2 月 28 日）

叔言先生有道：

　　一昨连接赐书，敬悉一切。维前后所上诸书，亦当均达左右。此间所以处姬君者，正与赐书大致符合。包办之局已定，景叔口答必可作据，其后补答之书不来（因此后二三日连日见面），既已言定，亦不便要其手书矣。惟闻后数日所言，则征外间文稿一条，恐不能行。因后与姬君商征稿页数，仅云每期十页左右，则应之者恐不踊跃。而杨芷晴亦无暇，培老及曹君直[1]、张孟劬（即张采田）[2]亦未必尽当我辈之意。故第一、二期拟姑以旧史学上之稿充数（当与言明，此系格外事，不必酬，以后亦不能每月有之），后再议之。

　　《史籀篇》字共得二百二十字（《玉函》辑本有误），已释得六十馀字。昨释廿馀字，中有五字颇佳。全书当得四十页，恐须分两卷用之。现在竭力进行，恐须至二月底始能齐稿（因撰稿、古书均须抄）也。昨日释一雁字，敬以奉闻。此字许君既谓"瘖省声"，又谓"从人，人亦声"，瘖、人既不同部，又二字与雁亦不同部，于是纷纷聚讼。今以毛公鼎、应公鼎二雁字观之，其字作𦃇，从𠂆，𠂆当与夹同意，象胠形，夹象二胠，𠂆象一胠，𦃇下从亦下鸟，乃会意字。且知臂鹰之俗，古已有之矣。此说不知何如？祈教之。

　　此间自十八日后，无二日晴者。近四五日，日草《史籀篇疏识》三四页，上卷月内可成。篆文虽有人写，虽刻木活字太多，又楷字需刻者亦太多，或须用石印，以后小学书皆石印。版式与铅版同，一书二版，如《永慕园丛书》例，须商之。

　　沪上初到，用费甚大，器具已买二十元，书架十八元，将来需添者甚多。程秉泉之伙，廿四晚云由宫崎赴东，而昨今并不来托打电报，不知行否也。专

此　敬请
　道安,不一

国维再拜　廿六日

注　释:

　[1]曹君直:曹元忠(1865—1923),字夔一,号君直,江苏吴县人。藏书家。从黄以周、管礼耕受三礼之学,又从缪荃孙受校勘目录之学。官至内阁侍读学士。辛亥后寓居上海为遗老。著有《沙州石室文字记》、《笺经室遗集》,辑有《笺经室丛书》。

　[2]张采田(1874—1945),原名采田,字孟劬,号遁堪,浙江钱塘(今杭州)人。近代学者。曾任清史馆纂修,后任大学教授,著有《史微内篇》、《刑法志》、《元朝秘史注》等。

致王文焘

（1916 年 3 月 22 日）

叔瀣先生左右：

前日，罗叔翁来此视其兄病，今晨已行。留下所藏金文拓片九十馀种（系赠老伯大人者），并扇面一叶，因天暑未克奉诒，如驾或有便西来，请见过一取。耑此奉达。敬请

侍安，不具

弟国维再拜　十九日

致叔瀣

致 罗 振 玉

（1916 年 3 月 25 日）

叔言先生有道：

握别之后又经二日，比想安抵京都矣。告景叔诸事已与接洽，闻今日已送千元至纬兄处，其版式已改用六尺匹夹宣纸十开，与《殷虚书契前编》同大（兹将纸样寄呈。今日往园未晤景叔，据方君所言如此）。景叔明日赴杭，三日后返沪，渠已另有函致先生矣（纸亦即购寄）。

陆纯伯处信及款已交，渠有回信呈阅，请詧收。苏冶妊鼎渠欲三百元方售，不免贵矣。渠座上有素璧一、珑一，想公必见之，不知其价如何？因初见，难以问价。其师西敦则直伪刻耳。

寐叟以公言为然，渠云刘中垒与郑司农两家言汉代兵制不相合，中垒亦无他讯，所以亦不详考其何许人，恐又多枝节也。专此　敬请

道安，不一

维再拜　廿二日

46

致罗振玉

（1916 年 3 月 30、31 日）

邹适庐像

敬启者：

昨今寄二函（第二函言博文堂汇公款，须公一委任状并盖印章，方可去取），谅均达左右。昨寐老言，北方既不能支持，而云贵两省蔡锷、李烈钧两党交哄，不成事体，粤西亦至纷乱，梁某[1] 在彼亦无发言之权，动则以炸弹手枪互相恐吓，一切状态，与辛壬之间无异。天下滔滔，恐沦胥之祸，遂始于此。可知中国总是此中国，人民终是此人民，虽有圣者，亦无可为计，观近日所经验者，即可知矣。

顷日本邮局又有通信到，云小林寄来一小包，想仍是画片，拟于后日往取之,送寄是信。

此间近日绝无所闻。近数日中家务业已就绪,思作《学术丛编》中文字,讫不得好题目,遂以杂阅各书消磨数日,拟先作礼学一篇,次小学一篇,礼学或拟论周官制也。专此奉陈　敬请

商遗先生道安

知名再拜　廿七日灯下

昨日书至此,刻接一电并两书,敬悉。景叔近日返杭,明日至园,不识能晤否?但见方君亦知其事,即电复,想电已到矣。哈同园款千元前日已交纬公矣。

刻又得博文堂主人函,嘱维向银行取公所汇之款,但此款额面系用公名,他人印皆无效,前日函请公一凭据并盖印,当可取出。明日当与纬商别有他法可取否也。

时局看来南北皆失败,其关键全在老成诸将态度如何。唯北方趁此时机又可施其机械,不识前途如何。古人所谓"民之无辜,并其臣仆;瞻乌爰止,于谁之屋"者,语语若皆为今日发也。再请

道安,不一

又叩　廿八日灯下

今日草《殷礼小记》,得五则,共五六页,皆祭礼事,补公《考释》所未备者。思以次及他事,然全文恐不过廿页也。又闻。

注　释:

[1]梁某:即梁启超(1873—1929),字卓如,号任公,又号饮冰室主人,广东新会人。清朝维新派领袖人物之一,晚年在清华学校任教,著述宏富。

致罗振玉

（1916 年 4 月 2 日）

叔言先生有道：

　　昨发一书并一电，言《殷虚书契二编》先印五百部，想已收到。纸早购成，因报关等事，闻须初四日方能装载。此间办此等事一切不熟，故阻碍颇多也。汇票已于昨晨交纬公，渠托人作保，已于昨下午取出，交还千元，今晨即付纯伯。其隆、范二收条并正金银行账条奉上，请詧收。此次日币二千二百四十元换中币，仅申出六十元，甚为吃亏。由银行汇兑总受此亏，仍不如由邮局汇为合算。又嘱陆用龙洋，据纬公云此间无龙洋之名，凡钞币中西一律，惟另用银货则龙洋每元须贴水十文，大款则无分别，故仍以普通钞付之。纯伯询馀款何时可付，并苏冶妊鼎三百元要否？看来此鼎亦无人能出二百元以上者，暂置之可也。此人殊可怜，今日出一虢叔钟见示，阳文伪劣不堪，渠犹问当是宋仿，眼力如此，则唯有愈做生意愈穷而已。

　　此间近亦无闻，惟今日报载冯、张电北方，谓时局至此，无论何人不能当此重任，而下文无一语，不知何意。又未识所谓重任者谓何？此一端可注意者也。专此　敬请

　　道安，不一

　　　　　　　　　　　　　　　　　国维顿首　三十日灯下

致罗振玉

（1916 年 4 月 6 日）

叔蕴先生执事：

　　昨日接手书，并致景叔书，敬悉一切。今晨往哈园，待一时有馀，而渠尚未到，已将尊函交人付渠。而近日姬君又久留杭未返，上月仅归沪一转，半日而去，看来得其确复，尚费时日。前日印五百部之电，乃坐而要之，否则不知何日能复。而三十日之电既发，初二日接公估计三百部之价，似有嫌贵之色，可见其于印刷事全无筹画。

　　又此间所印之金文尚未照相，而于照相排列等事亦漫无方法，恐公处之

仓圣明智大学

稿成后,此间尚未能成也。即《学术丛编》之稿,维于上月廿四日已将第一期稿编成交出,而至今付印与否尚不能知,此景叔处办事之缺点也。

至哈园内部情形,现颇明晰。姬君用钱,勇于口说,而账房出纳颇吝。即如各人薪水,二月份至三月初二乃始发下,又用钱事账房亦往往干预。或谓账房系旧人,故权在姬上;或谓亦姬所用人,而时加姬以裁制,故一切付钱事,往往不能骤决,即决后亦不能即付,此其内部情形也。

看来此番之四种书不能翻印,而四千元之款恐付时必甚费力。然若停印,则于材料必甚为难,故可决其必允,然或云逐渐付印,事亦在意中也。

此间近日谣言颇多,然多不可信。第三期《学术丛编》稿,拟用《殷礼征文》(即前所云《殷礼小记》附以与林博士论裸二书)及《释史》二篇,数日内可成也。此间时间甚匆促,觉远不如在东之宽闲,如何如何! 专此　敬请
道安

国维再拜　初四日

前日见敬公知申函已交,措词何拙乃尔耶!

致罗振玉

（1916 年 4 月 11 日）

[上缺]

　　北庭解纽，南势方张。匹磾[1]欲钞辛亥陈文解决时局。凡旧系人物，已隐隐成一同盟，党人声势，亦有加无已，而实力终逊于段，将来总以袁[2]退段代，了此一局。揆诸人民厌乱，与各方面畏难苟安之心理，舍此决不出他途。以后此篇陈文，尚须时时钞袭，不知尚有大英雄出起而定之者否？沪上一时治安，尚无他虑。今年蚕事又为乱事大有损失，江浙二省所损恐在千万上下耳。我辈只作蠹鱼，别无可为者。再请

　道安

永观又拜　初九日

　　纯伯一书附呈。程冰泉尚未到。其日币损失距书到时价在百元以上矣。

　　再启：顷景叔来言，所印书玻璃版三种，姬君意欲留版，拟于此月付款。加付二百元当可足数。又《艺术丛编》姬欲请公作一序文，但言罗诗夫人欲提倡中国美术之意可也。又一觯，云公曾看过，云真，托君楚带上。专此　再请

　道安

永观顿首　初九日

注　释：

[1]匹磾：即段匹磾(？—409)，晋时鲜卑段部酋帅，此隐指段祺瑞。

[2]袁：指袁世凯。

致罗振玉

（1916 年 4 月 15 日）

仇亭[1]先生有道：

前日奉手书，并邮汇二数，收到无误。次日即访程冰泉，其人赴粤未返，而粤东适独立，此次书画恐无所得。又闻该处秩序大乱，恐即将还，俟其至，当付之。纯伯亦有复函，并致公函，呈阅。鱼[2]冶妊鼎尚需三百元，维已复渠，尊意只能出二百元（亦一并送），如不合，可取回。钱、董二件，俟有便即寄也。

此间近日戒严殊甚。浙省独立[3]，火车已断，仅开至松江。至今亦未接海宁、嘉兴等戚串信，恐邮政亦阻滞。不知该处治安如何，殊可念也。

今日拟作《周大武舞考》[4]并《升歌笙歌问歌合乐考》。升歌合乐，康成说已微误，阮文达作表，乃误甚，拟据经正之也。专此，敬请

道安，不一

国维顿首　十三日

此信写就，适程冰泉之伙来，谓程在粤购货须汇款，意欲取去。维告以款尚未到，且尊函须付本人云云，乃去。细思总以付其本人为妥也。又闻。

注　释：

[1]仇亭：即罗振玉，号"仇亭老人"。

[2]此处"鱼"字疑为"苏"字之误。

[3]1916 年 4 月 12 日（丙辰三月初十），浙江继滇、黔、桂、粤等省之后，宣布独立，声讨袁世凯。

[4]关于《周大武舞考》一文，罗接王信后，于 4 月 21 日回信中谈到"大著《周大武舞

考》，必有卓见。弟昨读贞卜文字，知卜辞中'𝌀'字即'伐'字，卷六第十八页'贞乎┃呂方'，其明证也。记卜辞中尚有'𝌀'字（猝检之不得），以此例之，亦伐字矣。又《书契精华》中有'𝌀'字，弟疑是'舞'字之初形，后世作'舞'，则变形为形声也。又'𝌀'字，玉以为即'土'字，金文作'𝌀'，此作'𝌀'者，犹'王'字，金文作'𝌀'，卜辞作'𝌀'，刀笔作粗重之画，往往改为匡郭也。《书契后编》中有'西𝌀'云云，以此知之。又卜辞有'𝌀'字，又作'𝌀'（卷五第五页），其形颇似'𝌀'而从'珏'，卜辞中有'王'字，又有'丰'字，依义理断之，'丰'殆亦'玉'字，因象联玉形，上下穿与不穿正无殊，疑后世之'丰'，或是由'珏'变'𝌀'，又由'𝌀'讹'𝌀'耶？此说未敢确定，幸先生教之。此类次《书契后编》时所得，谨以奉告。"

53

54

致罗振玉

（1916 年 4 月 20 日）

杨守敬像

寒中[1]先生执事：

　　前晚接手书并印件提单，即交景叔，又转托尧香矣。前书，此十日内无功课，无甚结果，一昨忽得一快事。此日，本拟考黄县丁氏[2]所藏魏三字石经残字，取杨星老[3]所印拓本观之，乃排列其行款，始知每行经文二十字，并三体计之则六十字。又据此行款以求《隶续》[4]所录残字（《隶释》尚未借到，先据冯柳东[5]书推之），亦皆每行六十字，凡《隶续》所存字，亦可图其残石形状，惟所存残石在碑之上或下则不可定耳。《隶续》所载，本据苏望民摹刻之本，字颇有颠倒错乱，前人皆谓是《左传》残字，国朝臧玉琳始从其中分出《尚书》，孙渊如[6]复作考二卷，此君粗浅，必不佳。今惜此书尚未到。拟作《魏石经考》一篇，并附以图。惟《春秋》尚有若干字，不能知其在何处耳。魏石经之立，本意在补汉石经。其《尚书》梁有十三卷，十三卷者《古文尚书》之卷数也。《春秋》梁有十二卷，十二卷者《左氏经》之卷数也。（又《隋志》言梁有石经，当为传拓之本，则拓石事始于六朝也。）又《隶续》所存字，于《春秋经》以外并有《左传》廿二字连文，若并所缺三体字计之，当有三十九字，此甚可疑。一行三十九字之残石，狭长已甚，世无此种残石之理，或此行又出于六朝唐时拓本，而苏氏刻之，与他《春秋》残石不同出一源耳。且古书记魏石经仅有《春秋》、《尚书》，此却有《左传》，不得其解，尚待细考耳。又三体中，古文上承《说文》中古文，下启隶古定《尚书》，考证此事亦极有趣味也。汉石经每行字数，《公羊》八十四字，《仪礼》、《诗》七十余字（此诸种均未排比）。公去岁所得者《论语》，有出刘本外者，并忆有出南昌刻本外者，此本将来必须印行，能将刘本所无者，以今隶写一行款见示，尤感。专此　敬请

道安

国维再拜　十八日早

注　释：

[1]寒中：罗振玉之号。

[2]黄县丁氏：即丁佛言（1888—1930），名世峰，以字行。山东黄县人。古文字学者，收藏家，善籀篆，工刻印。著有《说文古籀补考》。

[3]杨星老：即杨守敬（1839—1915），字惺吾，号邻苏，湖北宜都人。工书法，善绘画，喜收藏，尤精历史、地理及金石考据之学。

[4]《隶续》：《隶释》以后集诸石刻而成的工具书，计二十一卷。

[5]冯柳东：即冯登府（1783—1841），字云伯，号柳东，浙江嘉兴人。皖派经学家，诗人，尤熟掌故。著有《石经补考》、《闽中金石志》、《浙江砖录》等。

[6]孙渊如：即孙星衍（1753—1818），字伯渊，号渊如，江苏阳湖人。乾隆五十二年（1787）进士。授编修。精校勘。历官山东督粮道，权布政使，累主诂经精舍、钟山书院。著述宏富，著有《金文萃编》、《尚书古今文注疏》等。

55

致罗振玉

（1916 年 4 月 21 日）

寒中先生有道：

前日发一书，想达左右。顷接赐书，敬悉一切。公今年提前扫墓，以今日思之，诚为幸事。现杭沪车不通已十日矣[1]，小轮尚往来，邮信亦通。浙沪之间，闻已妥洽，不致有战事。沪上党人往浙者，闻多为浙党人所拒，故现在苏属颇吃紧。江阴、吴江相继独立，冯氏[2]宣言系持中立态度，各省亦大略相同。其能保持秩序与否，则须观其后之措置矣。春事已深，惟于哈园略见花信，龙华为戒严之地，今年无一游人矣。此间戒备已近一月，而法界炸弹时有所闻。敝居左近，前多空房，今则皆人满矣。一切状态殆复辛壬之间，惟市面凝滞尤甚耳。

纯伯处续付之四百元，其收条前忘寄上，今补寄，请詧收。其一百元，则俟付程款时并取付之。鼎[3]已交来，初云三百元，后云二百元似少，请公酌加；又云不加亦可。此款不急，渠亦云钱在公处比在渠处妥也。又公前假渠之二百元，此次未扣，不知另有抵偿否？请示及。哈园印书之款，前日仅交纬公处五百元，而二百元又系日本汇票，非该处人亲取不可。昨纬公交来属换，今已退回彼。其馀款，姬虽云即筹汇，然其间办事往往迟缓，不知何时能付也。

《学术丛编》仅排成十馀张，哈园存纸甚多，检之十馀日，尚未交出，故该局尚无纸可印。其办事大率如此，无可说，亦无可救药也。

逊老住址系四十四号。缪老久不悟[晤]，唯闻敬公言，其对傅仁兄咨嗟惋惜耳。成家、仲家先后奄忽，后之人不之鉴，亦将蹈其覆辙。彭城[4]至今未见其一话一言，殆持老氏之见乎？专此　敬请

道安，不一

永观顿首　十九日

《周书顾命礼征》已印成样本,请正。末颇有发明,请审正。

注　释:

[1]此指 4 月 12 日浙江宣布独立后,铁路交通中断事。

[2]冯氏:指冯国璋(1859—1920),字华符,直隶河间人。当时被袁世凯授为宣武上将军,督理江苏军务。浙江等省反袁独立之际,冯于 4 月 17 日提出八条调停时局办法。札中所谓"中立态度"即指此。

[3]此鼎即指苏冶妊鼎。

[4]彭城:指张勋(1854—1923),原名和,字少轩。江西奉新人。曾拥废帝溥仪复辟。他当时率部驻守徐州。

致罗振玉

（1916 年 4 月 23、25 日）

寒中先生有道：

今日接二书，敬悉一切。前奉诸函，亦当达记室矣。前复款事，乃与乙公均误解书旨，是日又发一函，此函到，想公已知其误矣。

《殷礼小记》所论全系祭祀事，当改书题。《王亥》一节，别纸录呈。《释史》一篇，乃叟释字从中之意，谓中即《礼经》之中，为盛䇶盛策之器，复论古之官名多从叟出。共得八九纸，《作册考》亦即消纳其中，无甚新意也。

近日作《周乐考》已脱稿，一论乐次及天子以下用乐（有表），二论象勺二舞，三论大武（有表），四论颂，五商颂考。其中颇有新得。今日作《毛公鼎考释》，拟专就诸家所略及未确之字考之，《薛字说》即消纳其中。余所得者，如"钗小大楚赋"；《多方》"越惟有胥伯小大多政，尔罔不克臬"；《尚书大传》晋伯作"胥赋"，知此"楚赋"即"胥赋"，"楚"、"胥"皆疋声，得相通假也。此外盂鼎、克鼎亦拟陆续为之，惟散盘则无法耳。

静观大局，乱靡有定，识者多谓此次当烈于辛壬之变。近日乙公亦骂诸马[1]为奴才，又谓天下书痴唯我辈耳。此言可知经略矣。

今日晤敬公，云某船有书到，未及取，因公信到已在船到之后也云云。景叔之书已属去取，渠现已迁大通路大通里二百四十六号，与敝居亦近。公如有信，可径寄其寓，因寄哈园，其门房中往往搁置也。专此　敬请

道安，不一

永观顿首　廿一日灯下

闻无锡有战事，宁沪车昨已不通，尊府二姑奶奶已于前晚来沪，并闻。廿

三日早又注。

注 释:

　[1]札中"诸马":指马安良、马麒等。武昌起义后西安亦响应,清廷乃起用升允为陕西巡抚,率军反攻,时二马为其部属,后为宁夏、青海军阀。

60

致罗振玉

（1916 年 4 月 26 日）

寒中先生有道：

　一昨得两书，并致景叔两书，当晚交去。昨早渠来，言与姬商奉复。今午至哈园，渠乃不在。昨闻渠言垫款已付千元（其实内二百元因系日本汇票，不能取到，退回尚未换出），月底姬约再付五百元，则所差之一千三四百元，下月岂难筹此，又岂有富豪而不能付此款之理？姬之办事，迥出情理之外，无论何人不能测其是何命意。今日方君言，此人惟浑蛋及骗钱者可与相处，即被骗亦不知，稍具人格者，与之经手未有不受其累，诚哉是言也。景亦无覆，可怪之至，不知明后如何。

　　此月廿八，云是仓颉生辰，其日该校行礼尚不足怪，而姬之生日亦即此日，奇妙之至！姬今年三十，账房为之醵资，各人自十元至

广仓学宭图

二元分为四等(写字人薪水十元左右者亦令出二元),闻其洋行中买办有出
至百五十元者。须演戏二日,仓颉前行礼。有单来通知,势不能不往,并为之
拜寿,其日必有大笑话可观可听。始知外人所言,殆皆有原因也。其人于账
务,素以宕欠有名(近闻方君言之),近见其取流通古书处书百余元,其伙跑
至数十次不能得款,书亦不能取回。今以此法对公,岂非奇事。想公此后印书
事,仍须全用自力,对人更无丝毫希望矣。

《毛公鼎考释》初稿已具,可得十馀纸。有数字可奉告:"弼"字定为茀之
本字,从"囚"(席)弜声;弜定为秘之本字,弜为弓辅,故从二弓辅弼之义。由
此引申,又"卢"字从吴清卿释作"厄",疑小篆"厃"字即"卢"之变形。又"勲"
圭之"酄",据鄂侯驭方鼎之"懬",小盂鼎之"蒫",定为"舋"字,"舋"省人,"斝"或
作"髡",则人在下,仙字从二人,则赘矣。"亞"、"蓍"之下类爵字,古文爵或作
"㠱"、"㝬"(此录伯敦劳字所从)、"㪷"(此毛公鼎劳字所从),则"亞"、"蓍"当
与爵同类之物,而无双柱。"勲"象两手奉酒器,而人义当与裸略同,"酄圭"当
即"裸圭",上云秬鬯则继以裸圭宜矣。

此类字不知如何[1]? 谨以奉闻。专此 敬请

道安,不具

永观顿首

程冰泉尚未到,而日币日落,渠迟到一日恐须受亏一日矣。又闻前日逊老
招往,晤容夫,渠欲往东而中止。询公住址,云有长信致公,欲询申君事并其得
自由与否也。此间诸人已有悟姬传之不可恃者,逊至自谓履虎尾噬人凶固其
宜也。此语可想见。

注 释:

[1]5月3日罗在致王信中亦谈及释字事:"前承示近所释诸字,并精,甚佩甚佩。近读
卜辞,又有欲质于左右者。一、'癸酉卜中贞三牛'(《后编》卷上廿一页);二、'贞尞于西'
(《后编》卷上廿四页);三、'己未卜其㓝羊十于西南';四、'贞尞于东为三牛'(并《后编》卷
上廿三页);五、'壬申卜贞之于东母西母若'(《后编》卷上廿八页)。疑是五方之祀,先生能
征之礼经以见示欤? 又《后编》卷上第廿六页有'癸酉口贞帝(殆即禘)口五羋口其口口小
牢'口口羋殆即玉字,不为豊字,或从珏,或从𦥑之证。古之以玉礼神,先生盍征之礼经为一
详说乎? 此次《后编》所载材料颇丰富,想先生读之,定大有所得,仍祈时时见示为荷。"

……

"前函计达左右。昨读《广雅·释器》'烁，赤也'(《方言》同)，'酉，席也'，知卜辞中'爽'字不但石鼓及盂鼎中口字可证，其文尚存于《方言》、《广雅》中。酉即囷囷弼字所从，佰字所从皆然，可知魏时酉尚有席义，第已不知为即本字耳。许书酉囷注之一说，尚与席义不远也。"

致罗振玉

（1916 年 4 月 30 日）

寒中先生执事：

　　前日接手书，敬悉一切。画二件已交敬公，速寄陆馀款与程弟款，已于今日付讫，两条均附呈，请詧入。今日付程款汇票四百元，馀二百元须与陆分割。乃令小儿往取兑中币二百元，仅得中币一百八十六元六角，每百元得九十三元三角，乃付程日币四百元，中币九十三元三角当日币百元，共日币五百元。而前此付陆之千四百元，乃馀七元，则不可解。故今日亦付其九十三元找讫。今日陆款乃有盈馀。今吃亏如此，阅报载价乃知之。今将《申报》所载钱市行情奉上，以供参考。此次所汇尚馀汇票千元，俟冰泉到付之。公前书云无馀款者，乃误忆也。

　　昨日又奉手教，景叔事当告之。《水经注》当借校。所发各函，想当收到矣。专此　敬请

　　道安，不一

维再拜　廿八日

致罗振玉

（1916年5月2日）

寒中先生有道：

　　前奉数书，想达左右。今日接到敬公处交来《元秘书监志》四册，又接赐书并大集前二卷目及散片一卷，敬已收悉。兹将应复各项，条例如左。

　　即请，道安

　　　　　　　　　　　　　　　　永观再拜　四月初一日

一、诸钟拓本，景叔已交敝处，如何寄法，请示。

一、《学术丛刊》出版未能定期，因该园存纸至今仍未交去，不能专责印

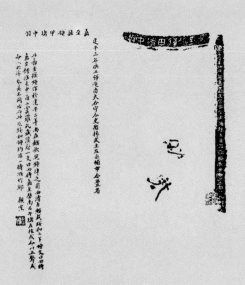

王国维《嘉至摇钟》跋文

局。彼处办事大率类此,直无法可说(景亦有须待与《艺术》同出之意,写书之人,因姬初许以月二十元,后仅与十二元,不肯多写,景亦不能责,故将来写书亦有阻碍)。

一、《藏经》提单于二十外送到,然至今尚未能提出,因该处无熟悉提货之人。辗转托人,而邮船会社办事亦颇不爽快也。

一、邹电想已收到,此事姬虽已允,而付款时恐仍不能如期(迟延数日至十日谅所不免),不过邹较易督之耳。此乃绝物,更无可言。

一、哈园因姬三十生日演戏二日,园中人因此须忙数日,其内容可想见。

一、以上所陈该处事,公可想见一斑。天下事大者亦大抵如斯,则时事可知矣。

一、《大元马政记》今日作一跋,其开卷一段见《元文类·经事大典叙录》。《文类叙录》下有小注,乃隐括本书为之,而有数事,未见书中,则《永乐大典》所收亦非全本。《文类》所载《马政序录》及小注仅五百字,而伪字乃得数十,此书之宝贵更可见矣。原本在艺风处,不愿借之,想亦无甚异同耳。

一、《水经注》校本,明日当往借校。

一、逊老终是可人,渠甚佩公言,然超然物外,亦非易事。

一、今日偕抗父至徐园看牡丹,今年春游仅此一事。

一、时局阅报大略可知,大约全钞辛亥陈文耳。

一、博文主人属购《朱拓邓完白篆书》《朱子家训屏》,不知何处出版,请君楚兄于渠时一问之。

致罗振玉

（1916 年 5 月初）

［上缺］

乱事靡定，人思息肩，天下大势，恐遂归匹碑[1]之手。以势力计之，大约段七分，南军三分。颇闻袁之要人已多归心匹碑，然亦可反复。此人在今日，正如夫己氏[2]之在辛亥，然亦岂拨乱之才哉？此次粗定尚须半年，至一二年后又当复生变故，恐神州自此已矣。

报又载艺风事，可笑之至，世有此人，真读书者之羞也。盛宫保[3]去世。江阴战争大约可了，昨日《时事新报》谓炮台变兵已由艺风托人经手以七万元买收枪炮，前此要求南京不派兵进攻，亦由党人以劝进事恫吓老艺，并诱以利，使联名电宁，宁即以疏通责彼，亦许以酬报，此等恐未必尽实，然空穴来风，亦有以致之也。沪宁车通，沪杭仍未通，惟轮船及邮件尚无阻滞。浙中持柄者与宁沪仍有联络，故苏浙之间想不至有战事。两马皆驽骀，令人闷损。

［下缺］

注　释：

[1]段：指段祺瑞。

[2]夫己氏：借指袁世凯。

[3]盛宫保：即盛宣怀，1916 年 3 月 25 日卒于上海。

致罗振玉

（1916 年 5 月 7 日）

寒中先生执事：

　　昨日午后楚[1]到，赐书，并赐《南宗衣钵》第一卷，并印泥谨收，谢谢。到后即往乙处，适闻姬传在彼而返，至七时复往，顺至潜[2]处，语皆已达。观二人语意，事未易易，盖渠等力亦有限也。潜亦知向外之非，云于三四日内动身，明晨乙处可有确信也。景叔金文拓本早交来，此次当交楚带上。丁南羽[3]《天文地理图》亦已入手，乙云四十元或四十五元，闻之不明，明当付款，将来亦交楚带也。吴渔山[4]画当照办。《书契后编》等前日已收到，此次所印精甚，当亦由拓墨进步所致。

　　昨朝在乙处见二画，一明人文通（景泰二年画）仿周昉[5]《试儿图》，后有《洗儿图》，二图相连。其间《试儿图》全仿公宋人集册中物，而题曰仿元人，盖元人亦有摹本也。又有一卷雪景，树仿郭河阳，山石仿范中立[6]，气象甚大，末有"千里伯驹"[7]四字隶书款（款亦佳），乍观之似马、夏一派，用笔甚粗而实有细处。向所传千里画皆金碧细皴，惟此独粗，盖内画近景与远景之不同。此恐千里真本，不观此画不能知马、夏渊源（惟绢甚破碎）。乙甚赏此画，又甚以鄙言为然，谓得后乞跋之。言价尚未知（必不贵。凡乙处画皆然）。乙告以如渠不留，请为公留之。恐北宋流别中，当以此为压卷（图中人物面皆傅朱）也。《雪山朝霁图》乃画灞桥风雪（开元中人未必画孟浩然事），恐在中唐以后，未必出杨昇手。此画实于右丞、北苑之间，得一脉络。原本赋色否？专此敬请

　　道安

　　　　　　　　　　　　　　　　　永观再拜　　初六日早

注释:

[1]楚:即罗君楚。

[2]潜:即刘廷琛,江西德化人,字幼云。光绪二十年(1894)进士,授编修。辛亥后,曾参与策划多次复辟活动。后蛰居。

[3]丁南羽:即丁云鹏(1547—1628),字南羽,别字文举,号圣华居士、黄山老樵。明休宁(今属安徽)人。宫廷画家。

[4]吴渔山:即吴历(1632—1718),字渔山,号墨井山人。清江苏常熟人。画家。师事王鉴、王时敏。其画以冷峻胜,功力悉敌,风格高峻,为时四王所不及。

[5]周昉:唐代画家。字仲朗,一字景玄,京兆(今陕西西安)人。

[6]范中立:即范宽(约946—1026),字中立,又作仲立,北宋华原(今陕西耀县)人。所作落笔雄强老硬,山多正面巍立。评者谓其"善于山传神",能"得山之骨"。

[7]千里伯驹:即南宋赵伯驹,字千里,宋太祖七世孙。善青绿山水,画风富丽活泼,秀雅高迈,雅洁异常。

之所蕆之主者惟修寶玩之多賈直之
重以為摹舉此卷云未為得所而也後有
如向石翁者或更當歸之
右沈德潛二跋
乾隆丙午仲冬月
臣金士松奉
勑補書

本朝高士奇王鴻緒所珍藏賞者及歸
周至秘笈是卷特仿本之佳者耳夫
天府以校石渠舊藏富春山居圖始知公望
乃安歧舊物沈德潛所為兩跋自明沈
真蹟久登
賞鑑家而固自以為人世希有壯觀題
識賞流傳珍奇而固自以為人世希有壯觀題
何足道若此幅又致佳本當其贊美
享之千金其境地相遠於流別來百數百年來所稱

御製題公望富春山居圖
御製
滨渤之境一吟一詠之羡不足與語低嵩
樂文章之府因一事發三益觸類於
而不知一邱一壑之勝不足與入禮

精義
客賞
道見其大益即此
義道無章材即有羞等仍
出治用人望古人一望之靈思神筆具仰
道之有真而藏即有規仿精良者亦登次等

命書
化裁含霞之廣大也夫
沈德潛兩跋臣彭元瑞臣梁國治臣劉墉臣王杰臣金士松
曹文埴拜手稽首恭跋臣金士松敬書
董誥

致罗振玉

（1916 年 5 月 8、9、10 日）

寒中先生执事：

昨晨寄一函，想达左右。今将应陈各事条例于左：

一、景叔金文拓本共五册，散片一包，已交来。兹由君楚带上。外附还：《蒙雅》、《大元马政记》、《儒林宗派》(此书未钞)各一册；《万氏遗书》三册用《五宗图说》一种，《随志》二册(已抄)；《通历》二册(未抄，因此书卷帙较大且校勘极费事，故未用)。并在一包。

一、丁南羽《天文地理图》卷，已由逊老购定(如公不需此则拟自留之)，

赵孟頫《秋山赋》局部

价四十五元(已代交),在公所购画中不算贵。而渠所购之唐子畏《待隐图》卷,亦仅五十五元,可谓奇廉。其赵千里《雪景》卷,亦仅索百元,已告以如渠不购,请为公留之。

一、前函言杨昇《雪山朝霁图》写灞桥风雪意,此语大误。灞桥系平原大道,虽可望见南山,地势不得如此收缩。既非写孟浩然事,则疑其不出杨昇者,误也。僧繇探微不可得见,观其画知唐山画法已自精能(大小李虽不可见,当与赵千里辈不甚相远。惟树法犹存汉魏六朝遗意),右丞独不拘于形似,而专写物意,故为南宗第一祖。杨画实为由张、陆辈至右丞之过渡,其可贵不在《江山雪霁》下也。六朝唐五代雪图,公得其五,逊处所见之赵千里卷,势当终归公有,且俟之。

一、《瑜伽师地论》二包已交去。

一、印成书稿,景谓盘费自应彼出不待言,但以有劳跋涉为不安。好在出版并无定期,仍请由运送,不嫌误事。初七日书至此。

一、陆莼伯之处之赵㧑叔[1]屏条,昨往取,未检出。今晨送来,附珑璧一枚(其素璧一,未交来,却佳也),其信又索鼎款,附呈。赵画与璧均交君楚带上(吴渔山幅后得公函交去)。

一、《学术丛刊》目附闻。

第一期:敦经校记一、顾命礼征、沙兰考补(十三页)、蒙雅、大元马记。

第二期:敦经校记二、史籀篇疏证、五宗图说、大元马政记(完)、随志。

第三期:乐诗略说(二十页)、释史(七页)、随志、专文考略。

第四期:殷礼小记、毛公鼎考释(十四页)、随志、专文考略。

此志现第一期粗排毕,不知初十可告成,想出版当在二十左右。以上初八日书。

一、初二、三、四三函均收到,已示君楚。《书契后编》[2]此次尚未细读,卷上第廿六页之□五丰,以文例求之自为玉五谷。郑侯驭方鼎亦有□五谷语,又不知此字与朋字有何关系。专此 敬请

道安,不一

永观再拜 初九日

注 释:

[1]赵㧑叔:即赵之谦(1829—1884),字益甫、㧑叔,号铁三、孺卿等,浙江会稽(今绍兴)人。咸丰九年(1859)举人,官江西鄱阳等地知县。对碑刻考证、诗文、绘画和篆刻均有独

特的风格和成就。博古通今，为晚清杰出艺术家。

[2]关于《书契后编》及《考释》事，罗在5月10日致王的信中再次提及并有感："回忆此事研究，先后垂十年。积铢累锱，遂有今日。当今之世，舍公而外，尚无能贯彻此书者。譬犹以数分钟观博物馆，徒讶其陈列之众，竟无人肯以长久之时日，一一细览之者。不知异世有潜心搜讨如公与弟者否？弟窃谓考古之学，十馀年来，无如此之好资料，无如此之关系重大，无如此之书痴为之始终研究。今有之，而世人尚罕知贵重，可哀也。但此次考证，既竭吾才，尚求公再加讨索，以竟此事。弟不过辟丛蚕，通途术而已。今世士竟弟之业者，舍公外无第二人，幸屏他业，以期早日成就，何如（当今海内外相距数千里，而每月通书数十次，以商量旧学，舍公与弟外，恐亦无第三人也。东人之学，所谓研究学术者，直刍狗粪土耳）？至成就以后，存亡绝续，则听之天命，我无责焉矣。美国图书馆近来东采办书籍，弟所刊书，皆购一分以去，或将来但存孤本于他洲，亦未可知。

今日读卜辞，所得如下。卜辞中命'壴'归之'壴'，亦作'尌'（卷五第十八页），始知此即许书之'侸'。许书谓'侸'从'豆'，声读如'树'，则从'豆'乃从'壴'之讹矣。据此知卜辞中习见之来'[illegible]'之'[illegible]'，亦'侸'字，后来经典皆用'豎'者是也。

《书契》卷六第十一页有'[illegible]'字，其文一则曰：'王其丨毕'（此文再见），又曰：'其狩丨弗毕'，知此即《周礼》'兽人弊田'之'弊'字。

《书契》后编卷下第十九有'[illegible]'字，象尊上有'冪'，即'冪'尊之'冪'。

前疑卜辞中屡言厶方（如'贞之东'、'贞之西'之类），疑为五方帝之祭，今检长编卷七第一页，明云：'贞方帝卯一牛之南'，则殷代洵有五方帝之祭矣。

《后编》卷下第卅页有'[illegible]'，象人手奉箕，故上从'[illegible]'而后有尾，殆是'仆隶'之'仆'，小篆从'[illegible]'者，'[illegible]'之讹也。金文尚略存初形。初八夕。

前《考释》中所载不可识字得二字，一曰'[illegible]'即'珍'字，从'勹贝'。古从'玉'字，或从'贝'，如许书'玩'亦作'阮'是也。一曰'東'即'东'字，其文曰：'其自东来西'，《后编》中又有'其自南来西'，故知之。"

致罗振玉

（1916 年 5 月 17 日）

寒中先生有道：

　　前昨得各书，敬悉一切。寄书提单已示景叔并转托尧香矣。君楚想早抵东。闻君羽痔疮饮所购之药不甚见效，而又新患脚气，未识近日愈否？

　　此间银行风潮[1]尚未过，中国银行上海钞票仍旧兑现，可以通行，外埠则否。交通有兑现之说，不知果否？此次诸友闻纬公所搁钞票最多，不知已设法换得否也？商务股息，今年得一分五厘，息单公处想已收到矣。

　　公书所释诸字均有理致，东字尤为可喜，惟蔽字不识何以从录耳。近数日作事无甚结果，唯于《乐诗考略》、《毛公鼎释文》增改数条。乙老言及，古乐家所传《诗》与《诗》家所传《诗》次序不同，考之古书，其说甚是。因申其说为

董源《夏景山江待渡》图

一文,入《乐诗考略》中。乙老学说著于竹帛者,将来或仅此篇,然此篇乃由乙老一语所启发,亦不得谓为此老之说也。近有一旬未及,今晨往谈,渠出一《杨妃出浴图》见示,笔墨极静穆无痕迹,行笔极细,稍着色,而面目已娟秀,不似唐人之丰艳。渠谓早则北宋人,迟则元明摹本(此画渠已购得),殆近之。又谓近见一《晋唐宋集册》共八叶,首张华[2](即阁帖所刻),中有林纬乾[3]一帖(甚佳,非《深慰帖》),山谷一帖,北苑一叶(《歊送刘太冲序》)一开四行,从"斯有望吴矣"字起,黄麻纸。云画甚佳,唯款署北苑董源,乃一破绽,若题巨然,则更可信),八叶索价八百元。乙老思以五十元至百元得林、黄、董三叶,而自无成理,不成遂还之,不知果如何? 渠于此册,云买玉得羊,亦未为失,盖不甚信为真,唯拳拳于林纬乾一帖耳。又云欲再取观之,未知何如。专此 敬请

道安

国维再拜 十六日

注 释:

[1]银行风潮,指1916年5月中国银行和交通银行停止兑现一事。

[2]张华(232—300):西晋范阳方城(今河北固安西南)人,字茂先。少孤贫,学识优博。著有《鹪鹩赋》、《博物志》、《司空张华集》等。

[3]林纬乾:即林藻(约唐顺宗永贞即公元805年前后在世),字纬乾,泉州莆田人。少负奇志,耻为农,乃与欧阳詹刻意文学。贞元七年(791)登进士第。著有《诗集》一卷,传于世。

74

致罗振玉

（1916 年 5 月 22 日）

寒中先生有道：

前日寄一书，想达左右。程冰泉于前日到此，其款昨日取去，兹取收条奉上，祈詧入。渠携来东坡《种橘帖》（吴荷屋[1]旧藏，筠清所刻[2]者）及王元章梅花长卷见示，卷极佳。渠云苏三百元，王四百元，不日即寄公处。渠此次以四万馀元买磁器二，真惊人事矣。君楚到后，一切带物想已收到。此次所带苏

正始石经残石

冶妊鼎，关上不知有留难否？

近考得三字石经每行六十字，以此行款排比《隶续》所存残字，得《尚书·大诰》残石一段，《吕刑》及《文侯之命》残石一段，《春秋·桓公经》、《宣公经》、《襄公经》各三段，而《宣公经》一段最长，得三十行(中间空三行)，疑魏石，每碑三十行，行六十字。又据《西征记》(《御览·碑门》所引)，三字石经高八尺，今以丁氏残石量之，大率八字得建初尺一尺有奇，则六十字正得八尺许。其阔则《雒阳记》谓广四尺(此事指汉石，魏石不明)，则每碑三十行亦颇近之。考之古书，魏石经唯有《尚书》、《春秋》及《左传》三种，欲以二十五碑之数与碑之行数字数，可得碑字总数，再与三经字数相比，便可知其果有几经。唯《尚书》究用何种(梁有三字石经《尚书》十三卷，则与伪孔卷数同)，殊难断定。不知先生何以教之？

第一提单已到，即付尧香，闻第一次寄书今日可以提出也。昨景叔持一《杨统碑》全拓见示，纸墨似古，字亦不恶，而行款与穿之位置均与《隶释》不同，闻索值颇巨也。

沪上中国银行风潮已定，交通亦有开兑之说(诸家所有钞票均无甚损失，惟抗父殖边损二三元而已，并闻)，而市面奇紧。蟫隐外埠生意，以钞币故，以后甚不易做，以此为难。中垒已行，时局益混沌，未识乱何时可了耳！专此　敬请

道安，不一

永观再拜　廿一日^[3]

《书契后编》、《金泥石屑》、《古器物范图录》三书全书已收到，谢谢。昨日装订成书，可以读矣。封皮与包角与《永慕园丛书》不一式，只听之而已。

注　释：

[1]吴荷屋：即吴荣光(1773—1843)，字殿垣，一字伯荣，号荷屋，晚号石云。工书画，精鉴赏，喜藏书。尤以藏宋刊本《苏东坡诗集》盛名。

[2]筠清所刻：指吴荣光的家刻本。

[3]接是书后，罗于5月27日回复云："奉廿一日手示，敬悉一切。三字石经竟将字数行数与石数计算相合，此大快事。与雁字从口同一可快。梁之三字石经《尚书》难定，想石经及《隋志》称梁有者，乃据阮孝绪《七录》，恐未必梁时于魏石经外，尚有他种三字《尚书》也。

同人既不至为停止兑现有所损失,甚慰甚慰。冰泉款已交,至慰。兹有信与之,祈饬人送去,令迅持苏王两卷即交。最好。索交蟫隐寄之最要(双挂号,包好,用油纸衬)。费神至感。

弟近因日腕下小痛,遂减伏案功夫。本欲将《殷虚文字待问编》写好,再编《殷虚古器物图》付印,今以不能伏案,故乃先将《古器物图录》付印,计得古器三十馀(人工装品),古物七八品,总四十馀品,下月必可印成。此书实非弟不能成,因诸物皆弟一人所藏也,于学术关系亦不少。此书出后,《待问编》亦即印行,殷虚此次出土之珍秘,殆一泄无馀。明年再检敝藏甲骨,或尚有三编之辑(大约当此次之半,足矣),弟可谓不负彼苍示人以秘藏之良意矣。但盼公之赓续考订,以成此业耳。"

致罗振玉

（1916 年 5 月 28 日）

寒中先生有道：

昨接惠书，敬悉一切。致景叔函已转交，渠昨有一电，即言书收到，款付范事，想亦收到矣。

就《隶释》所载，魏石经又发明一事，即《隶续》之石经共十三段。当时欧、洪[1]只见苏望翻刻本，苏氏亦只言得摹本于故相王文康家，不能追溯其来历。今观郭忠恕《汉简叙目》，略载：唐开元五年得三字《春秋》，臣仪缝（当是押缝，夺一字），石经面题云："臣钟绍京一十三纸"，又有"开元"字印、"翰林院"印。尾有许公苏颋、梁公姚崇、昭文学士马怀素、崇文学士褚无量列名。其真本藏太子宾客致仕马允孙家。周显德中，嗣太子藉其本传写在焉。今《隶释》所存《尚书》六段，《春秋》六段，《左氏传》一段，适与郭忠恕十三纸之说合，是苏本即由唐内府本出。而唐开元时得此十三纸，已押缝押尾，珍重如此，则新旧《唐志》所载三字石经《左传》十三卷者，殆非事实矣。研究其中古文，亦一有味之事。其中字体，下颇多与隶古定《尚书》合，又上与《说文》古文合，虽不敢谓是壁中本，然要以壁中不甚相远。然邯郸淳[2]等非徒传古文书法，亦传字体。卫恒[3]言其祖觊[4]写淳《尚书》，淳不能别，则其本故有源流。独不明《隋志》言梁有三字《尚书》十三卷，竟同伪孔传卷数，此是何理？今就残字观之，虽不能确定其为何种，然其中《吕刑》、《文侯之命》残字，行数字数相接，中间无容《书序》之馀地，知此本《书序》与马郑同，仍是别行，可决其非伪孔传本也。夏英公《四声韵》亦载其字，索之坊间无有，拟借尊架之本一阅。又神田氏所印《泰誓》，去年送乙老一本，此刻往借，恐亦不易检出，亦拟一借（此本明日询之，如无再请寄），其馀隶古定本，则此间皆有之也。

庸夫已行,姬传亦往,闻郑虎臣之子[5]亦与俱往,宾客于一周前归去矣。

卜辞中"妣乙"及"季"二事,因证据不多,难以遽决。至一日因祭二先王则祭名不同,恐非合祭也。《卜辞文字待问表》等,今夏能写定印出,至佳。

大集现已觅得一人写之(即范二先生家之西席也),日就维处写三四小时,自明日上工,恐须一二日可写了也。内卷上尚缺《南宗衣钵序》一篇,乞钞寄为荷。

尊体左肋作痛,乃伏案太过,尚非体力衰弱,仍以多运动为宜也。此间已热,今日仅御单衣,未知京都何如?君羽脚气已瘥否?此次尧香提货快而且廉(不过四五日),堪以告慰。专此 敬请

道安,不一

永观再拜 廿七日

注 释:

[1]欧、洪:指宋代欧阳修、洪适。他们均著有金石工具书。

[2]邯郸淳:一名竺,字子叔、子淑等,三国魏颍川(今河南南留县)人。初为博士给事中。于八体悉工,尤精古文大篆,八分隶书。尚建三字石经于汉碑之西,其文蔚焕,所谓正始石经也。

[3]卫恒(? —291):字巨山,河东安邑(今山西夏县西北)人。西晋书法家,书法宗尚东汉张芝,善作草、章草、隶、散隶四种书体。官至黄门侍郎,后被贾后所杀。著有《四体书势》。父瓘,弟宣、庭及子等均以书法著名。

[4]觊:卫觊(? —230),字伯儒,河东安邑(今山西夏县西北)人,卫恒之祖。以才学称,好古文,善鸟篆、隶草。著《魏官仪》,其文多佚。清严可均辑成一卷。

[5]郑虎臣之子:郑虎臣,宋人。此借指郑孝胥之子郑垂。郑垂(1887—1933),字让于,毕业于日本名牌大学,精通日文、英文,曾任伪满洲国务总理秘书官。

致 罗 振 玉

（1916 年 6 月 4 日）

叔蕴先生执事：

昨寄一书，想达左右。昨晚出晤程冰泉（公信先交去），渠云王元璋卷已寄出，苏卷日内亦当寄奉。出示书画数种，林和靖[1]数帖与宋元人题跋似系一手所作。唯一无名氏卷，渠言是燕文贵《江山雪霁图》，石树颇学右丞，惟皴法唯长皴钩廓，而中作短皴以填之，画法颇古。虽未必出燕手，亦当是摹燕本也，气息亦静穆。

《十钟山房印举》昨日始见之，其书品甚短，未必是吴清老[2]旧藏。又与敬公同发现一隙，即封面中衬一报纸，乃去年之物；又用石印签条，乃王胜之[3]书，恐陈氏[4]现已订成发卖。其价云三百两，与陈价亦合（现博古堂又云三百两，系原主卖价，至少须加一成），殆书肆少出一部以邀善价。每本三十馀页，每页有三印，然空处甚多，平均每页不及二印，则所谓万印

翁方纲绘《林和靖梅妻鹤子图》

者亦名耳。头本仅五十馀印,百本恐不及六千印。然陈氏印实有七八千,不知后数本如何,故暂还之,一面由敬公函询高翰老[5]矣。俟翰老与公复函至,再行定之。此时除公外,未必有人欲买此书也。尚有《十六金符斋印存》,欲五十元,无让价,此书公已有之。

《学术丛编》已装成,维得十本。先以五本奉寄(中请寄林博士[6]一本,藤田[7]先生一本,内藤[8]一本,馀请留或酌送)。维处五本,则送乙老一本,抗父一本,尚馀三本。公处如需,可再寄一分也(今寄六本)。专此 敬请

道安,不一

端午前一日 国维顿首[9]

肋痛想已愈。其《殷虚古器物图谱》事,景叔云节后当商之姬君。

注 释:

[1]林和靖:即林逋(907—1028),字君复,浙江奉化人,一作钱塘人。宋代诗人。结庐于西湖之孤山,二十年足不及市,与梅、鹤相伴,终身不娶,人称"梅妻鹤子"。卒谥和靖先生。

[2]吴清老:即吴大澂(1835—1902),字清卿,号悫斋,室名十六金符斋等,江苏吴县人。同治七年(1868)进士,官至湖南巡抚。1884年任左副都御史时,曾奉旨赴吉林与俄使会勘边界,争回珲春黑顶子地区等一些被占领土。甲午之役自请赴辽,兵败被革职。他精于金石学和古文字学,著有《说文古籀补》、《权衡度量实验考》、《悫斋集古录》等书。

[3]王胜之:即王同愈(1855—1941),字胜之,号栩缘(栩园),江苏元和人。光绪十五年(1889)进士,官至湖北学政。擅书画,著有《王同愈集》等。

[4]陈氏:指陈介祺(1813—1884),字寿卿,号簠斋,室名十竹山房,山东潍县人。道光二十五年(1845)进士,金石学家、收藏家,收藏有毛公鼎、十钟玺印等。著有《传古别录》、《十钟山房印举》、《石印楼印谱》、《伏庐藏印》、《封泥考略》、《斋尺牍》等。

[5]高翰老:即高鸿裁(1853—1918),字翰生(瀚生),山东潍县人。考古学家,著有《齐鲁古印捃续》、《古印偶存》等。

[6]林博士:即林泰辅。

[7]藤田:即藤田丰八,号剑峰,曾在东文社授文学、数学。

[8]内藤:即内藤虎次郎(1866—1934),字炳卿,号湖南。日本秋田县鹿角郡人。曾任京都大学东洋史教授。为日本近代中国学创始人之一。

[9]信中提到的燕文贵《江山雪霁图》等画事,王已在以前信中言及,故是年端午日罗致王信中亦有言之:"承示乙老所藏郭、燕二画,颇思寓目(海内收藏家及弟之所藏,皆北宗画为少)。鉴赏一事,非可但凭理想。弟十馀年来,皆凭理想鉴定,近二年来,始有根据。盖必见古大家名迹,确然可信者数人,以为研究之标准,则源流乃可寻溯,非仅天资理想优

胜,便可得之也。近于山水源流派别,颇自谓能决别无疑,而于人物尚不能。弟于人物,能知二周而止,虎头、吴生不能悉知(虽见《女箴》、《洛神》之一斑,不足以为根据),则其源流正变,不能洞悉。甚矣,兹事之难也。乙老天资高,理想富,弟所深信,其经验何如与否,曾得重要之根据否,则尚非与详论,不能知也。弟尝与论吾浙学术,即绘事一端,若老莲、若冬心、若㧑叔,皆不与社会通往还,一意孤行。老莲融铸唐宋人为一手(乃专门画家),冬心摄取金石彝鼎之气味入画,㧑叔则以六朝书法浩逸之气入画(金赵皆非专门画家,朴雅典重)。自问此论至确,而乙老则㧑叔而誉萧山之二任(以书法言,赵与包安吴不同趣,乙服膺安吴,故诋赵。此二人但可描写图样付手民雕刻耳,摹老莲形似,全无一毫心得),弟乃不复言矣。甚矣,此事知者之难遇也。弟此次所撰诸画跋尾,自问如与华亭共语,当相视而笑。先生或不以我为诞乎? 近又悟近人所谓北宗山水,实皆南宗之支子,其关键在李晞古。晞古之画,上师荆关,下开马夏(马夏之变晞古,犹北苑之变前贤),故以马夏溯源李将军,全无一毫相似处,盖血统已潜移矣。此语虽奇创,然实不可易也。亦但有为公言之耳。弟前将雪峰立帧定为营丘者,愈看愈妙,洁净精微。画至此,人之能事尽矣。弟宝之与右丞等。"

81

82

致罗振玉

（1916 年 6 月 15 日）

王国维跋四时嘉至磬遗墨

雪堂先生有道：

刻接初七、八两书，敬悉一切。元钞币版拓本，敬谢。我辈无储蓄，然此"一定贰贯"者，当永在斋中矣。纯伯处昨往付其五十元，并付还吴、赵二画，欲与商且作一结束。渠则谓不结无妨，并谓吴渔山着色山水可以互易，但价在所还之画之上云云，请公阅后定之，当函索之，到后即以百五十元付之也。《印举》景叔已令其将全书索来，大约数日可到（在苏州原主处），到后一阅点数，即可交蟫隐寄东。然以十六金符之印数及价核之，则此甚贵矣。

元凶[1]既毙，虽快人心，然后来之事，仍如长夜。闻夫己氏未死时，梁某[2]曾往世中堂[3]处有所接洽，而世婉谢之。此甚有识。此人真所谓不祥人，"夭子蛮、杀御叔"者也。两马貌似桀骜，然皆已受羁勒。逊等所计，亦只画饼耳。

《殷虚古器物图录序》拟补在《古器物范序》之上,此下已钞者,仅二三篇,裁割甚易也。

近考古文书体,有一事堪奉告者,即两头纤纤之古文实自三字石经始。卫恒谓正始中立三字石经转失淳法,因科斗之名遂效其形,是邯郸淳之古文不如是也。许书古籀文字体本当与篆体不甚相远,今所传字形亦锐其末者,盖康熙刊本篆书或出徐鼎臣,古籀当出句中正、王惟恭二人之手,二人夙以古文名,无怪其作汉简体也。又魏石经残字每行六十字,每八字当建初尺一尺弱,则六十字适得七尺有半,又上下必稍留馀地,则《水经注》及《西征记》所云高八尺者,甚为可信。《水经注》并云广四尺,则每碑当得三十五六行(以碑皆相接,旁不必留馀地故),以此法计算字数,则《西征记》三十五碑之说最合。《洛阳伽蓝记》云二十五碑,则不能容《尚书》、《春秋》二经字数(均以表里刻字计),决无此理。其种数除《尚书》、《春秋》二经外,《左传》仅刻至庄公,又知《尚书》无孔壁逸篇,亦无伪孔二十五篇。又以天宝未改字本《尚书》较三体古文,同者固多,异者亦不少,知伪孔本当出东晋之初,其人当及见魏石经而窃取其字,后故作异同,以貌为孔壁真本者也。郭夏之《古尚书》实即未改字本(其古文殆郭忠恕依楷书为之,谓之"古隶定"可也),实与晁公武本不同。晁本出宋次道家,与郭夏先后相接,乃不同如此,陆元朗所谓"依傍字书,改变经文"者,固世世有耶? 专此 敬请

道安,不一

永观顿首 十五日夕

顷景叔来云,哈园印书款已交出,拟交蟫隐预备付《印举》价。因书到后须付款,如此免兑汇。并此附闻。

注 释:

[1]元凶:指袁世凯。袁死于 1916 年 6 月 5 日(丙辰年五月初五)。

[2]梁某:指梁士诒(1869—1933),字翼夫,号燕孙、凤冈等,广东三水人。曾任大总统府秘书长、参议院议长、国务总理。1928 年北洋军阀崩溃,逃往香港。

[3]世中堂:世续(1852—1921),字伯轩,满洲正黄旗索勒豁金氏。清末大学士兼军机大臣。辛亥革命起首赞清帝逊位,参与磋商优待条件,并出任逊清总管内务府大臣,掌印钥。后反对张勋复辟。主持纂修《德宗实录》。

致罗振玉

（1916 年 6 月 20、22 日）

雪堂先生有道：

　　顷接十四、五两书，敬悉一切。报纸当转告逊公[1]。近日此间殊无所闻，南北亦似无调和之望，如东报之言，恐需他力矣。阅报知节旅行由金陵而至

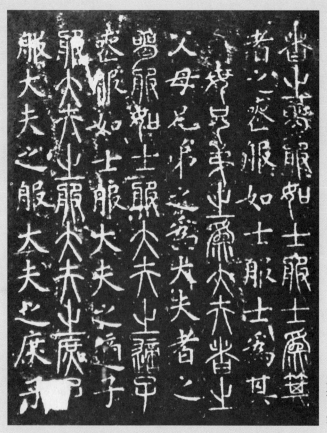

嘉祐石经

彭城，潜庵亦在彼，又闻同甫入都，此君与汴水余肄素稔，或径出所谓下策，未能详也。现在人心厌乱已极，惟静者能得人心，动者反是。至求弭乱而不得，虽至愚者亦有悔悟之日，诸君苦不知之。求仙不得，转而求魔，不已甚乎！

钱梅溪[2]所藏石经，段茂堂先生直斥为依《隶释》伪造[3]，固属不确，然比孙黄二本，自觉不及。今日见其中《礼经·聘礼》一段，与《公羊》一段，皆《隶释》所无，则非洪刻本可知。妄意即胡宗愈所刊锦官西楼本，而孙黄二本则为洪本，故字不如孙黄本之精彩。洪刻甚精，吾道士[4]已言之，恐世未必有原石拓本也。

今日写《魏石经考》上卷毕，得十八纸，尚须加碑图六纸。图草稿已成，然须十行，行六十字之纸乃能容之，恐不得写手，虽不成字，仍须自写也。下卷专考文字，虽未写出，已具腹稿，不知此月内能成否？

《印举》全书至今未到。大集仅钞得四十纸，其人时有作辍，上中两卷未知下月能成否也？专此　敬请

道安，不一

永观再拜　二十日灯下

再启者：顷遇逊公，知报纸所云节老[5]各节皆不确，且报上有通缉药洲之说，更属无稽。逊公精神甚好，今日特下楼至其厅事，邀观南海[6]所藏王叔明、徐幼文二幅。王不甚精彩，徐幼文颇佳，似系南宋马麟辈笔墨，后人妄题徐款耳。有沈韵初一跋亦伪。

外间又传言若干人欲组织内阁，南海亦其一人，恐亦不足信耳。专此再请

道安

永观又拜　廿二日

注　释：

[1]罗在6月14日致王信中言及报载时事云："连日阅报，知黎邱将妥洽，我辈凤望付诸逝水矣。但曼倩此次耽耽虎视，海陆征发，意在窥隙而遂其大欲，若黎邱局定，彼之失望。乃与我辈异辙而同复也。报纸一段，祈示乙老，可知彼之情状矣。

黎邱新政，决定袁逆用国葬，议费百万元，此失必应改之。我先皇山陵，由臣工设法，彼盗人之国，乃食报至此者，此何说耶！又张勋等请保袁遗产，而我武英殿所陈列之物，乃皇室私产，袁乃欲以抵押借款，张勋等亦不一言。又诸人持惩罪魁，所谓罪魁者，乃吮疽舐痔

之小人耳。罪魁果为何人?乃议决用国葬以宠之者也。放饭流歠而问无齿决,可笑万状。以上所陈,望告节老(乙老处亦可告之,无甚用也)。若皇室一面,非与黎邱立条约不可。"

[2]钱梅溪:即钱泳(1759—1844),初名鹤,字立群,号台仙、梅溪等,江苏金匮(今镇江)人。清庆至道光间著名学者,精研金石碑版之学,工八法,尤长隶古,兼及书画。

[3]关于钱梅溪藏石经事,罗在6月26日的信中也提到:"奉到惠书,揭发梅溪之伏,诚为至快。弟以前观刘藏翁氏卷子本,以为后世复本,故以赎初书。后得颂清本,以为尚可备参考。然终不能为中郎之旧。今得尊示,可成信谳矣。梅溪之本,阮文达《两浙金石志》亦疑之,然其所摘诸事,则不足以服梅叟也。

魏石经乃东估老范(即弟所从询殷虚遗址者)得之洛阳某村路旁小茶肆,面已遭扑击,范估见其似有字迹,然已仅存笔画,手扑石背,则确有字迹,乃反转观之,即经石也,遂以二千钱购得之。此弟亲闻之老范者,则石确是两面刻也,此可采入大著序跋中者。"

[4]吾道士:指元人吾丘衍(1272—1311),字子行,号竹房,又号竹素、贞白等,浙江钱塘人。终身不仕。

[5]节老:即梁鼎芬(1859—1919),字星海、心海,号伯烈、节庵,学者称学庵先生。光绪六年(1880)进士,曾历丰湖、端溪书院院长。辛亥后为遗老,曾参与张勋复辟。

[6]南海:即康有为(1858—1927),字广厦,号长素,广东南海人,其门人及学者称其为"康南海"。曾在光绪时参与变法,以图国强。失败后逃亡日本。后组织保皇党,并参与张勋复辟。

致罗振玉

（1916 年 7 月 1 日）[1]

王国维中年像

雪堂先生有道：

　　昨晚接赐书，敬悉一切。同时接邮局通知书，以为《殷虚文字待问编》已到，比去取，则《南宗衣钵跋尾》也，计十二册，当如尊函分派。《学术》《艺术》二编虽登告白，其实至今尚未出书。添印一仓颉像，一后面告白，乃需一月之久。又第二期上月十五左右已校齐，而至今尚未订成，真是无从说起。此等事，景叔亦不得不分任缓慢之咎也。

　　此间梅雨不少，至今尚未大晴。敬公幼子因急惊殇去，是日内人往视，虽收揽已十馀次,尚视为无妨,然竟以是晚殇去,殆生才数月,不能禁热使然也。

寓中有戚串来,八日不作一事,故《三字石经文字考》稿虽已就,尚未写出也。敬公言《修文殿御览》四明卢氏有一部,闻他处又出一部,颇疑即节《太平御览》为之,不知究如何也? 陈氏《印谱》事想已有复函在途。

此间前数日因海军独立,不免又有谣传。今日阅报,知南方已如愿以偿,大约暂归无事耳。

节老来答拜一次,言及武英藏器抵外债,云不致有此事,观其姜桂之性自在,然神智则距南海不远矣。专此 敬请

道安,不一

永观再拜 初二

注 释:

[1]此札日期中华本与东方本各有不同,据《中国历史大事年表》载,是年6月25日(农历五月二十五)海军总司令李鼎新在上海宣布独立,加入护国军。考信中"此间前数日因海军独立"一语,该札当作于7月初(即农历六月二日),故从中华本。

致罗振玉

（1916 年 7 月 1 日）

雪堂先生有道：

前日接赐书，敬悉一切。君羽吉期择日事，已托尧香付日者算之，公之甲子误书丙辰，已改书丙寅矣。

敬处付刘二百元早付讫，而季英太夫人昨今病势又亟，恐不测即在日内，今日内人往始知之。病人神思尚清，昨日遗命一切，今日已不能语，恐不得愈也。如何如何！

索乙老书扇，为书近作四律索和，三日间仅能交卷，而苦无精思名句，即乙老诗亦晦涩难解，不如前此诸章也（四诗另纸录呈）。专此　敬请

道安，不一

国维再拜　初二日

春心不可掬，秋思更难罝。雨蚁仍争蛭，风萤倏过墙。视天殊澶漫，观物苦微茫。演雅谁能续，吾将起豫章。（溽暑兼旬雨，虚堂彻夜凉。客怀殊澶漫，物化本冥茫。雨蚁仍争蛭，风萤倏过墙。谁能赓演雅，欲起豫章黄。）

风露危楼角，冯栏思浩然。南流河属地，西柄斗垂天。匡卫中宫斥，棓枪复道躔。为寻甘石问，失纪是何年。

平生子沈子，迟莫得情亲。螟坐皇初意，楼居定后身。精微穷口说，顽獦付时论。近枉泰州作，篇篇妙入神。

清浅蓬莱水，从公跂一望。无由参玉篆，尚记咏霓裳。度世元无术，登真或有方。近传羡门信，双鬓有秋霜。

和子培方伯《伏日杂诗》四律兼呈雪堂先生　　　国维

90

伏日杂诗四首

沈曾植

伏伏今年雨，湫湫后夜凉。
芸生三有业，缺月一分光。
象意籀重识，虫生幻未央。
微风萍未起，平旦更商量。

天河低案户，星气烂如云。
巧拙时难定，婵媛夕有亲。
福缘祈上将，绮语属词人。
中夜危楼影，披云望北辰。

寂寞王居士，江乡寄考槃。
论宜资圣证，道不变贞观。
沤鸟忘机喻，鹪枝适性安。
善来寻蒋径，何处有田盘。

远书兼旧事，理尽独情悲。
蓍蔡言终验，筼心贯不移。
药炉脩病行，讲树立枯枝。
万里罗含宅，弥襟太息时。

致罗振玉

（1916 年 7 月 4、6 日）

雪堂先生有道：

　　昨接两书，敬悉一切，比维起居胜常为颂。此间梅雨期内，天气寒燠不恒，病者颇多。季英太夫人病势甚剧，维于初二日晚始知之，亟往问讯，则闻是日发晕二次，已预备寿衣等，次早渐有转机，昨日又较平复。乃今日至蟫隐，则云又甚危险，看来凶多吉少，季处此境亦殊难，不独有变不得了，病费亦已不支矣。

　　政争之事，南方获全胜，此后只再演壬癸旧剧，逾垣椎卤，野王[1]直奴耳，其馀并不知自己死活。浙江号最安静，然金融亦极窘迫，宁波等处时有劫质等事。浙督招让老[2]往，乙老颇劝之，仁人用心亦自有在，但恐不得听其言耳。楼船之变，亦以贿成，滔天流毒，可谓至巨，以后无论何人秉政，必至无一可恃之人，无一可用之兵，坐待作奴隶耳。

　　石鼓"𡘺"字疑与"𢁄"有殊，因

致罗振玉书札

"戾"之古文所从"人"字皆作倾仄之形，即"后"字亦以日在人下会意，恐是"皓皞"二字之较古者，且以韵言则亦与下皞乐等字合也。不知尊意如何？至"𤔲"之为"𩮏"，殆无可疑。

承示魏石经残石发见源委，得决表里刻字之疑，又并赐刻印，感甚。友永物未交来，抗处已遣人问讯，尚未到（此前数日事），并闻。今日接邮局通知书，知《待问编》到矣。专请

道安，不一

永观再拜　初五日

再启者：前函未发，适接赐书。《印举》首册即由邮双挂号寄上，恐到须在接信后二三日也。寄景叔之第三次书箱已早提出。朱鼐妻买地券（此券中有晋陵丹徒云云，鼐虽吴人，券乃咸康中书，无怪其用晋代地名也），前日闻已影照，不知能如式否？当告之。

《石鼓文考》已写出，甚快，大约月杪总可读也。《印举》如非簠斋[3]物，恐系假吴清老家印伪为之，并以他家足之，请公先将《十六金符斋谱》一校，即可了然。因此书实自吴中来故也。专此

再请

维又拜　初七灯下

注　释：

[1]野王：桓伊，小字野王，曾任淮南太守。此借指冯国璋（曾任江苏都督）。

[2]让老：张美翊（1857—1924），字让三，浙江鄞县人。随薛福成出访，入盛宣怀、张曾扬幕，任南洋公学总理。

[3]簠斋：陈介祺之号。

致罗振玉

（1916 年 7 月 7、8 日）

端方像

雪堂先生有道：

　　晨诣乙老，见《澄清堂帖》[1]一、三、四三卷，精拓用淡搨，与公旧藏本异曲同工。又一本署《澄清堂帖》上下，拓亦佳，疑明人将不全原石改题卷数。其邢子愿[2]、吴荷屋诸翻刻，乙老处亦有之。此帖乙老考得系施武子[3]刊于海陵。澄清堂者，海陵公署堂名也。并谓此帖共甲乙丙丁戊五卷。赵子固极重此帖，盖去淳化之伪，而辅以元祐续帖者。乙老有长跋，急切索不得，索得当钞呈。此帖竟考得刊者主名，可快孰甚，想公欲观此跋甚亟也。其拓本二种，不知何时拓,与公旧藏本何如(石有泐处,自在公旧藏本之后,恐其石至明尚存),则惜公不得遽观而定之也。

端忠敏[4]之石经残字影本已购得,向知黄本刊于《神州国光集》中,不知阮本有单行印本也。梅溪藏本之伪殆已无疑,惟不识作伪者何人。以正理论,自系梅溪自为,抑或梅溪以前已有此本耶?

季英太夫人之病仍未有转机。沪上梅雨亦多,至今未见开霁,不独闷损,于摄生殊不易也。今日于乙老处见公书,渠谓所问数事均不易对,恐此等物已亡于赭寇之乱矣。

汉石经每行字数,今以端本计算,则每行大抵七十三四字(因古今本字数不同,不能确定每行若干字),而钱本《公羊》独每行八十四字,益见其伪矣。《魏石经考》二卷已写就清稿,但此稿石印底子恐仍须自书(前《史篇疏证》中篆字乃漫画斋主人方君书),因他人书之,其古篆二体虽较维略

[下缺]

昨书未寄,而晚得廿九日手书。此次邮局又复稽迟,为向来所未有。前日寄《丛编》六册,想已收到。姬君以书口下无仓圣明智大学字样,又欲于每页加印此六字(以活字作小戳印于书口下层,恐无人能为之),故发行之期殆无日矣。此种事可笑万状。

昨日景叔又送《丛编》第一册一本来,系一不知姓名者所评校,其人间加朱点于序文,乃至不能句读,所校出三字乃是误字(此种失校势所必有),其馀则悉荒谬,并谓每书须作序跋(公之校记上亦批"须加序"),可笑之至。此次《蒙雅》却无跋,若《大元马政记》则维有长跋在第二期中,而渠不知也。此本系姬交景叔,景叔交来属批回者,昨已正答景叔矣。天下事无论何方面,皆有出于情理之外者。恐公所代印三种将来订成后,亦须每页加六字,亦无出版之期。然则公不自印二百部,则虽印与不印等矣。

今晨寄一书,并《印举》首册,书当先到,《印举》因双挂号须略迟矣。再请道安,不一

永观再拜　初九早

注　释:

　　[1]澄清堂帖:历代丛帖,南宋人摹勒,至明已无完帙。据容庚《丛帖目》录,所载尚存卷十一。此帖明以前不见著录,明末邢侗、董其昌始论及之。

[2]邢子愿:即邢侗(1551—1612),字子愿,号来禽生,明临邑(今属山东临清)人。万历二年(1574)进士,官至行太仆寺少卿。能诗文,工书,得法于王羲之,与董其昌、米万钟、张瑞图齐名,为明末著名书法家之一。

[3]施武子:即施宿(1164—1213),字武子,南宋浙江湖州长兴人。曾任余姚知县、会稽通判、吉州知州等职。嗜金石碑帖。

[4]端忠敏:即端方(1861—1911),字午樵、午桥,号午亭、匋斋等。满洲正白旗人。光绪八年(1882)中举,任郎中。因追随慈禧而擢湖北巡抚、署湖广总督。后镇压起义军时,在资州为起义军所杀。工书法。生前收藏彝器等物甚丰,藏物多有著录。

致罗振玉

（1916 年 7 月 8 日）[1]

雪堂先生有道：

　　前日寄一书并《学术丛编》，想达左右。君羽喜期已由尧香令日者择来，其在明年十月十九日，而单中有三、九月大利语，疑尧香分付未晰。尧香则谓日者云春秋二季均无日可择。盖此种人下笔往往随意矛盾，是否须另遣他日者一核算，请示为荷。以我辈欲见面言，甚愿在三四月也。

　　季英太夫人之病前晚往候，已稍轻减，看来势虽凶险尚可无妨（前病者因苦痛思自尽，幸被觉防之），好在现不杂投医药，唯服木村之药，即有不测，现已略有布置，请放心为荷。专此　敬请

　道安

维再拜　初九日

注　释：

[1]此信写作时间由信中内容所考而定。

致罗振玉

（1916 年 7 月 11、15 日）

雪堂先生有道：

昨晨由蟬隐交来《书契后编》三书各二部，《南宗衣钵》册二卷二，《大云经》一册。以《书契》等三书，《大云经》，《南宗衣钵》册一卷二送乙老处，渠回书属先行于函中谢。旁晚抗公来，出示手书，乃知一册二卷乃先生重赠维者。然此二册维已有之，而乙老处尚无，则送去谅亦不误也。乙老处《南宗跋尾》，乙老前日出示公函，有请其将跋尾批评之语，故以维之一本与之，将来有便时请赐一本也。前之《南宗衣钵》立幅十页已为公赠抗公矣。《书契》之书暂存维处。

抗公交到公上月十一日书，一切已成明日黄花，现在二马[1]甘为人奴，黎丘[2]、岑楼[3]亦是傀儡，今年下半年正须演热闹剧也。昨日抗公言，近年有力之人只算白狼一人，其次当数元凶。此语深可味也。

《魏石经考》由维自写之，三日得七纸，然《丛编》第二期校就已匝月，尚不见印本，此则恐景叔欲与《艺术丛编》二期同出，非姬之咎矣。

季英太夫人已稍愈，可以无妨。惟病者不信西医，必服中医之药，而中医乃用珠粉、羚羊等味，久服恐非宜也。《印举》于此函到时想已寄到矣。专此敬请

道安，不一

国维再拜　十二日

再，此函写成，荏苒未寄，昨接初八日手书，敬悉《印举》款移用，已通知敬公。刘太太之病大略无妨，然亦屡反复，尚可虑也。令孙发热想已大愈，舍

间诸小孩伤风亦早愈矣。天气已晴二日,然此刻仍有雨意,盖黄梅雨馀波犹未了也。连日写《魏石经考》,甚沉闷,且多注处,每日仅得二纸。第一卷可写毕。附闻。

十六日　国维又拜

注　释:

[1]二马:暗指冯国璋。

[2]黎丘:指黎元洪(1964—1928),字宋卿,曾任南京临时政府副总统,后伙同袁世凯镇压革命。袁死后,继任大总统。1923年,被直系军阀驱逐。

[3]岑楼:指岑春煊(1861—1933),字云阶,号西林、馥堂等,广西桂林人。曾任清邮传部尚书、四川总督。1916年护国运动时,任肇庆军务院抚军副长,1918年参加护法政府,与桂系陆荣廷等排挤孙中山,任主席总裁。

致罗振玉

（1916 年 7 月 16 日）

[上缺]

一、《印举》事复函未到,想在途。

一、《学术丛编》事,景叔云欲赠公《艺术丛编》共十份,维意公全受与否虽不可知,或以其中一部分易《学术丛编》若干部,因公所编书已有自印,而他书则所不甚须。若《学术丛编》,则全系公处之书,公虽有二十份,亦愿有之也。

一、此间天气不好,病人甚多,舍间小孩亦多伤风发热者,不知京都如何? 此上　敬请

道安,不一

国维再拜　十七日午后

王国维等编辑出版的《艺术丛编》

100

致罗振玉

（1916 年 7 月 17 日）

雪堂先生有道：

前日奉一书，想达左右。昨接十一日手书，敬悉一是。《印举》事今日与敬公往与柳蓉村[1]言，渠云一周间后当遣人往苏取书，惟能取到与否尚不敢必。渠亦自言世无不先见书遽付钱之理，大约可以取到矣。古书流通处[2]书目想已见过，即抱经楼[3]之物。其《开庆四明续志》[4]（宋刊）索三四千元，亦可谓前此未闻之价。其志书，浙江各县殆全已为蒋孟苹[5]购去。次则明人文集亦为大观，其《修文殿御览》[6]，乙老谓恐系用《北堂书钞》[7]为之者，拟于便中一往观之，便可知也。

季英堂上之病仍如故，恐亦中药石之害，否则无此理也。前函所云，已告敬公矣。

《魏石经考》上卷已写成，得十九页，虽其粗漏，然前人实罕用此方法，故所解决之问题实颇不少也。下卷考文字，则却无甚精采，亦题目使然也。今年上半年成绩，共得书一百五十叶，得七万五千字，其中当以《乐诗考略》与《魏石经考》为可存，不知下半年又复如何耳。

《艺术》诸序实属无可批评（序中若谓先生为其所聘之人，不知从何说起。又维前代姬作序，因维为主任，先生助以书籍，乃在客位，故叙述先维后公，彼序中乃亦先维后公。维于《艺术》又无关系，此种叙述乃全不通世事。闻此二序亦系六十馀之老人所作，亦可笑之一端也）。闻第二期欲登先生照片，公有照相再寄之说，信否？前此刊未出时，景欲托吴子修[8]作序（实则求吴士鉴[9]作），有以非数月不能成尼之者，乃止。若有吴序，其笑话当亦不下于彼二序。天壤之大，知此者有几人，乃欲索之于肆耶！

闻乙老言，曹君直[10]见摩诘卷，不甚赞成。君直于画本无所解，观其议论多拾顾崔逸唾馀，顾岂是知画者！总之，王画故无确实证据，须全以鉴识定之。若论鉴识，世岂有更胜于董思翁者。乙老犹举曹语以备一说，实不可解也。

时局逾纷纠，昔之歌舞颂祷之报纸，今亦稍有微辞，总有天然淘汰之一日。然所虑者，人材日就凋丧，驯至无一可用，则此蹶彼兴，将来同一覆辙耳。专此　敬请

道安，不一

维再拜　十八日灯下

此间天气，近数日又阴且凉，不似伏中，今日又蒸热。尚未晴正也。博文主人信尚未到，到即往取之。某君玉照，先生既已领教，惜未闻其言论，实语语是粪土也。《丛编》二册闻已印成，而却未得见。《史籀篇疏证》系用石印，写手俗恶，亦无法也。孙某六十馀作诸赞，乃其身份自宜，亦彼樊山[11]、艺风作美新之文，亦皆称其身份也。一笑。

注　释：

[1]柳蓉村：上海博古斋主人，江苏苏州人。

[2]古书流通处：设于上海广西路小花园。主人陈立炎，浙江海宁人。

[3]抱经楼：清嘉庆间浙江鄞县卢址的室名。卢址（1725—1794），字丹陛，一字青厓等。诸生，工诗能词，博学好古，与卢文弨抱经堂并称"东西两抱经"。

[4]开庆四明续志：南宋吴潜修，梅应岁、刘锡纂，宋开庆元年（1259）刻本。因续《宝庆四明志》而名。此书所记吴潜的吟稿二卷，诗馀二卷，共三百三十九首，均为失传已久的诗作，可补史文之缺，洵为宝贵。

[5]蒋孟苹：蒋汝藻（1877—1954），字符采，一字孟苹、孟频、孟平等，浙江乌程（今湖州）人。实业家、藏书家。著有《密韵楼藏书志》（王国维代撰）、《传书堂善本书目》等。

[6]修文殿御览：又作《玄洲苑御览》、《圣寿堂御览》，北齐祖珽等奉勒编，原书三百六十卷，佚存一卷。是书分五十五部二百四十类。主要取材南梁《华林遍略》及北朝文史典籍，均久佚。后于敦煌石室中发现唐写本此类书残卷，经罗振玉考其为此书，于1912年影印入《鸣沙石室古佚书》本中。

[7]北堂书钞：类书名，一名《大唐类要》，唐初虞世南辑。虞世南（558—638），字伯施，有文名。入隋后为秘书郎。此书即在他任秘书郎时所作。北堂是秘书省的后堂，故名。其中摘录许多成语典故、名言隽句，均经分类编排，凡856类。是现存古代最早的类书，在辑

佚、校勘上均很有价值。

[8]吴子修:即吴庆坻(1848—1924),字子修,浙江钱塘人。光绪十二年(1886)进士,著有《杭州艺文志》、《补松庐文录、诗录》,主修《续修浙江通志》等。

[9]吴士鉴(1868—1933):字炯斋(綗斋),吴庆坻之子。光绪十八年(1892)进士,著有《晋书注》、《清宫词》、《九钟精舍金石跋尾》等。

[10]曹君直:即曹元忠。

[11]樊山:即樊增祥(1846—1931),号樊山,又号云门等,湖北恩施人。光绪三年(1877)进士,累官江宁布政使护理、两江总督。诗文名家,著有《樊山全集》。辛亥后出任参政院参政。

致罗振玉

（1916 年 7 月 18 日）

前书未发，又接手书并汇票四百元，收到无误。

季英太夫人病势依旧无退。病者不信西医，坚不肯服西药，前已延过乙老家常用之西医林洞省[1]，乃既到而不肯使之诊视。此种坚僻，季英亦无可如何。又中药每剂须四五元，用珍粉、洋参、羚羊角，故病费每日需十元左右。季英坐此大窘，想实无术转移堂上之意，旁人亦只代为踌躇而已。

程冰泉之苏卷至今仍未寄出，或已售去，此卷字尚非无章法之恶札，惟似系染纸，因色深而无垢，不似天然色也。王元璋卷公谓不如廉惠卿五幅，维不知画者，以为此卷大雅处廉幅亦不如也。不知此说何如？再请

道安，不一

维又再拜　十九日夕

注　释：

[1]林洞省：上海西医大夫，常为沈曾植、樊炳清及王国维家诊病。罗、王札中或称之为林医。

致罗振玉

（1916 年 7 月 22、23 日）

叔言先生有道：

　　前日上一函，想达左右。汇日币已于今日取到，共合中币四百十七元二角。此款本前日往取，因票根用王静安名，取时方知图章不合，待刻图章，故今日始取出四百元，只申出十七元馀，而前日若取得，尚可申二三元也。程冰泉之信与二百元晚当往交，其馀存维处。前公所还丁南羽画价五十元，画价仅四十五元，又除代买日本布价六元五角，尚存洋十一元五角，又加此次二

王羲之《十七帖》

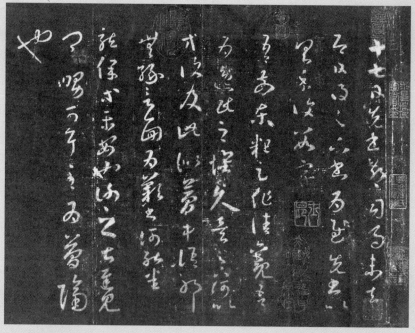

百十七元二角,共存二百廿八元七角,此款准备付《印举》价可也。

连日天气极热,至九十七八度。季英太夫人之病亦未知信息,因天热简出,无从问讯也。

前所识 𦥑 字确是归字,兹得一证:《书契后编》卷上第三十页并卷下第四十二页均云:"翌日壬归有大雨。"而前文作归,后文作 𦥑,知实一字。

乙老之《澄清堂帖跋》尚未索到。渠出示宋拓图帖一册,刻手似唐拓《十七帖》[1],末有某月日赐吕端数字,乙老考为刘次庄[2]所刻之《喜雨堂帖》[3]。现共存三卷,在南海所,以其一赠乙老云云。

现沪上所出之《修文殿御览》,乙老云艺风已见过,云是《文苑英华》,并辨证语亦录在内,现索一万元,故艺等均劝刘、张不必购之也。

连日苦热,昨欲雨而未成,刻又风作,大雨将至矣。天凉可喜,然多雨又可厌,今年已苦水多矣。专此 敬请

道安,不一

国维再拜 廿三日

105

程款顷交冰泉自手,取得收条而于途中失之。渠近日必有信至东,此条亦可无须矣。大集上卷钞得四十八页,中卷得三十八页,现上卷所差不过五六篇,中卷尚未及半,唯《日中奉使朝鲜纪事诗跋》检之稿中无有,请录寄为感。

再启者:昨晚出过汲修,得知冰泉于月底将赴粤,其苏卷云近日内不得取到,殆已售去矣。

遇蟫隐,知刘太太病尚如故,而钞书人即范二先生之西席,言前数日已大愈,除头稍作痛外,殆与健者无异,近二日又加剧云云。并以奉闻。敬公言季英之弟主张中医,此犹可说明,惟病者不信西医,则无法转移公意也。专此 敬请

道安

维又再拜 廿四日午

注 释:

[1]十七帖:单刻帖,因第一帖以"十七"二字开头,故名。晋王羲之书。

[2]刘次庄:宋哲宗、徽宗时人。字中叟,崇宁中为御史。有书名,工正、行、草。卜筑于淦水滨,所谓戏鱼堂者是也。临摹古帖最得其真。

[3]喜雨堂帖:即刘氏所刻《戏鱼堂帖》。

致罗振玉

（1916 年 7 月 24、25 日）

雪堂先生有道：

　　昨接手书并玉照印本，敬悉一切。此间天气大热三日（九十七度），前日雨后顿凉，今日天晴气清，亦复不热，盖他处或发水患也。

　　寓中小孩等发热伤风等早愈。近日又多患水泻，幸不发热，无他患，令服藿香正气丸，想不日自愈也。刘太太之病，今日晤抗公，言季英云服木村药事已疏通过去，故已购药物及称药器具，此甚可喜，否则服中医峻剂甚为危险，反不如不治之为愈也。

　　汇款早到，前函已复及。各省官书局数月前曾面询乙老，渠亦不能系何人所奏，维亦忘将此事函告也。

　　高房山，检《浙江通志》无传[1]，且《职官》中"行中书省郎中员外部"下亦无其名。乙老处有无《杭志》，当便访之。《魏石经考》二卷今日写毕，得三十九页；外加碑图六图，尚须复校并手钞一次，然后

《魏石经考》内碑图

可令人写也。

高昌壁画[2]二十,想均是佛像,不知尚有他画否?小像印本甚佳(公照相辄不得佳,当以此次为最胜),自赞尤妙在末数语,惜置诸彼书乃与哙等为伍耳。

素仍在阱中,恐永不得出。此次同甫一往而亟返,亦为是故,闻现已他行,再当来此。《三国遗事》一书尚未送去也。专此 敬请

道安,不一

维再拜 廿五日灯下

冰泉出示李成卷,似明人所为。又示北方新来甲骨数十枚,皆伪刻也,惟刻手比前较工,猝睹一二枚,但觉纤弱无力,未易定其真伪,然阅至十枚,则百病皆出矣。可知此物近实告罄,故伪刻遂出也。并闻。

再启者:诹吉书始于今晨取到,择定明年三月廿九日寄上,请詧收。前日景叔属草一电稿,即商允合印《天竺字源》二书事,想已早到矣。古书流通处之宋元本及明代实录诸书,闻以二万元归刘汉怡,菁华尽矣。专此 再请

道安

维又再拜 廿六日晨

注 释:

[1]罗曾在 7 月 17 日致王信中言:"弟近为高房山作补传,请代检《浙江通志》,当有传。高克恭曾任浙江械司郎中也。若乙老处有《杭志》,亦祈一查钞示。"

[2]高昌壁画:即指《高昌壁画菁华》一书。罗曾在 7 月 17 日致王信中言:"本月取高昌壁画二十品,又大谷所得二种附之,月内当可告成。此书成,则西域所发见之物,略可见一斑矣。"

致罗振玉

（1916 年 7 月 26、27 日）

雪堂先生有道：

昨日哈园燕客，晤褚礼堂[1]，知伯希和[2]近日过此赴北京使馆武官之任。今日过乙老，始得其详。

此次伯君过沪，张菊生燕之，请乙老往陪。伯出《舜典释文》照片（并有《周易释文》），乙老劝菊生及蒋孟苹印之，菊生许诺，然不知能付印否耳（《尚书释文》照片在菊生处，当访菊生索观。至《周易释文》则公处有玻璃片，其版权与费用已由公向商务购回，此事亦须告之。菊于此本不了了，若欲印，则公

哈同夫妇等与师生合照

固无不可,但当偿还前费,但恐亦无此事耳)。《杭州府志》乙老处无之,成化、万历二志,丁氏曾印入《武林掌故丛书》,可一检之,恐未必有高房山其人也。

乙老劝蒋孟苹等派人往新疆,蒋甚欣然,因艺风一言而止。故乙今日大骂艺风,以前却未闻有此语也。

昨在哈园又见吴士鉴,此人于杭人性质无一不备,毋怪其为艺风所称道。又见吴子修、左子异[3],皆有辫发而束之于顶,此又何为者耶?

蜀、湘、粤三省纷如乱麻,恐步其后者尚复不少,且南北二派终有不能调和之日,不知发于何时耳。

景叔言有百元欲寄公,须汇东否?请示。专此 敬请

道安,不具

维再拜 廿七日灯下

顷景叔交来钞币百元(中币),渠云如公在此有用处,则可省兑汇,属函询云云。惟现在日币价昂,公复书请仍将此事声明,或仍令其将日币汇东,以免吃亏,何如?再请

道安

廿八日午

注 释:

[1]褚礼堂:即褚德彝(1871—1942),原名德礼,字礼堂,号松窗,浙江余杭人。精金石考据,尤精篆刻,著有《竹人续录》《金石学续录》等。

[2]伯希和:法国汉学家,研究中西交通史。曾往中国敦煌窃取珍贵古籍文物。

[3]左子异:即左孝同(1857—1924),字子异,号邂盦,晚号逸叟。官至江苏提法使兼署布政使。辛亥后隐居沪上,善大小篆书。

110

致罗振玉

（1916 年 7 月 30、31 日）

雪堂先生执事：

　　顷接赐书并汇票三百元及景叔信，均照收。顾氏《元诗选》乃收及《宝绘录》，真意料所不及。此书国初人已议其伪，岂侠君曾未之知耶？[1]

　　前日校《秘书监志》，细勘目录及本书，知吴□□所疑卷四卷五目互相出入者，实则卷四第廿一叶以下至卷末乃接卷五第十一叶，第十二叶至卷末乃接卷四第二十叶，乃书之误错，非目录之误，幸刘钞尚存元本行款，故一经改正，则目与书均怡然理顺。此次改易行款（惟抬头及上空几字则一切照旧），非如此改正，则后人亦无自校出矣。丁本与吴本同误，则此种错叶恐明代已如此矣。此间古书流通处尚有一旧钞本，不知能借到否？

　　近数日因伤风，人不甚适。昨日又取唐写本《唐韵》略加研究，其中诸均次序与《广韵》及李丹《切韵》异，而与《古文四声韵》所用《切韵》及魏鹤山本同，字数少于《广韵》约十之七，而新加之字下皆注加字，盖即郭知元、关亮诸人所加，其本自当在孙愐之前。据《倭名类聚钞》，则唐人所撰《切韵》不知若干家，故宋初夏英公犹用其本也。

　　前日与敬公及费景韩至古书流通处观书，其《开庆四明续志》大字初印，犹有南宋初年刊本遗意，又《愧郯录》宋本则多写钞及阙叶，殆与诸家所藏同。其书以贵，均须俟刘、张、蒋诸家[2]买定后，馀书当可稍廉。维取得康熙《海宁县志》一部尚未言价，据费君云不能甚贵也（主人亦海宁人，与费极热）。此日见丁福保[3]以百五十元购其慎独斋[4]刊《山堂考索》[5]，殊不贵，此间书价真不可解也。张尧香兄介绍一卖碑帖者昨持数种来，乃陶心云[6]物（因目中有刘熊碑，固料是石印本，因安冀有奇遇，至则果石印本也），兹其目送上，不知目中有佳品否？如欲看可索观之。

此次汇票拟暂不取，因公已有三百馀元在沪，而此间钞票究未能放心（汇丰已有过风潮，一日而熄），日币想尚不至大落也。公今年恐又窘，前景交来之百元（除帖款二百元，共三百元），想系印梵书之款，公函姑交，其增价亦当告也。专此 敬请

道安

国维再拜 七月朔日

再启者：景叔信昨晚交去。渠云前日交来百元并帖款二百元，乃系照梵书之款股。野信所云，渠云当告姬也。柳蓉村本拟令其子往苏取《印举》，而其子患喉痧未愈，故至今未往。未识何时能取到也。再请

道安，不一

国维再拜 初二日早

注 释：

[1]7月23日罗致王信中云"奉两示，敬悉。近日作《南宗衣钵》跋尾第二了。发见一事，则顾侠君选元诗，竟收张泰阶《宝绘录》中之诗是也。《宝绘录》作者乃一妄男子。杜撰六朝唐宋人诸名迹，每一画必作黄大痴、吴仲圭、黄鹤山樵、柯丹邱、俞紫芝、文衡山诸人题跋（千篇一律，皆此数人），其文字鄙俗污下，稍有知识者一见皆知。而顾氏乃采及此等书以充篇幅！以前柯逢时刻《丹邱集》半采此书（此事忠敏曾为介，托弟为之，因须限六七十叶，遂谢之）。此书出于缪老之手，此无足怪，不意顾氏又然。学术之事，求之古人，尚有如此者（尤奇者，此事竟无一人知之），公何必更喋喋于今之人哉？弟意我辈在今日问学所得，譬如饮水，冷暖自知，其有一斑半豹为人所知者，自是例外，然即此一斑半豹，果能真知与否，则尚是一疑问也。"

[2]刘、张、蒋诸家：指刘承干、张钧衡、蒋汝藻等诸藏书家。张钧衡（1872—1927），字石民、石铭，号适园，浙江乌程（今湖州）人。藏书家。

[3]丁福保（1874—1952）：字仲祜，江苏无锡人。收藏家、出版家、医学家。从学王先谦、华衡芳。著有《说文解字诂林》、《群雅诂林》、《全汉三国晋南北朝诗》、《汉魏六朝名家集》、《历代诗话续编》、《清诗话》、《佛学大辞典》及医书、佛书多种。

[4]慎独斋：即明弘治间建阳刘洪及其后嗣之书坊名。洪字宏毅，亦作弘毅，号木石山人，以刻书著称，享誉书林。

[5]山堂考索：类书名。一名《群书考索》，南宋章如愚所辑。如愚字俊卿，号山堂，浙江金华人。该书宋刻本为十集100卷。元明刻本有所增补，计前集66卷，后集65卷，续集56

卷,别集 25 集。四集共分四十六门。

[6]陶心云:即陶濬宣(1849—1915),原名祖望,字心云,号东湖、稷叟,浙江会稽(今绍兴市)人。书法家,善六朝书,笔力峻厚,亦工画人物,精诗词。著有《稷山馆辑补书》若干种。

112

致罗振玉

（1916 年 8 月 2 日）[1]

雪堂先生有道：

　　前日所上书并古书流通处书目，想达左右。《印举》柳佶已书至苏州，嘱令送来。卢氏之《华夷译语》，其新目中无有馀书，渠亦谓大抵无有，或送出，俟检出再送，闻刘翰怡处大部分尚未成也。公如有要购之书，可就目圈出，再看其价值如何购之。维购其康熙《海宁县志》一部（残破须装）并李云门（潢）《九章算术细草》（全载原书），共十元（《宁志》八元六角，《九章》一元四角），尚算不贵也。

　　近日写《毛公鼎考释》毕，后又修改《魏石经考》，尚须重写一次。其中《魏石经经本考》一篇几全行改易，其子目为：《汉石经经数石数考》、《魏石经经数石数考》、《魏石经经本考》、《魏石经拓本考》、《魏石经经文考》、《魏石经篇题考》、《魏石经古文考》、《魏石经书法考》，共八篇，分为二卷，附以碑图七。此次殆可为定稿矣。然再写石印底本尚须半月有馀乃可成，碑图恐尚须自写，恃人全不成也。

　　前作《书顾命考》，正郑、孔二注之误，自谓必如此，全篇礼制乃可通，文字亦可解。近读《通典》七十二《夺情议》引郑君说（极似《尚书》），乃与维之新说略同，与《正义》所引郑注大异，乃江艮庭、王西庄、孙渊如诸家辑郑注均不及此。此条即非郑《尚书》注，亦当是郑志或他书中论《书》之语，其说较注为长。唯郑似解三宿三祭三咤，而中有哜字，云即位心醴之者以神之；以神之者，以醴哜成之也；以醴哜成之者，醴浊，饮至齿不入口曰哜，既居重丧，但行其礼而不取其味云云。是以咤为哜，与古文经及所自注均不合。然所说实释三宿三祭三咤一节无疑。甚矣著书之难，而修改之又不可以已也。

近日天气稍凉而复热,想京都亦略相仿佛。大小儿秋季本拟入青年会学英文,乃考试仅许入三年级,其在育才上学则入四年级,故仍入育才,其德文仍入故校。馀儿亦均如故。

《学术丛编》第三期尚未成,此次又迟半月。印局固迟误,然哈园应付纸料亦不如期,此种事无法整顿也。专肃 敬请

道安,不一

国维再拜 初四日

大集上中二卷十日抄毕,上卷六十一页,中卷五十九页,共得一百二十页。想下卷多少亦略等也。中卷之《颐志斋感旧诗跋》,索之原书无有,而《颐志斋文钞》[2]中已及之,想此书原无跋也。又申。

注 释:

[1]考此信中"维购其康熙《海宁县志》一部"与前信"维取得康熙《海宁县志》一部尚未言价"相承,故此信当作于是时,即农历七月初四,公历8月2日。

[2]《颐志斋文钞》,颐志斋即丁晏之斋名。丁晏(1794—1896),字俭卿,号拓堂等,江苏山阳(今淮安)人。举人,终身未仕。经学家,撰文大多刊入《颐志斋丛书》。

致罗振玉

（1916 年 8 月 5 日）

昨晚作书未寄，今晨又往哈园拜寿，归已午矣。午后拟着人往季英家问候，不知何如。

《学术丛编》第二期印成，今寄上六册，请詧入。《史篇疏证序录》中引张怀瓘《书断》末数语，案字以下原书所无，遂成一笑话矣（此次无原书可检，从玉函山房所辑《史籀篇》采入，故有此误）。

此间今日稍热，然仍有雨意，殆与去年京都天气相等。黑烧有效，此药可以介绍矣。专此　再请

道安

维又拜

致罗振玉

（1916 年 8 月 10 日）

雪堂先生有道：

连接两书，敬悉一切。《恒农遗文》廿册已由景叔交到，其箱已初七提出矣。前寄各书想已达左右矣。

《会稽续志》[1]刻已至古书流通处一问，仅有钞本《嘉泰志》[2]，而无《宝庆续志》，其目中亦无之。据云卢书校原目缺数十种，至本数则所缺颇多也。尧香介绍之碑帖单已照尊开者另开单索阅，种数不多，寄东颇易也。

维之商务股单已售出，并今年利，约近成数。本拟暂存银行，而出入均须

王国维与邹安、姬觉弥

改算银数,吃亏殊甚,因思购书画数件,以作将来预备,而苦于眼力,未敢放手。乙老之眼虽就近可以请教,然亦出入颇多。此款公如有用处,则可行暂用,如将来尊驾抵沪则为代购书画,此校自购为稳当也[3]。

近成绩甚不佳,思作自十馀页至四五十页之短文,题目颇不易易。数日觅题,拟作《先秦儒术考》。每思儒家独传之学在于六艺,而《书》与《诗》又为儒墨公共之学,惟《易》、《春秋》、《礼》、《乐》乃儒家专门,而讲求礼制尤为儒家所独,其书存者亦最多,如大小《戴记》大半作于先秦之世,凡郑《礼记目录》中所云,于《别录》属制度、吉事、丧服、祭礼诸篇,尤非汉以后礼家所能作也。颇疑《礼经》十七篇在战国时礼家已只传此数,而淹中所得古经,不过《投壶》、《中霤》等不甚足重轻者,其天子诸侯大礼,盖放佚久矣。否则《记》中何以只存十七篇之传与义与记,而他礼则绝无也。其中尤著者,则为《丧大记》,此篇虽记人君以下丧礼,正为经只有《士丧礼》而补之。附经之记,则记经中节目所未详,此则补经所本无,因谓之《大记》,犹《丧服》之子夏传就经释之,而《大传》则释宗法及丧服之通例,因谓之《大传》也。《礼》是鲁学,汉初,经与颂均出于鲁。不知当时礼家先师生活状态如何,殊费人研究。凡类此者,皆极有关系,而极难钩稽者也。此书不知成绩如何? 又思作《说文古文考》,以与《史籀篇疏证》相补(此种书不过具稿或备检查,一时决难善也)。并闻。

维伤风及小儿等水泻皆已愈,承注谢谢。专肃 敬请

道安

国维再拜 十二日灯下

季英之太夫人病势闻仍如故,但既多日如此,谅早不妨耳,否则不能延至今矣。

注 释:

[1]会稽续志:即《宝庆会稽续志》,宋张淏纂。淏字清源,河南开封人,侨居婺州,又仆居会稽。官至奉仪郎。该书是为《嘉泰会稽志》之续修。

[2]嘉泰志:即《嘉泰会稽志》,宋施宿等纂。原宋本已佚,现有明正德五年(1510)仿宋本存世。与上书同为学林并重。

[3]8月16日罗致王信中对其售股购书画事言:"公商务股票已售出,甚善。欲以此资购书画,为异日之地,亦至善。前汉学教授之事,公既往沪,当知其不可实行。哈同之事,亦但是二三年间之近局。故未雨之计,不可不早设法也。弟意购书画,须购有价值之品(比弟数十年来之经验),其廉者终不可期,其精善若培老之唐卷,亦十年间不可遇一二者耳。邓

秋枚处有方方壶小幅，至精，渠索价七百元，又有南田临郭河阳山水册页一片（已装小轴，拟以石谷一片，石谷乃常作，不能似也），索价二百七十元，弟力不能得也。若公愿得者，弟作书与商，请持往可也。弟意公为此事，不难于购入，难于售出。售出仍有望诸东邻。佳品往往不忍售，此亦吾人一痴性，愿公暂捐此意，展转营运二三次后，即可以所赢之款充营运之用，其本金可收回，以后再有佳品，可以酌留以自娱矣。不知公意云何。缘以购书画为后备，不能急切，俟用时方谋售也。若邓画许售，即请寄来，为谋销售也。弟近以印书故，售去佳画不少（皆前不忍售者）。弟以为中国地大物博，宝物甚多，但恨力不能有，不过日益昂贵耳。□中所储，尽可自娱矣。邓秋枚平日至午始起，往渠处须午间。过午又外出为游魂矣。弟前购金粟道人小像，尚无信来，此则非贸易品，售亦不得利也。"

致 罗 振 玉

（1916 年 8 月 15 日）

雪堂先生有道：

前上各书，想达左右。陶心云家物，前日送来钟铭等共七种，而《常丑奴志》[1]及晋永康碑未送来。据云有人取去，还过千五百元，此种荒谬，实闻所未闻。现在七种暂存在此，俟其开价来，一定荒谬，即还之，不值寄矣。《印举》事今晨接敬公条，云仍须持钱往取（本拟亲往柳处询之，因其处有喉痧不往，今已愈，可往矣），大约卖主执意如此。晚当往询，再与商酌，如系确实，只有持钱往取及退还头本二法。候示再行。

刃奴碑帖

前函言拟作《先秦儒学考》，此事颇不易，因拟先作《汉魏博士考》。此亦须两卷书，较之昔人作《传经考》者似稍核实。连日翻检前四史，觉各经立博士事颇有可研究，前人所说，往往未了了。又细读《魏志·高贵乡公纪》，知魏时马、郑《古文尚书》已立博士，又魏所立诸经殆全用后汉末诸家，与汉世绝不同，则魏石经所刊《尚书》或即用马、郑本，此又与魏石经有关系者也。

逊老前日一晤,有容甫[2]在座,属致意。闻南轩[3]联合诸校,自为祭酒,亦时势使然。野王为人奴不成,又转而向彼,则可笑也。专此 敬请

道安,不具

维再拜 十七日

书成未寄。晚过蟫隐,则敬他出。至柳蓉村处,亦他出,其徒言往取书,坚不肯付,须以钱往乃付,且索回头本。维即告以须函告东洋,因公处需看书乃能付价也。此事如须购,须维往苏一行,但请将陈氏印小册寄来一对,核无误(一本亦可),然后付价,否则请将头本寄还。请酌定见复为荷。

尧香所介绍人今日持价单来,除晋永康碑及《常丑奴志》外,馀零种八,索价骇人,即将原件还之矣[4]。

今日钩稽汉博士事,知汉时闾里师所教除《仓颉》外,为《尔雅》、《孝经》、《论语》,其次序即如此。自此以后,专一经则为经师所授。孝文时置《尔雅》、《孝经》、《论语》博士,至孝武废之者,非废其书,乃因此三书人人当读,又人人自幼已受之,故博士但限五经。从各方面核之,此说确有证据,甚可快也。

晚接手书,又悉一切。《世说》上卷校记亦收到。卅帖事当告逊翁。渠所言与康角者,不知其事,抑指渐墓事数日事耶?公如欲付款,不必汇钱来,前款不足,则此间代付可也。专此 再请

道安,不一

维再拜 十七日灯下

伏中甚凉,昨今又热,寓中夏间,小病颇多,然均不必用医药者,近可全愈,请勿念。维月初伤风,有一二日不适,然已早愈。并闻。

注 释:

[1]常丑奴志:全称《隋都督荣泽令常丑奴墓志》,隋大业三年(607)八月刻。明代出土于陕西兴平,今已佚。其书法结体严谨,用笔驯雅妍丽。存世拓本鲜见,所知者仅七:一、费念慈藏本,二、刘聚卿藏本,三、徐积馀藏本,四、端方藏本,五、潘祖荫藏本,六、陆谨庭藏本,七、沈均初藏本。

[2]容甫:即汪中,字容甫,文学家。此借指汪大燮(1859—1929),字伯唐、伯棠,浙江钱塘人。光绪年间举人,历任清廷内阁中书、翰林院侍读、总理各国事务衙门章京、外务部右侍郎、考察宪政大臣(曾赴英、德等国考察宪政)、邮传部左侍郎、驻日公使等职。民国后历

任教育总长、参政院副院长、交通总长、外交总长、国务总理兼财政总长等职。

　[3]南轩：宋张轩，学者称南轩先生。此借指张勋。

　[4]8月5日罗致信王曰："古书流通处之目，弟未见过，而卢氏《抱经堂目》则有之。渠有《会稽续志》，求代购(但不必托子敬。子敬前为购此书，糜费不少，而书竟不购，亦一奇事也。费百馀元。他人物非口藏)。陶心云碑帖恐无佳者，兹将单上加〇者，请代购，此径请与议价可也(恐皆近拓，不值钱)，其加〇者，请一检查。若系旧拓，即购之(但请先示件示价)，其原单上所开《随常耳臾政志》(即《隋常丑奴墓志》)，此弟求之多年尚未得者(因价昂。费屺怀有一本，索百馀元，故未得)，若非石印，请迅代购，因此石久佚也。赵大年卷，前在上海购之未得者，颂清又托西人名来售(此画与前墨竹，皆乞沪上诸熟人购，以索善值，而以西人出名，令颂清出面)，价至千元(荒谬之至，以前弟还价三百元，索价六百元耳)。禾购成以前(勿告人)当与磨蹉，或与此君尚有墨缘也(此函所言，祈勿告人)……"

122

致罗振玉

（1916 年 8 月 18、21 日）

中年张元济

雪堂先生有道：

十八日晚接赐书，敬悉一切。诹吉书即于次晨交尧香，今尚未来，想明晨
当交来矣。

季英太夫人病渐愈，闻已偶能下楼，此大可喜，可知木村于此等病自有
把握也。

旁晚为《尚书释文》事往拜张菊生[1]，竟已印成。已取其样本来，共十一
纸，每纸廿行，前二纸残缺，自《尧典》"光被四表""表"字起至《舜典》终，古字

极多,均足与敦煌、日本二本未改字《尚书》相证明,狩野所钞似尚未全。尤可快者,则"厘"字古文作"釐",又作"釐"。前见三字石经"齐僖公"之"僖"作"釐",断定为"厘"字之伪,此"厘"古文作"釐",知"釐"确为"釐"之伪矣。近日作《两汉博士考》,已略具眉目,以后便拟作未改字《尚书》校注矣。所未见者,唯伦敦之《洛诰》耳。乙老处卅帖之说已告之,渠亦以为贵也。所云角力而败者,亦系旧事,如维前书所料也。

近沪上最有兴味者为私土案,想已于东报知其详,馀则仍混沌不知所届也。专此 敬请

道安,不一

维再拜

《文集序》已收到。现抄成第一卷,第二卷仍止有四五十纸,抄手久不来,大约二卷共得百二十纸左右也(今已有五十馀叶,大约明日可了矣。后三日注)。

前函写成三日,而诹吉书尚未送来(昨云今日有,而今日未到),故未发。今日接手书,敬悉一切。承筹一切,至感。购画,维意亦以购极精者为宜,明年哈处事究未知何如,故不能不为豫备。至于佳画,虽或入手,却无所爱惜。邓秋枚处即当往访,画取得即寄。公阅后果系前物,即可付价也。

日来作《两汉博士考》,稍有眉目。而哈园欲开所谓广仓学大会者,为之作启并拟章程,此亦无法推却之事,不能不应酬。前撰《毛公鼎考释》十六页,写官所写,直不能用。又方君所书篆又不成字,且多误,故不能不自行再书,此月内数日须为二事费去矣。《尚书释文》公已见过,甚善。维已影抄一份,拟将原片寄公,如此则可不必矣。前作《魏石经考》,尚疑石经古文为壁中书之支流,今悟陆德明[2]所谓依傍字书改变经文者,自魏时已如此。魏时极重字指之学,博士如邯郸淳、苏林[3]、张揖[4]辈,皆明于字指者(魏时试博士弟子,亦以字指,见《王肃传》注引《魏略》)。其《古文尚书》当于此时还原制造,而伪孔袭之。此说虽无确据,然虽不中亦不远矣。二典释文古字颇多,与陆德明语不甚合,其出于小注者,盖兼存六朝多古字之本欤?又魏博士所授已为古文,非今文《尚书》用马、郑、王肃注,此事一读《高贵乡公纪》自明,惜前人均未考及此也。专此 再请

道安,不一

维又再拜 廿三日灯下

注　释:

[1]张菊生:即张元济(1867—1959),号菊生,浙江海盐人。光绪十八年(1892)进士,曾任刑部主事。1902年入商务印书馆,对中国近代出版业贡献极大。著有《校史随笔》等。

[2]陆德明:即陆元朗(556—627),字德明,江苏吴县人。所著《经典释文》三十卷,采集汉魏六朝音切凡二百三十馀家,又兼采诸家训诂,考证各本异同,为后世治经者所宗。

[3]苏林(约220年前后在世):字孝友,汉末魏初陈留人。博学,多通古今字指,凡诸书传文间危疑,林皆为训释。

[4]张揖:字稚让,三国魏清河人,魏明帝太和中为博士。长于训诂,工书。曾著《广雅》、《埤仓》、《古今字诂》等。

致罗振玉

（1916 年 8 月 22 日）

125

雪堂先生有道：

　　顷接敬公一函，云柳永村回言《印举》须以现洋乃能取到（而但知博古堂，今乃知其主人乃柳也），然印已数过，只八千四百馀方，实不及万。敬函附上。其价前已说过三百两加费二十元，似无从翻悔再索费（敬公所疑增价之说，或系过虑）。惟印数前言万馀，今乃不及万，则价更贵，是否须留，请迅示。惟首册决不还之，托言已寄日本矣。柳估老狯（又先付价后取书，此事妥否？书可无虑，惟虑如吴石泉之集他印谱为之。但其上卷书题尚是陈寿老手笔付刊者，或不至伪也），此次景叔初见书，即言当介绍于公，彼知公欲购，乃更为奇货矣。高翰生果无信。陈氏印数本不及万，惟柳前言万馀，今欲以此去其价，亦理之常。然彼以卖主必索此价为辞，遂理直气壮言之，真可恶也。专此

　　敬请

　　道安，不一

国维再拜　廿四日早

　　昨晚接书敬悉。

126

致罗振玉

（1916 年 8 月 27 日）

雪堂先生有道：

顷接廿二、廿三、廿四日三书，敬悉一切[1]。致赵函当转交（赵前闻在京为醇邸西席，或恐不在上海也），方君卢氏之书明晚拟问之。《印举》当遵办，卖主如不能来，便当赴苏一行也。

今午往访邓秋枚，方、恽二幅均已见之，渠谓石谷、南田共装一册，若无恽则王不易售，且裱工亦可惜，索加百元，嘱函公商之。维谓王画不直此数，若数十元可代允云云。渠谓即请致意，大约稍加四五十元即售矣。现此二幅已令渠寄东（因渠处报关颇熟，有时不要税，有时每幅仅半元，恐生手或办不到，故即令寄。现不经海关验过，日邮局不收也），俟公信收到后，此间即付款也。此二画到东大约有可售之望，则维算见一面耳。一笑。种种费神，至感。

今日自写《毛公鼎考释》毕，共一十五纸，虽新识之字无多，而研究方法则颇开一生面，尚不失为一小种著述也。《魏石经考》上月已写成，唯近考汉魏博士，得知魏时古文《尚书》与《左氏传》实已立博士，可见《尚书释文》尚有须增加之处，恐尚须费半月二十日之力重改写一过，下月工夫恐将费于此矣。今日阅《汇刻书目》[2]，知清[3]溪胡秉虔[4]有《西京博士考》二卷，刻于钱氏所刊《艺海珠尘续编》[5]中。其书商务无有，恐唯缪老有之，然却不愿往借也。

前日寄诹吉书想已收到，我辈不愿见之字样渠不肯改，只有挖去一法，愚人实无可如何也。专此　敬请

道安，不一

国维再拜　廿九日夕

注 释：

[1]罗致王三信主要言及购书画事，如在 8 月 20 日的信中写道："前函计达左右。《宝庆续志》承代购未得，尚有请者，请索书目一册。又卢氏藏《华夷译语》(二十四本)，不知是钞本抑刻本，若价非至昂，即请代购(恐须三四十元至五六十元)，请不必函商矣。卢氏所藏，又有《宣大山西三镇图》、《惠敦贝子功绩录》、《职官分纪》、《海运新考》、《九边政书》、《江南经略》、《秦边纪略》、《康亲王大功得胜图》、《甘肃通志》、《东越征学录》、《秘册汇函》、《玉灵聚义》、《仪象志》、《刘完庵诗集》等书，皆弟所欲得者。此类书非沪人所好，或均未售去，千祈往一商购。能与《华夷译语》同购最佳。费神至感。"

[2]汇刻书目：清顾修辑，收书二百五十三种，是我国第一部丛书目录。后有续补者颇多，罗振玉有《续汇刻书目》十卷。

[3]清：为"续"之误。

[4]胡秉虔(约 1810 年前后在世)：字伯敬，一字春乔，安徽绩溪人。清嘉庆四年(1799)进士，官刑部主事，改甘肃灵台县知县等职。自幼好学，博通经史，著述颇丰。

[5]艺海珠尘续编：指钱熙辅补《艺海珠尘》外之壬癸二集。体例一如其吴省兰辑之《艺海珠尘》，然极罕见。钱即吴省兰婿也。

128

致罗振玉

（1916 年 8 月 29 日）

冬日婴戏图

雪堂先生有道：

晨寄一书，想达左右。顷晤乙老，知黄子寿[1]方伯家有大宗书画出售。子寿方伯之媳即黄再同之夫人，乃瞿玖老[2]之姨。其画均请乙老看过，且令定价。中有巨然长卷约五丈（约记名是《秋山大壑图》，乙老云题款字类明人学钟太傅[3]书者），乙老谓系元人摹本，前面似郭河阳，后面似巨然本色，渠谓不及所新得之赵千里也。又有宋人《婴戏图》一卷（破碎）。诸画闻黄处索价甚奢，巨然卷乙老为定一二千元，而黄夫人意不满，乃为定五千元；《婴戏图》亦定三千元，乃照上海古玩铺索价也。二卷已缴还，不及观。惟乙老言画共二箱，其明以后画均带学术性质，甚可宝贵，于沪上销路则颇不宜。中有王文成小像，乃文成生时画者（其画人忘之，亦有名），其后题跋多文成门人，即此可见一斑也。此外尚有书籍不少（目在张菊生处），亦拟出售。闻黄氏愿望甚奢，瞿玖老虽为之经理，于价值亦不能作主也。乙谓玖老，书画全部可劝陈筱石[4]购之，因陈、黄黔人，并可为编黄氏三世收藏目录，然此事可断其不能做到也（以上三十日午时书）。

晚出与敬公说《印举》事，渠处有一百六十馀元，折算洋数三百金与二十元，顶四百四十元左右，其馀二百七十元左右，即在公存维处之款内画付，已均说定（出至蟫隐，渠不在店，因恐渠处款或不应手，故归后至其家说妥，即令敬告柳蓉村，令其将书送沪也）。古书流通处已去过，其经手陈某不在，即将书单交其伙，日内再往看之，先此奉闻。敬请

道安，不一

国维再拜·八月朔日上午

注　释：

[1]黄子寿：即黄彭年（1823—1891），字子寿，贵州贵筑人。道光二十七年（1847）进士，历任江苏、湖北布政使。著有《万卷楼藏书总目》、《畿辅通志》等。

[2]瞿玖老：即瞿鸿禨（1850—1918），字子玖，号止盦，晚号西岩老人，湖南善化人。同治十年（1871）进士，历任工部尚书、协办大学士、军机大臣兼充政务处大臣。民国元年（1912）一度任参政院参政，后隐居沪上，以清室遗老而终。著有《超览楼诗稿》、《旧闻纪略》等。罗、王札中或称之瞿中堂、止相、止老等。

[3]钟太傅：即钟繇（151—230），字符常，三国魏长社（今河南长葛）人。封定陵侯，迁太傅，谥成侯。工书法。尤精隶、楷，与王羲之并称"钟王"。

[4]陈筱石：即陈夔龙（1857—1948），字筱石，号庸庵，贵州贵阳人。光绪十二年（1886）进士，官至直隶总督兼北洋大臣。辛亥革命时曾镇压滦州新军起义。民国后不仕，张勋复辟时授弼德院顾问大臣。著有《庸庵尚书奏议》、《花近楼诗集》、《梦蕉亭杂记》等。

130

致沈曾植

（1916 年 8 月 30 日）

沈曾植像

　　赐书敬悉，纫房乃蒙细书近诗拜惠，奚极敬谢。《学术丛编》第二册已印就，奉呈教正，专肃　敬请

　　乙庵先生大人　颐安

　　　　　　　　　　　　　　　　　　　　　　　　国维再拜

致罗振玉

（1916 年 9 月 4 日）

雪堂先生有道：

一星期不作书，亦未奉手书，甚念。昨由纬公处交来《石鼓文考释》、《高昌壁画菁华》各二部，卅帖一册，印一方，璧一枚，均收到。二书并刻石开嘉，敬谢敬谢。惟二书各有二本，其一须转送他人，或暂存维处，祈示。卅帖已交乙老，璧当还付纯伯耳。

《印举》有还信，不能送来，且限三日内取，迟则不卖，并欲索头本，刁难之至。昨与柳蓉村谈判，并约景叔、敬公三面言定，书仍由渠携款去取，今日付款，明日往苏，后日返沪，如书有与头本不符，仍须退回。柳有店在此，亮不致误事也。其款由景叔断定四百四十元，内卅元乃渠之中用，本言银三百两及用费廿元，渠于银价又有"苏州须用淞平"之语，后以四百廿元作三百两，

唐六如《事茗图》局部

比昨日上海规元市价共吃亏四元以上,此事可谓淘气矣。

近日天气又热,与伏中略同。景叔以五十元得一唐六如[1]小卷(实横幅),纸本,极干净,无款,但有"唐居士印"四字,朱字牙章,其画石学李晞古笔意,颇极秀逸,如系伪品,恐亦须石谷辈乃能为此。拟借来细观,加渠二三十元或可得之。乙老之赵千里卷属题数语,今日在斋中,景叔见之,极诋为明人伪作,殊可哂也(乙卷未必出赵千里,然决非明人所作)。专此 敬请

道安,不一

国维再拜 八月初七日夜

顷奉书已收到。此次信八日乃到,一切敬悉。菊生本释文亦铜板缩印。并闻。

注 释:

[1]唐六如:即唐寅(1471—1523),字伯虎、子畏,号六如居士、桃花庵主等,江苏吴县(今苏州)人。善画,与沈周、文征明、仇英合称"明四家"。

致罗振玉

（1916 年 9 月 9 日）

雪堂先生有道：

前日将发函，适得赐书，即于函前附注数语，想达左右。《壁画精华》及《石鼓文考释》即当转交乙老。此次《魏石经考》又加增改，惟《经文考》与《古文考》二篇尚多罅漏，因惮于改写故悉仍之，然已改写十馀页矣。

《印举》既付款后，柳估定初八行，而迟迟至昨晚始行，今晚亦未必到（大约须明晚到）。其人烟鬼也，渠有店在此（即在蟫隐西邻），货亦不少，款事不至有误，而迟缓失约，可恶。可证前此卖主限三日取书等语全系鬼话也。

顷颂清持公书来取赵卷款四百元去（日币三百元，中币一百元），此次日币又落，每百元须损三元许，前因存券颇多而邻近多盗案，乃不敢取，亦不料其遽落也。

《高昌壁画》及《石鼓考释》今晨持送乙老。渠谓此事可得数句探索，维即请其以笔记之，不知此老能细书否耳。维疑前十二图确为六朝人画，至十三图以后有回纥字者当出唐人，因前画均无笔墨可寻，而第十三图以后则笔意生动，新旧分界当在于此，唯十九、二十图则又为古画耳。回纥字始于何时，不知此事有可考否？

《印举》到后当装箱（连蟫隐书共二箱，《印举》当加油纸包裹，交张尧香报关寄东），公之文集即可于箱中寄上。近日续作《汉魏博士考》上卷略成，为各经员数职守等，下卷则题名也。专此　敬请

道安，不一

国维再拜　十二日午后

艺风售宋板书十六种于小袁[1],得二万元,其中最佳者为《唐书》,他无有也。

注 释:

[1]小袁:即指袁克文(1890—1931),字豹岑、抱存,号寒云等。袁世凯次子,擅长文学,嗜昆曲,入青帮为大字辈老头子。著有《辛丙秘苑》、《洹上私乘》、《寒云日记》等。

致罗振玉

（1916 年 9 月 11、12 日）

王国维壮年像

叔言先生有道：

前日发一函，而旁晚接二书（并汇七百四十元），敬悉一切。乃知公致颂清之书早到。二日颂清处付日币三百元、中币一百元，昨日纬君持公函来，付渠寄淮安中币二百元。汇票票款，今日往取（银行不能取日币，此次由正金[1]汇来），算成中币得七百十三元四角。即往付邓秋枚日币六百四十元，当得中币六百十六元许，而渠收中币六百元，以其十六元者为手数料[2]，维初辞，继乃一笑受之。此次收公七百十三元四角，以邓款少付相抵作七百廿六元六角,则公兑汇之损失全偿,而维于方、恽二画亦少出十三元四角,如此计算法最妥(账一纸附呈)。公将来致书秋枚可提及此事(渠收中币六百元),云以后如由维付款,不需手数[3],但言实价可也。

《印举》昨今往催,其人尚未到,其子云今日沪尚有事,必到;明日系中秋节,渠必须返沪。此语当尚可信也。此等人需缓,真无法可想。蟫隐书已装成一箱有半,俟《印举》到装入共二箱,其《印举》须特别用油纸包裹,维当亲往视之,装成后即托尧香寄东可也。

日本长崎、大阪均有霍乱流行,京都亦少有之,公居其僻,最为安稳。沪上亦稍有流行病,亦以热闹处为甚。周培卿之妻以痢亡,蟫隐李七先生之子亦患伤寒,至霍乱诸症则尚未之闻也。

《西京博士考》乃在《续珠尘》中,《珠尘》自无之,非公本有缺也。专此 敬
请
　道安,不一

　　　　　　　　　　　　　　　国维再拜　十四日午后

前书写成,本拟待《印举》到即行奉闻,而昨晚未到。今日午后往柳处,仍未到。而敬公适至如皋售书,询之李七先生,则云其人有店在此无可逃,款却不妨(其书款有渠收条),惟失约濡滞可恨。先此奉闻。

顷接手书,知三少奶奶服木村药乃至堕胎,老医于普通症候乃至误诊,信乎延医之难。唯病者身体不致大受伤损否?内人等均为挂念,乞便中示及为荷。

古书流通处书目收到,当开单付之,纯伯处亦当往索画目,惟其新书目必多伪品(新目全为贸易计又其人全无目),尚不如旧目中求之。专此 又请
　道安,不一

　　　　　　　　　　　　　　　国维再拜　十五日晚[4]

注　释:

[1]正金:近代日本的专业外汇银行,1880年成立,以经营对外汇兑、贴现为主要业务,总行设在日本横滨。1893年起,陆续在中国上海、天津、汉口、北京、大连、旅顺、长春等地设分行。

[2][3]手数料、手数:日文,即手续费。

[4]接此信后罗于9月18日回复云:"《印举》事不亟亟,祈放心,柳永村无所逃也。……昨见大痴《江山胜览》长卷,前有邢子愿跋,乃内府旧藏,以赐质郡王者,钩廓至粗,皴复至简,有斩绝峥嵘之势。然用笔过分精熟,毫无韵味,令人一览而尽(且用意未周,小小失

误）。此卷有名海内，石谷屡临之，亦不过如此。然则弟之《江山清兴卷》韵味无穷，令人挹之数月不能尽，诚可谓至宝矣。

弟之沪上用账，似未开入处不少，若诹吉费等（此外必仍有之），便求加入，至感至感。纯伯画目即要，旧者甚佳，若新目，祈告以穰梨馆著录品最善（不必画，即书亦佳。沪上无人购书也）。存老目力虽未尽明澈，究高于纯伯多矣。"

致罗振玉

（1916 年 9 月 14 日）

雪堂先生有道：

前晚寄一书。昨日午后出看《印举》，尚未至。晚饭后始由蟫隐来人知会，云柳持书旁晚到，即出携书以归。凡九十九册，均系真本无讹，可以告慰。原印数已由卖主细检，共八千二百数十方，并有单记每册印数，当略对数本，谅无大误，今日当一检阅（官印及蛮夷印约二十馀册，古钵二三十册，馀皆私印也）。蟫隐之《畿辅通志》等亦当遣人携来（已装一箱有半），将《印举》装入，即可由尧香报关寄东，专此奉闻。敬请

道安，不一

国维再拜　十七日早

大集稿当装箱寄上。原书分装百册，首古钵，次汉以后官印，次私印。私印之中复以"革带印"、"私印"、"之印"及"无印字"等分类，而各类中又以韵为姓之次第，极有条理。唯装订时原次已乱，而颇多纷乱，若再订正重装，则大善也。

顷将全书检阅一遍，中有十册许已损坏修补，中一二十页并印不存，亦有缺损者一二十页。盖书片久不装订，必有是弊。以是推之，则叶片之中失印者恐尚不止此数，不能视为陈印全书也。此书本言尚可退还（到明日午后止），但思陈氏所存散片堆积数十年，亦未必无失，此书亦至今年始装，据柳估言此书确出吴清老家，如其言果信，则此本殆为唯一已装之本矣。箧斋印此，分类排印，实其生平一大事业，而流传于世者，只有此本，实为可叹。然无先生，又谁以三百馀金购此者？则一本亦不传矣（昨柳估言苏州有欲出五百

元购此者,纵有此事,乃闻先生已购而然,否则决无人以此价购此也)!专此再请

　　道安

　　　　　　　　　　　　　　　国维又拜　十七日午后

　　今年沪上六七月两月不甚热,至七月杪复热,每日最高至九十馀度,直至十三日一雨始凉。今日又雨,已御夹衣矣。

　　此数月中成绩甚无可观,自四月下旬起作《魏石经考》,直至今日始将全稿及碑图写定。馀惟作《汉魏博士考》,上卷已写出初稿,下卷尚未写出,不知月杪能竣事否?《学术丛编》第三期尚未装成,不知何时可寄。

　　昨日于书肆遇况夔笙,谓河南新出汉王根碑(云即王莽之族,五侯中之王根),乃顾鼎梅所访得,渠在艺风处见拓本。不知公有所闻否。

　　在沪半载馀,惟过乙老谈,孤陋可想。今日得读陈氏《印举》,又为见世人所未见矣。再请

　　道安,不一

　　　　　　　　　　　　　　　国维又申　十七日旁晚

140

致罗振玉

（1916年9月16、17日）

雪堂先生执事：

前日寄一书，想达左右。蟫隐二箱之书于昨日取到，乃系竹箱，不能行远，因改装木箱一大箱，装成乃嫌书不足（前景叔交来之虢叔大林钟拓本并《永丰乡人稿》二卷及散片原底，亦装入箱内），即取前假之《浙江通志》装入，则又不能容，拟将所馀二十四册另由邮局小包寄上。《浙志》前归国时大受水渍，书已大损，略可备查而已。《印举》分四大套，以木板夹之，每函次序未曾动乱，其中多误装，然次序大略如此。今日装箱成，尚须做木盖，再送至尧香处，大约须星期一二乃可报关，到东须在八月杪矣。俟领得提单即寄东，又恐须托博文主人至神户往取也。

乙老言黄再同[1]家之王文成[2]小像，公有意购否？渠意欲得之，而以代定价目之人不能任意还价，当再问其若干可售，再行奉闻。

近日天骤凉又雨，前晚可御薄棉。乙老小病，然尚能对客长谈，亦不服药，惟

八月炎蒸三伏雨，今年颠倒作寒温。人喧绝港潮平峤，灯暗此坊月到门。迥野蟪蛄多切响，高楼腐草有游魂。眼前凡事存

亡意，待兴蒙庄子细论。

秋夜即事奉酬

乙盦先生见贻之作，敬乞削正

国维再拜

王国维答沈曾植诗

避风耳。专此　敬请

　　道安

国维再拜　十九日

　　八月炎蒸三伏雨,今年颠倒作寒温。人喧小港潮平岸,灯暗幽坊月到门。迥野蟪蛄多切响,高楼腐草有游魂。眼前凡楚存亡意,待与蒙庄子细论。

　　右酬乙老见答之作

　　再启者:昨晚接到手书,并日币汇票四百元,当即付冰泉,并告以购聚珍版丛书[3]事。公处收付账目,于上函中开一清单寄上,想已詧入矣。《印举》等书已装成,而昨日觅木匠做箱盖未到,今日当来,做成即付尧香矣。

　　景叔之唐子畏小卷,渠已付装,前日维见而赞之,颇有居奇之意。然此卷有印而无款与题,未必有人要,俟将来再商之。乙老处见一旧画八骏图,略似赵仲穆而无款,售者索卅元,渠还以十二元,大约以十五元购之。渠所购物大抵如斯,取具面目而已,亦经济使然也。专此　敬请

　　道安

国维再拜　廿日清晨[4]

　　《印举》一单附呈,乃原主所点存之印数,可备考也。维随取数本校之,不误。

注　释:

　　[1]黄再同:黄国瑾,字再同。黄彭年之子。

　　[2]王文成小像:即王守仁像,明人绘,明人题,乃精品。据罗振玉之孙罗继祖言,今藏上海博物馆。

　　[3]聚珍版丛书:即《武英殿聚珍版书》,清乾隆中武英殿木活字排印本。这里指光绪二十五年(1899)广雅书局刊本。

　　[4]接是书后,罗于是月24日回复云:"……'蟪蛄、腐草'句,读之且哭且叹。《印举》装箱即寄,目录照收,此事累公至今,且悚且谢。王文成小像,弟欲得之,祈代图,若有全单见示,尤感。……公在沪,每月须用若干元,祈示知。唐卷仍可购也。……"

142

致罗振玉

（1916 年 9 月 18、20、21 日）

雪堂先生有道：

昨晨寄一函，想达左右。书箱于昨日钉好，今日送尧香处，不知提单何时可以取得？纯伯处昨往返璧，即索其目录，渠云写目录者久病，今将到沪，然亦恐无写寄之日。惟前此所云吴渔山青绿画索八百元者，昨云五百元可售，维便索之携归，渠云二三日内送来，不知能践言否？程冰泉处昨晚过之付款，其兄弟皆不在，今晨由其弟来取去，其购聚珍版丛书事，已开一单详告之矣。收条附上，请詧入。

《印举》究有失印剔去之叶，昨过柳蓉村店闲谈，告以此书仍非足本。其徒乃言此书系渠所装，其散片一包在箱底者大受破损，二部皆然，其无印剔去者约二本许（吴氏共有二部。又云清老之孙[1]颇好金石，清老之金文拓本全分尚在云云）。后柳蓉村归，则言无剔去之叶矣。

昨无意中在柳店架上见张月霄[2]所撰《两汉五经博士考》三卷（张氏刊本），连序仅五十四页，分订二本，以二元得之（分文不让）。顺道赴张孟劬[3]古渝轩之约，遇孙益庵德谦[4]。益庵苏人，历举月霄著述，云不知月霄有是书也。惟前有孙子潇[5]、李申耆[6]二序。李序见《养一文集》，孙序想《天真阁集》亦必有之。惟张书实罕见（后知《花雨楼丛书》中实复刊之），其书采取颇博而乏鉴裁及条理（第三卷题名中乃有六七十人实非博士，而据姓氏书及之者，其书可知矣），藏书家之所得宜止于此。然维作《汉魏博士考》却不可不见是书也。《月霄年谱》中想必及此事也。

是晚座中有景叔，言及哈园账房往彼处，言经费太大，有裁人之意。景叔告以渠无成约，可裁，馀皆有一年之约云云。现拟与景私定报稿收束之法，询问所谓一年者,究以就聘之月起,抑以出报之月起? 如以就聘之月起算,则年内只有五期(出至第八期止),则现在已钞之书已足用,恐公之《世说校勘记》(此书第一卷尚未钞成,现抄手只一人,代处钞件颇多也)亦不能登矣。如此则所刊成之书,唯《五宗图说》、《蒙雅》、《大元马政记》、《隋志》、《砖文考略》、《秘书监志》六种,及新著(《周易校勘记》、《顾命礼征》、《流沙坠简考释补正》、《史篇疏证》、《乐诗考略》、《裸礼榷》、《毛公鼎考释》、《魏石经考》二卷、《释史》、《汉魏博士考》二卷)十种而已。然此十六种者究能刊成与否,尚无把握。彼蚩蚩者兴尽则止,不能穷其究竟矣。维明年私计,拟逐渐图之。十月中拟回里扫墓,探修志事如何。既居上海,一时亦难移动,志事若成,亦须在沪为之耳。专此 敬请

道安,不一

国维再拜 廿一日午后

景叔言六十老翁谖彼于某君,谓经哈之款为公印书,此事亦在所必有也。渠之报亦云须一结束,不知四期欤六期欤? 须再问之。

廿一日

昨晨晤景叔,景言渠报拟出六期,而《学术丛编》亦拟出十二期,但均于年内毕事。维告以我辈于年内出十二期不难,但哈园果能出此印费与印局能赶印否,二事均须商定。景以为然,大约八期与十二期均须俟哈园能印与否为断,月内须定此事,否则编次用稿无从着手也。尧香提单顷尚未到(书已于廿一日交),并闻。

廿三日[7]

此书本拟俟提单到同寄,因提单未到,故先寄。单到即寄不误。

廿四日午后

注 释:

　　[1]清老之孙:即吴湖帆(1894—1968),原名翼燕,后改为倩,号湖帆,以号行,室名丑簃、梅景书屋等。书画鉴赏家,著有《吴湖帆画集》、《佞宋词痕》等。

　　[2]张月霄:即张金吾(1787—1829),字慎旃,小字五十,别字月霄,清江苏常熟人。诸生,富藏书,毕生从事版本目录学,著有《西汉五经博士考》、《爱日精庐藏书志》、《金文最》

等。

[3]张孟劬：即张尔田(1874—1945)，原名采田，字孟劬，号遯盦、许村樵人。浙江钱塘(今杭州)人。历北大、北师大、光华大学、燕京大学教授，应沈曾植之邀，参加编修《浙江通志》。

[4]孙益庵：即孙德谦，字益庵，元和人。与王国维、张尔田并称"海上三君"。

[5]孙子潇：即孙原湘(1760—1829)，字子潇，号心青，江苏昭文人。嘉庆十年(1805)进士，改翰林院庶吉士。工骈散文，兼擅书画，诗尤浏离丽逸，与舒位、王昙并称"三君"。著有《天真阁集》。

[6]李申耆：即李兆洛(1769—1841)，字申耆，江苏阳湖人。嘉庆十年(1805)进士。历翰林院庶吉士，授安徽凤台县知县，旋丁父忧归，遂不出。工诗古文，精考证，尤好舆地之学，所著《一斋文集》、《骈体文钞》、《皇朝文典》等。

[7]接此信后罗于10月1日致王信云："景叔昨有信来，言哈处以杭地事，大受累，故不发款。又言彼与公皆订一年之约，拟将《艺术丛刊》六期在下月印了，即拟辞去云云。今得来书，景叔之言，又与告弟者不同，其为解散则一也。此事解散亦大佳。公之生活费，请不必虑及，弟昨函询公在沪用费者，即为此也。以后用度，以今年为比例，则千八百元足也，此款在书画盈馀内，足可得之。海宁修志事，请不必运动。公在沪，以长年之日力，研究所愿修之学术，弟之所甚望也。弟以家事劳心(弟之诸弟皆不肖，而子敬实为之魁，可叹可叹)，势不得不于我身清厘之，但清厘须六七千元，遂因循至今。今努力筹备，明春先了此事，以后居东，岁筹二千馀元，足了用费，此后转从容有馀裕矣。公之生计，弟定可代谋，绝无匮乏之虞。公但以著书之暇，于蟫隐左近程冰泉、蔡少卿两处，随意物色若此次两处之画，岁得数帧，足办一岁之费矣。将公所用，加入弟用，岁不过四千馀元耳。此间售物虽难，此却尚易，放心为荷。"

致 罗 振 玉

（1916 年 9 月 25、26 日）

雪堂先生有道：

昨接廿一日手书，敬悉一切。前公致赵声伯一书，即送方君处，复函中提及，而公处未接此书，殆此函浮沈耳。公所交陈诒重[1]《三国遗事》一书，因此人过沪即匆匆返湘，无从投寄，此书尚在敝处也。书箱交尧香寄东，已近一星期而提单尚未送来，连日雨不能出，刻遣人往问讯，而渠又他出，不知何时能取得并何船运东也。

景叔有一旧绢本花卉立幅，已朽损，乙老曾还价十六元，因门上回扣太大不售，又属维为成之。此事却无从与乙老说，只得自己收之。其画尚系正嘉以前旧作，唯已失魂，即魄亦不全，乃知乙老所收盖此物耳。

《学术丛刊》三期尚未装订，如此印书今年出八期亦不易，无论十二期！而景叔于此事亦不能还一确信。大约此事恐至年底无疾而终，即八期能出齐与否亦未可知。彼等本对此事无兴味也。

明日写《汉魏博士考》上卷可毕，得二十六七叶，下卷下月上旬亦可写了。乙老近又作词，亦无聊之极思也。梧生、梓山均从沧逝，梧生之耗已于报中见之，梓老于维仅一面之识，往见渠所致公书无不询及维者，是可感也。公所论二君极是。

张孟劬所作《史微》，乙老颇称之，渠以二部见赠，以其一寄公。中多无根之谈，乙老云云，所谓"逃空山者，闻足音而喜"也，却与内藤博士之倾倒者不同。闻孙益庵德谦亦此一派，二人至密也。

乙老谓伯羲[2]祭酒初拓石鼓时，当时亦知其佳，然不知胜处乃如是，始由公书知之。渠亦谓意园大胜王文敏[3]。与言吴清老，则言甲午之役，诸将无

敢任事者,清老之败即其不可及处。此语实言人所不能言,可大为死者张目也(乙老谓吴学问稍有呆气,亦信)。专肃 敬请

道安,不一

国维再拜 廿八日灯下

纯伯所许之画至今未来,此人实不可恃。前吴画索八百元,乃将三百元之价加入,此次言五百元,殆又后悔耶? 不悟今年渠受公益已多多矣。又及。

再启者:提单于今日午后取到,其箱由山城丸运神户,此船检今日报未见,不知已开与否,想尚未进口也。尧香亦往催数次始得。运费却甚廉,连水脚报关一切在内仅三元又银二钱五分耳。提单附寄奉,请詧收为荷。

今日接手书,又悉一切。黄氏画目当托乙老索之,恐不易得。专此 再请

道安,不一

国维再拜 廿九日灯下

今日于坊间购得王谟[4]《汉魏遗书钞·经翼》一门,共百馀种,多于《汇刻书目》所载者计数十种,此殆朱氏所见偶为不足本,非此本独足也,以四元得之,尚不算贵耳。公所有者想亦足。照目共一百八种,但中三四种有录无书。

注 释:

[1]陈诒重:即陈毅(1871—1929),字诒重,晚号邮庐,湖南湘乡人。光绪三十年(1904)进士,官至邮传部左参议,辛亥后常向逊帝进言,与"小朝廷"保持联系。富藏书,积书三十馀万卷,著有《邮庐诗文集》、《墨子正义》等。

[2]伯羲:即盛昱(1850—1900),满洲镶白旗爱新觉罗氏,字伯羲,号意园。光绪三年(1877)进士,官至国子监祭酒,辑有《八旗文经》,著有《意园文略》、《郁华阁遗集》、《柲馆金石文字》等。

[3]王文敏:即王懿荣(1845—1900),字正儒,谥文敏,山东福山人。累官国子监祭酒、京师团练大臣。系收藏殷墟甲骨第一人,著有《王文敏公遗集》、《汉石存目》等。

[4]王谟(1790年前后在世):字仁圃,一字汝麋,江西金溪人。著有《汝麋诗钞》、《文钞》、《江右考古录》及《汉魏遗书钞》500馀种,刊行经部108种等。

致罗振玉

(1916 年 9 月 30 日)^[1]

雪堂先生有道：

初一日由邮局双挂号寄上书箱提单一纸，想达左右。不知山城丸究于何时抵神户，其箱已提到否，甚念。

维自初一起伤风咳嗽，三日未出，今日稍愈。午后无聊，往访乙老，亦病，未得见。此老伤风受寒已十馀日，前月尚见客，近恐稍困，然询其仆人，殊不得真相也。

《学术丛编》三期已订成样本。而今晨景叔来言，某君见此期，谓中无字学(此次维所撰者乃《乐诗考略》，并无仓颉)，景叔告以原定章程本不须每期有字学，且自三期至六期目录均已奉告，当时并未有言，此刻却未便添入，更稽时日。渠坚请其与维商，并云渠今年用钱不少，受人议论亦多，而所欲为之事终未做到(所欲为之事，即其欲人代鼓吹其所谓仓教也)，务请必添入云云。景以相告，乃钞公《流沙坠简》中之《仓颉篇残简考释》，得三纸，并加一跋与之。

至学报出至何期问题，某君仍谓减印千部为五百部，年内出至十二期。但此事照伊等办事，决不能于年内出齐，即年内八期亦决不能尽出。第四期稿已付印，谅可出版。五期以降，即不能知。景叔言某君业已失宠于主人，又有亏空，恐亦不能站住。一切情形，想公得此书与前函当已了然。宜如何对付，并付稿之法(维意拟如渠不能印，即不付稿)，请示为感。

尤可笑者，某君谓人谓彼处印此杂志，乃为维扬名。景告以人家得名久矣，不待此杂志，且此事本两相借重云云。盖其中谗人极多，此种谰言，可与替公印书之诬，同发一笑。景叔又言，渠拟于下月返杭，让其席于六十老翁

（此事恐未必）。若渠果行，则维亦恐不能待至满一年之约矣（因景去后，薪水等项亦无从催，现在每月薪水恒至下月初五六日以后发也）。一切再行奉闻。

前所云《通典》所引郑君《尚书顾命注》与《正义》所引者若出二人，后由《通典》所引注文观之，其经文实为王三宿三㗀（与古文作三觓三咤者不同），而《通典》引《白虎通·爵篇》正作《尚书》曰王再拜祭㗀，乃授宗人同，知作㗀者正是《今文尚书》，则《通典》所引乃郑说《今文尚书》者。郑君于注《古文尚书》外，亦说《今文尚书》。此载籍所未记，又不其说本是何书（今本《白虎通》已改），殆犹郑本传《毛诗》而注礼亦同三家诗也。前、昨二日为跋一篇，得四纸。《博士考》上月底写成上卷，此月当接写下卷也。

政界又有纷争，"螗蜩切响，腐草游魂"二语，可以尽之，但冥灵大椿，恐世终无此物耳。专肃　敬请

道安，不一

国维再拜　初四日夕

注　释：

[1] 得此书后，罗于 10 月 7 日复信云："晨起得手书，知沪处事种种可恶，乃决意作书致邹，与之决绝。因此辈小人，愈周旋愈麻木，不如径与直道处之，彼或转可就我范围。弟意若景叔出任调人，则请与景叔约，如早间所开四项。月薪、交稿等事，若景叔担任，不与哈园交涉，则可做人情与景叔，敷衍此三四个月；若景叔亦知难而退，则早决绝一日好一日，否则不入耳之言必多。我辈胸中，不能容此龌龊，又不足与较，则舍决绝，无第二策，既决绝者，则愈早愈妙也。弟所见如此，想公定不以为非也。

此事解决后，则为公生计问题，此事弟早言之，祈公勿存疑贰。弟平日敬公如敬先儒，即略任友朋之劳，而助成公千秋之业，亦未为不可。况弟并不须握算之劳乎。弟之私意，中邦之离析流离，不知伊于胡底，莽莽神州，绝无我辈闭门之地，公仍以来此卜邻为最上策。弟往日尚有沪上卜居之念，今已打断此念矣！弟既不能返国，公又何能居彼？公如来此，用度有五千番，当可从容。弟定为公经营，岁得二千元，至资本，则公之商务股已足用矣（如何经营，请不过问）。伯深兄弟等读书亦便，幸勿徘徊审顾。切恳切恳。公对沪上诸人言，则言此间银行，尚略有存款也。不仅弟盼望，即小儿辈亦盼望，内人亦甚盼嫂夫人也。学问之事，待商甚多，望早惠好音为盼。"

致 罗 振 玉

（1916 年 10 月 3 日）

雪堂先生有道：

两接手书，敬悉一切。书箱提单系初一日寄出，顷想已到，恐提出尚须时日。古书流通处曾往三次，均未见其执事，所要之书虽开单交其伙，而殊无效。其书未必悉已售出，盖不知先生与维为何等人也。

顾鼎梅款及信今晚出即交去，收条呈上。公书中有顾鼎梅信及汇款五十元语，然有信无款，思公有款在此，本不用寄，殆笔误耳。

过程冰泉，渠云下旬须赴粤一行，嘱告公。出示诸画，有巨然二幅，大而短，乃元明间人所为（并非高手）。唯竹一大幅大佳，其竹乃渲染而成，有竹处无墨，而以淡墨为地，此法极奇。当中竹三四竿，气象雄伟，一竿竹旁倒书"此竹直黄金百两"篆书二行，冰泉谓人言宋人画录中记此事。此极荒唐，惟此画尚是宋人笔墨。冰泉谓售主索五百元，将寄公阅，而幅大不能邮寄，纬君有赴东之说（信否？），欲托其携上云云。聚珍版丛书事复详托之。

巨然《万壑松风图》

乙老有十馀日未晤，渠病不能见客，问其仆病状，亦不能言之了了，日内当再往候之。

黄氏书画目恐不易得，渠虽欲使王文成画像得其主人，然恐索目等事亦非易事也。景叔之六如小卷已借来，乃联二纸为之者，画心颇净，而二纸接处稍黑，恐系随时点染，画稿久未裱装，或裱后已脱为二，故结果如此。此画出钱叔美[1]家，然恐叔美笔墨不能到此也。如七十元可售，即拟让之。又昨见宋仲温[2]草书小幅（亦景叔手），景云索五十元，大约二三十元可得，亦似非伪迹也。有太史公吴姓者，得莫高窟所出唐人画佛像极佳（非树下美人之比），景叔已印入《丛编》，其画在方遹庵（漫画斋）处，拟往看之。景云有日人已还万五千元，恐未可信也。景之旧花卉画款十六元，画付公《南宗衣钵》价，已收入公账，公有书时乞告之。

前后二函，承询沪上用费，并代筹明年之计，此非言语所能谢。今年用费，虽不必定及所入之数，然以有此馆之故，故恐亦适如其数。盖食住零用等项目虽不过百元左右，而不虞之费与衣服器用亦颇不赀，故上半年仅馀百元，至付下半年学费而尽。又以外甥赴美留学，助费六十元，故下半年如有所馀，亦只得明春学费。全年购书亦无多，只四五十元而已。明年若无馆，自可稍省，学费如不增加，大约千五百元已足。售画之事不独售事须由公力，即购时亦须公决定，此与公分惠何异。公既以此自任，而复假维以可处之名，则所以酬公者，亦惟有推公上为学术、下为私交之心，以此自勉而已。然处此间久，除乙老外无可共语者，精神既不活泼，进步亦难如昔，如何如何！

刘秩庭自北方来，云及将来政局当有变动。此事势所必然，大约武人与党人互为消长，然于真正之澄清无与也。闻王根碑出陕西，此故当尔，然则与顾鼎梅无与也。阅报知康长素在彭城勾留颇久，党人言梁启超亦已加入，则恐不然。然果有此，亦势所或有也。专肃　敬请

道安，不一

国维再拜　初七日夕

沪上近日已凉，上月二十左右又热至八十馀度，至月底乃凉。府上诸位伤风大略已愈。维月初伤风三日，不甚适，后以未当避风，故尚有馀波未净耳。

注　释：

[1]钱叔美：即钱杜（约 1763—1845），原名榆，字叔枚，更名杜，字叔美、东生，号松壶。工诗，深通画法，于人物、花卉、山水无一不精。

[2]宋仲温：即宋克（1327—1387），字仲温，号东吴生、南宫生，长洲（今江苏苏州）南宫里人。少时跌宕不羁，后杜门谢客，专心书画，遂以与书画名。其书草、隶，深得钟、王之法，章草笔墨精妙，韵味隽秀。工诗，与高启等十友，时称"十才子"。

致罗振玉

（1916 年 10 月 7 日）

雪堂先生有道：

连奉二书，敬悉一切。尊体伤风想已全愈，阖府亦想均愈。维亦愈，然几一旬矣。照片并木假山拓本、《西游诗话》照片均收到，二种已转达乙老处。渠伤风亦已愈，拓本其拟题一诗，但云此宣纸不易写成，或另纸书之（拓本留乙老处，谓决不遗失；然其诗稿竟觅不得，故至今未来）。《诗话》旧跋当即写呈。

黄氏书画目亦已询乙老，云可以转写（但恐不易办到）。其中各物，以巨然《江山秋霁》大卷（以全幅绢为之，高二尺许，长四五丈。有二字名款，似钟太傅。其前后书法不一，前似郭河阳，后则巨然本色。乙老云此卷若题许道宁则较妥云云。不知究如何）、圈令赵君碑、王文成像、华秋岳画兰卷（乙老谓此为绝品）四物为压卷。现巨然卷康长素还千元，王像还三百元（原定五百元），刘惠之亦指名索此四物。乙老云现有人拟集股总购之，又有展览之说（亦黄氏自为之），究未知何如也。

《浙江通志》廿四本、《史微》四本，今日由邮寄出（本作四包，后因局不肯，故改作四小包），不知前寄之箱已提到否？邓秋枚处之画尚未交来，交来即送纬处。昨有人持一王叔明卷来（清江典商王氏物），破烂已极，又裱装亦不得法，然尚是物物细笔，乱麻皴，后一段山石甚佳，则树木无生气，不知何故也？六如居士小卷已从景叔借来，系以二纸合成，乃闲中随意画者。以示乙老，乙老亦云娟秀至极，而点染之工未至，盖粉本也（乙老并疑唐居士非六如，或元人唐孙华辈所为，则却不然，此帧石法与笔意实出子畏无疑）。景近数日未晤，不能知其何价。

时事又似入梦中，有谓须东海[1]出而以调停了事。大约现两方皆无气力,其结果恐如是耳。节老代徐忠勤入毓庆宫行走讲《左传》,又简一人则朱益藩^[2]也。潜庵有来南方之说,实斋^[3]似仍在奔走中,然想必无效。此际惟因利害之关系,或有无心偶合之事耳。专此 敬请

道安

永观再拜 十一日^[4]

注 释:

[1]东海:即徐世昌(1855—1939),字卜五,号菊人、东海等,天津人。清季官至内阁协理大臣。助袁世凯窃取总统位,1914年任国务卿,1918年由安福国会选为总统,1922年被直系军阀赶下台。工山水,书宗苏轼。

[2]朱益藩(1861—1937):字艾卿,号定园,江西莲花人。清光绪年间进士,任翰林院侍读学士、钦命南书房行走兼经筵进讲大臣多年,供光绪皇帝和慈禧太后咨询时政,谈诗论史。1916年奉召入宫任溥仪的师傅,嗣后一直追随溥仪,但拒赴伪满。

[3]实斋:清章学诚,字实斋。此借指章楏(章一山)。

[4]得此书后,罗为王在哈同去留事,再次于10月10日致函云:"奉到初七日手示,知伤风尚有馀波未净,祈加意静养为荷。

景叔书来,言哈园长年费有规定之说,果然者,必大吐其气焰,则前弟[致]景叔函,未始无裨。弟意则但可敷衍此数月者(即以后与邹交涉,不与哈园直接),即敷衍了此残局;不可敷衍者,即一刀两断,绝此葛藤。尊意何如?

公生计一节,承允弟前书所言,忻慰万分。弟所以不惮为此者,以先生之品之学,世竟[无]一人可以安贤者,故弟不自揣,欲略尽绵薄;况此亦友朋分内事耶!尤有请者,来书言沪上无可共语,精神亦不能服,此言诚然。弟一年以来,亦同此苦。所谓悠悠忽忽土木形骸者,此亦安可长久如是哉!故深盼公能来此,为白头之邻,二千之岁费,甚易致也。不知尊意如何?如暂不能来者,亦可徐俟春和。迁徙之苦,弟亦甚畏之,然若再来者,则去留与弟共之,恐非三五年所能返驾也。"

153

154

致罗振玉

（1916 年 10 月 11 日）

叔言先生有道：

顷接初九、十、十一四书，敬悉一切。君楚舟中一书在圣护院发者亦同时俱到，想已于十一日到京都矣。

公十一日函所述，既如此复，乙老想无不售之理。所可恼者，又徐徐商榷至无可如何而始售。但此次如有他言，则可径绝之。前次若非乙老极力为之说，则维已可先拒之矣（维明日径当告以此系最后一著矣）。前公函中有此票书画仅可出本之语，故未示乙老，然公书中三条件已再三言之，中间复屡提

石涛画山水图

日币之说，而乙老方为筹汇划留日学生费之计，而不以中日币之差告瞿，后瞿告以汇划之事做不到，乃始嗒然。其实此事三尺童子知其不能行，而乙老颇以此为可以调停，其热心可敬，其迂疏大可笑也。

方君处君楚本许以电复而未有电，想系因有商榷，文字太长，电不能明之故。渠今晨来，云吴某催之至急，嘱维拟一电抵公，想明日可以得复。渠谓前开实价，若去多恐渠不售。维问如画好则千元想必售，方亦云云。惟不知此二画有此价值否？

昨日赴哈园，书画展览会所陈列者，廉泉之物为多。有一山水立幅，宫子行题为荆浩，傅以赭绛，气势浑沦，略似北苑。山皴皆大披麻，悬泉两道与松树云气，画法全同北苑，唯下幅近处山石间用方折，有似荆法。此画当出董巨以后，然不失为名迹也。又一道衍[1]山水卷，全用北宗法，此画想公已见之。其古玉中有⬡⬡二件，一合三而成规，一合四成规（皆完具），每块旁皆有二小孔，可以贯而为一。维谓此即环也（向来只见一块，人以为璜，不知其可合而成环）。《左传》言宣子有环，其一在郑商者，可证其不成规者则为玦，玦之形⬡同也。又一圭有花纹，一璋黑玉亦佳。铜器有簠鼎，皆吴物（又见一榃伯敦拓本，字有五六十，其器新到上海，此敦前未见也）。馀无甚可纪者。再后乃有袁克文到，携来书画数件，皆盗窃干没之物。一内府藏范子珉[2]《牧牛图》，有纯庙御题，观其笔意殆元人也。有宋板三书，一《公羊传》初印本，上有黄子寿跋，乃知黄之被骗即遭此人也。一宋小字《九经》精甚（与普通所见非一板），笔画极粗挺。一小字《华严经》。共三种。宝玉大弓，必有归日，不知在何时耳。尤可恶者，书前有"上第二子"、"臣克文"二印，又有屁跋，下书□□元年，汗辱名物乃至此。西报载其与于迎蔡锷[3]之丧，其无状尤可知矣。专此　敬请

道安，不具

国维再拜　十六夕

昨又见一旧摹马和之[4]《豳风图》，中有一幅稍佳，其馀不足观。经文乃元宋无书（盖即作《翠寒集》者）临高宗，极佳而字差小。黄氏书画中之石涛[5]《道德经》，亦见之会所。又及。

注　释：

[1]道衍：即明姚广孝(1335—1419)，僧名道衍，字斯道，长洲人。年十四度为僧。助燕王造反，功为第一，拜太子太师，复其姓，赐名广孝。工诗善画。其诗清新婉约，颇存古风。

[2]范子珉：宋道士，处州人。善画牛。

[3]蔡锷(1882—1916)：原名艮寅，字松坡，改名锷，湖南邵阳人。武昌起义爆发后，在滇举兵响应，被推为都督。"二次革命"时，暗中派兵讨袁，事败，被袁调至北京，暗中监视。后设计逃离京城，辗转至滇，组成护国军，再度讨袁，迫使其取消帝制。

[4]马和之：南宋钱塘(今杭州)人。高宗绍兴间登第，官至工部侍郎。善画山水、界画、佛像，尤擅人物，自成一家，当时有"小吴生"之称。

[5]石涛：原名朱若极(约1640—1718)，释号原济(后人传为道济)，又号石涛，清广西全州人。为明靖江王朱守谦子，明亡出家为僧，与弘仁、髡残、八大山人并称"清初四画僧"。擅画花果兰竹，亦工人物，亦擅山水。书法工隶，并擅诗文。

致罗振玉

（1916 年 10 月 14 日）

雪堂先生有道：

昨接手书，敬悉一切。致景叔之函想亦到矣。

连日哈园正在开广仓学会之际，此议初发时某君属作一启，乃随意写空话数百字与之，而六十馀老人乃更作一启发布。此事在维以为脱此关系，深以为幸。景叔不知因何故，与之大启冲突，力诋为荒谬（诚然荒谬绝伦），而缪艺风亦大反对。某复印维所撰启以示缪，缪乃赞成。及后印出会章公启，仍用此老人所撰，而擅将维名列发起人中，与李平书[1]、哈少甫诸人同列。十五日开会，并陈列古物开展览会，是日维一往观，而某复以招待员徽章佩诸维胸，维即藏之不用。十六、十七、十八继续开会，即拟绝迹不往，而十七晚亦接公书矣。昨晚景叔又来约，适外出未晤，归乃作函，告以该园强予徽章等无礼之事。其时公书亦当接到，开会毕后渠当来有言也。现在第四期之稿已印成大半，大约此期当为校毕。如来转圜，即以公函中四条与之交涉；如不来交涉，而索五期以后之稿，则应付与否，请示为感。

又十五日往观展览会时遇到刘惠之，闲谈黄再同家书画，渠谓巨然画不甚真，其款乃云某某寺僧巨然；又云王文成像初索五百元，后康长素还三百元，乃增索百元为六百元。又询以他物，则谓大约如黄陶庵字之类，并无甚绝异之品也。

是日会中所陈有刘健之[2]之齐侯壶、惠之之大敦盖、徐积馀之金涂塔、景叔之虢季子壶、陆叔同之二爵（甚精），又陆所藏董文敏仿杨昇《蒲雪峒关图》，全用红色，甚奇，殆与《雪山朝霁》相同，此足奉告者耳。

乙老处十七日一往，渠伤风已变疟，然谈仍极健，自谓不患疟，疟即可愈。木假山已作成一赞，而纸不能书，属裱后送往再书，即付佩卿裱之矣。是日座有旭庄^[3]、彊邨^[4]，黄目已索与否，未曾问及也。

公函中言再往东作寓公之说，维所极愿。若全眷浮海，恐不能行。现维拟二种办法，一归海宁，一仍住上海。若归海宁，则以大儿入青年会寄宿舍，年费二百馀元，次儿或送嘉兴，则所费不多。若全家用度，则月五六十元，岁费约千元左右，比之寓沪可省三分之一。维则每年往东一次，与公同行，暂则住一月，久则数月亦可。每年研究均以家所有书为根本，而至东则参考诸书成之，此为最妥办法。若寓沪则所需较多，一年或需两度赴东，而所驻之期均不能过久。好在今年决不能作归计，尚可从容定计也。

《三藏诗话》旧跋一则录呈，请誊入。敬请

道安，不一

国维再拜　十八日

邓秋枚处之邵瓜畴象已送来，今日送纬君处，而纬君适出，因留条并画告之。并闻。

注　释：

[1]李平书：原名李安曾（1854—1927），字平书，更名李钟珏，号瑟斋、且顽，江苏宝山人。光绪十二年（1886）获朝考一等第十名，历任隆丰县知县、中国通商银行总董等职。辛亥革命中曾参与武昌、上海起义，被上海军政府委任为都督府临时民政总长，后又任江南机器制造局局长，曾一度卸职，在沪开设大观书画古董铺。"二次革命"讨袁之际又出任上海保卫团团长、国会众议员、上海公署参事会会长等职。在保存中医方面亦有贡献，著有《且顽老人七十自叙》。

[2]刘健之：即刘体干，是刘秉璋之子。字健之，安徽庐江人，与刘惠之为兄弟。民国后曾出任四川宣慰使。长于碑版之学，以藏孟蜀石经名世，著有《孟蜀石经》。

[3]旭庄：即王仁东（1854—？），字旭庄，又字刚侯，号完巢，福建闽县人。曾任清内阁中书、苏州粮道兼苏州关监督。

[4]彊邨：即朱孝臧（1857—1931），字祖谋，号古微、沤尹、彊村等，浙江归安（今湖州）人。光绪九年（1883）进士，累官礼部右侍郎、广东学政等。义和团兴起后几罹难，辛亥后退隐，寓沪以词名。著有《彊村遗书》，辑有《彊村丛书》一百七十九种及《湖州词征》等。

致罗振玉

（1916 年 10 月 18 日）

雪堂先生执事：

前日接十二、十四两书，敬悉一切。哈园事，景叔于二十日来言已接公书，意欲转圜。维即告以整顿印书及不干涉内容二事。因公所开四条内，其一与景叔交涉，不与哈园直接[关]系，向来如是；而薪水预约一条，一时难出诸口，旋为他语打岔，故未提及。昨日往景家，景云（公信并未出示，果如所料）已将辞意告姬，姬意亦欲以此为转圜。语未竟而姬亦至，有谢罪之语，维亦含糊处之。此事尚未解决，须与景定切实办法。看来如勉守一年之约，薪水有拖欠，而或不至缺少。惟印刷事整顿极难。景叔尚拟于年内出齐十二期，实则万无此事，能出八期已须分与二家印刷矣。

周之冕《梅竹双雀图》

景之唐子畏小卷（托云他人所购），前日与七十元，渠欲八十元，已诺之，数日内可以寄奉。乙老甚赏此，以为在子畏画中亦为逸品。问价则答以七十元，因渠惯以贱价购画，不敢实告之也。乙老疟疾已止，而尚不甚适，现尚避风也。

黄氏书画目，今日乙老为检出四纸（不全），其矮纸价系乙老所定，近又不知增加多少，如圉令赵君碑单上五百元，近增千元是也。观其目中无甚惊人之品。乙老云昨接公书欲得王文成小像，问公于此画能出价若干。维答以比康长素所还之三百元当可增加，至增加若干则不能知。乙谓沪上有人还价者，惟巨然、赵碑、王文成像及石涛书《道德经》与华秋岳兰花五者而已（巨然康还千元，王文成三百元。刘惠之亦专索此五件，而不闻其还价也，则销路沈顿可想）。目四纸寄上，请詧入。

唐卷请为评定（真赝精否，并其等第），此为维之处女买画。宋仲温小幅因系寻常草书，并非章草，又不能确定其真（明人多能为之），故不购之（索三十元不让，并须裱，此幅不足售百元耳）。程冰泉之竹已属送纬君处（冰泉自己未晓，系告其伙计者），《印举》之箱现想已提到，请示为荷。专此 敬请
道安，不一

国维再拜　廿二日

再，画款顷不需用，因此间即遇佳品亦不敢遽购，有佳者仍拟寄东请公鉴定再购也。唐卷维视为笔墨至高，有衡山之典雅而名贵过之，不知此说何如？景叔又藏一石田[1]直幅，极真而极不佳。又今日见其陆包山[2]、周之冕[3]花卉二大幅，尚佳。此系渠所储以给洋庄之品，不可问价也。又申。

注　释：

[1]石田：即沈周（1427—1509），字启南，号石田，长洲湘城（今江苏苏州湘城）人。学识渊博，终身不仕。出身书画世家，其山水少承家法，兼师杜琼、陈宽等名家。其水墨山水画为传世绝品，惜流传颇少。一时名士如唐寅、文征明之流咸出其门。

[2]陆包山：即陆治（1496—1576），字叔平，号包山、包山子、阳城居士等。明长洲（今江苏苏州）人。为祝允明、文征明弟子。擅画花鸟，工笔写意均具生趣。其山水仿宋人而能出己意，自成一家。

[3]周之冕：字服卿，号少谷，明长洲（今江苏苏州）人。书法工古隶，擅写意花鸟、草虫。他自创"钩花点叶"法，融合了黄荃画体，独具神韵。为吴门画派重要画家。

致罗振玉

（1916 年 10 月 22 日）

雪堂先生有道：

前日接手书二通，而所寄一书适已发出。哈园已允今年出十二期，而中国图书公司只能印六期，而馀六期拟交商务印，恐不能如期也。总计十二期之稿，除自撰及古书外，尚缺百十叶，此中尚有《说文古文考》二卷须自撰，此二卷总须占五六十页，则所差仅数十叶，故已写成之《振绮书目》已不能印（共二百馀页），得《小学丛残》凑数却好，请寄为感。现哈园允不干涉内容，而印刷事尚未妥，现以含糊处之。

《世说校记》稿当与唐卷同寄，唯寄画一事，手续甚烦，故暂缓数日，亦可再披阅若干次也。公前谓既以买卖为旨，则于佳画不可顾惜。维初不甚信此语，于方、恽二幅乃以一面了之，今于唐画留案头稍久，便思多阅数次，始知"浮屠不三宿桑下"之语不虚，一笑。

冰泉之竹，询之乃以千元售去（其伙云），不知沪有何人能出此价？殊奇。维意先生于此画只可出四五百元，不能过此数，因其值不过如此。又此等乃藏品，而非贸易之品，又不能与有款之山水同其价值也。冰泉此画已售不寄，而乃以他画数十幅交纬公寄东，不知其中有无佳品耳。

前晚于坊间以小洋八角得明季刊本《孔子家语》[1]，卷末有"岁甲寅（实万历四十二年）吴岜用书、黄周贤[2]金贤刻"小字两行，《天禄琳琅后目》所谓宋本者即此本，板式精雅，似嘉靖景宋本，而刻手较粗。连日借石印影宋本校之，甚肖，胜于景宋本处。其卷三以下与影宋本同，前二卷则注文比景宋本甚少，然景宋本所增之注不似王肃注，乃有用陈灏《集说》者，显系后人加入，当再借翻刊蜀本一校之。又于蟫隐得孙颐谷《家语疏证》，徐积馀物，乃非二元不售(徐价),沪上书价大率如是耳[3]。

古书流通处前日乃得见其经手,云公所开诸书均已售去。此亦不尽确,盖彼处现方与小袁作交易,其《开庆四明续志》本跌至二千元,近似三千六百元售之小袁(加一《春秋经传集解》,不甚精)。凡公所开他人不要之书,彼即可以所开之单示人以得厚价,此彼等惯伎也。

《汉魏博士考》(共三卷,总考一卷,两汉一卷,魏及吴蜀一卷)已写成二卷,尚有魏一卷未钞,本拟此月卒业,因校《家语》三日,恐不能矣。专肃 敬请

道安,不一

国维再拜 廿六日

注 释:

[1]孔子家语:《汉书·艺文志》曾著录"二十七卷,周孔丘门人撰",早佚。今本为三国魏王肃伪撰。肃字子雍,东海(今山东郯城西南)人,官中领军,加散骑常侍。曾遍注群经,不分今、古文,对各家经义加以综合。善贾逵、马融之学,唯不喜郑玄。此书带有辑佚性质,故保存了一些古书。

[2]黄周贤:或署周言、王周言等,明嘉靖间苏州人,著名刻字工人。

[3]罗于《孔子家语》一书,在10月27日致王信中言:"奉示敬悉。知新得明本《家语》,甚佳。弟囊藏日本刻本《家语》,以校宋大字本,颇有胜宋本处。萧敬老所以肯售宋本与刘聚卿者,亦以日本刊实胜于宋椠故也。敬老尝与弟言,渠得一本甚佳,而讳为日本刊,校以敬老所举示处,则与日本刻正同,故知渠所得,亦日本刊也。旧本不皆可贵。弟近从内藤君处借得永乐本刘向《说苑》,以为必胜于通行本,乃以《小汉魏丛书》本对校,始知永乐本夺七八条之多,其异同甚少。此书尚未校毕也。以前曾以两宋本《庄子》校近刻,亦无甚出奇处。又夏间校宋本《方言》,所得亦寥寥。故宋本者,供人玩好者十之七,有益处不过十之二三是矣。不知先生以为何如?"

致罗振玉

（1916 年 10 月 25 日）

范钦像

[上缺]

连日苦雨,闷损之至。近结束报稿,作《元秘书监志》及《随志》二跋。《随志》终于嘉靖十一年,其最后知随州者为范大夫钦[1],疑此书即范侍郎或其宾客所为,以随州长吏为纲,纪一代大事,实为野史中一创例,与《文昌杂录》略近,盖作于其知随州时也。《四库》地理类存目亦有《随志》二卷,则仿此书例,编随州事,乃嘉靖间颜木所为,当在此书后也。

又为朱古微作《彊村诗图序》,借彊邨二字,记近来士大夫居上海一事。

乙老、叶鞠裳[2]亦作之，则皆言校诗事也。

近以十二元购得孔刻《北堂书钞》（连《孔子家语》在内），闻乙老有严铁樵[3]校旧钞本，拟借录并校之。如今年残局事了却，则拟为此事也。乙老有兰雪堂[4]活字本《白氏长庆集》，欲以四百元售诸傅沅叔[5]，托维转告子敬介绍云。再请

道安

维又拜

164

注　释：

[1]范大夫钦：即天一阁创始人范钦（1506—1585），字尧卿，号东明，明代鄞县人。官至兵部右侍郎。性喜藏书，其藏书处初名"东明草堂"，因藏书益富，筑"天一阁"藏之，达七万馀卷，不少为海内孤本，享誉海内。

[2]叶鞠裳：叶昌炽（1849—1917），字鞠裳、菊农、颂庐，号缘督，江苏长洲人。光绪十五年（1889）进士，官至甘肃提学使。精金石、藏书、版本、校雠之学，著有《藏书纪事诗》、《语石》、《缘督庐日记》、《五百经幢馆藏书目录》等。

[3]严铁樵：即严可均（1762—1843），字景文，号非池、铁桥、铁樵等，浙江乌程（今吴兴）人。小学家。自建德教谕归田后，于学无所不究，著述颇丰。

[4]兰雪堂：是明正德年间无锡人华坚及子华锦的室名。坚字允刚，以铜版活字印行过汉董仲舒《春秋繁露》、蔡邕《蔡中郎文集》及唐白居易之《白氏长庆集》60卷。

[5]傅沅叔：即傅增湘。

致罗振玉

（1916 年 10 月 28 日）

雪堂先生有道：

前日接手书并致景叔函，敬悉一切。景函即交去矣。《汉魏博士考》已于上月杪写成，计得三卷（八十六纸），而胡春乔[1]所撰《西京博士考》讫未见，乃于廿八日鼓勇往艺风处假之。是日适渠宴李审言（此君今年卧病在家，至近月乃至沪），坐中有徐积馀，知《常丑奴志》徐以四百元得之，已印一石印本矣。又艺与曹君直言，近日张广建[2]在甘肃复开一石室，得古卷轴佛经八千馀卷，以分遗京师要人，此事不知信否？昨晚乙老为张孟劬钱行（乙老已愈，谈极豪），曹亦在座，乙询此事，均不得其详，乙拟函甘肃问之，恐得确信不知在何日也。艺风有河南新出之魏元倪墓志，精甚，闻其石已为日人购去。询以王根碑，则言外间多谓渠处有之，实则无此事也。

曹君直今年辞铁路事，在刘聚卿处为之校书，并为李审言代馆。渠

罗振玉《丑奴碑帖》题跋

颇研究敦煌事，而公至东后所印之书，未见一种，约至维处观之。渠亦谓《敦煌新录》求之数年无知之者也。日本大藏经会事昨告乙老，乙老出北宋杭州刊《华严经》[3]（缺一卷）见示，行字疏朗健拔，似开成石经及元丰钞本之《天文书》，与他宋刻经迥异，恐世间无二种，并以奉闻。

胡氏《博士考》甚劣，乃不知博士与博士弟子之别，尚不如张月霄书，可见为此种钞书之事，亦非易易也。

前日与乙老言齐诗五际事，以《后汉书·朗顗传》所云之法，推至今日，则自甲寅入戌孟，今年为戌三年，又三十年入亥，更三十年乃入子，以此注于《纪元编》之眉。凡历代遇戌亥子丑，无一佳者，而五际中戌亥二际相接，可知古人说灾异亦有偶合者，不可解也。

黄氏书画，闻刘惠之择定巨然卷、赵君碑、王文成像、石涛书《道德经》四种，谓此四种公所必要，渠当有书致公，而王文成像已为陈筱石制军所得，想巨然卷公不见原本，亦必不要也。黄氏书画非由古玩铺经手，而委之士大夫，故目不易得，然如前所寄之目，则亦平平耳。乙老称之，以有学问上性质故，然以公藏校之，则寒伧甚矣。闻傅沅叔之《方言》已刻成。

维家今年自海宁雇来一仆妇，患疥疮，初不知之，自上月后寓中已传染数人，维亦患之。虽癣疥之疾无妨，然甚讨厌，以普通药肆中所谓"一扫光"者敷之，亦不能除根，殊可厌也。

唐居士卷欲寄未果，因现在虽一小卷寄东，亦须赴海关验明，可恶之至，十日内当发愤一寄也（本拟托纬君交八幡，因此次所寄冰泉画甚多，或恐被关上查明，故亦未果）。宋仲温字系一小条幅，维不能明其真伪，因退还之。景叔处有陆包山、周之冕花卉二幅，皆绢本，似尚真，惟此二幅，渠拟售于洋人，价恐贵也（如一幅五六十元者，想尚可购，请示。又有石田一幅的真而不佳）。

专此　敬请

道安

国维再拜　初二日[4]

注　释：

[1]胡春乔：即胡秉虔。

[2]张广建：时任甘肃督军。

[3]华严经：佛教经典，全称《大方广佛华严经》，或称《大方广佛会经》，亦称《杂华经》，系在《十地经》和性质与之相近的零散佛经基础上形成的佛经总集。

[4]据信中所言诸事,罗在 11 月 5 日回信中曰:"……石室再启之说,闻之神往,然使果有之,则一时星散,不能入学者之目,乃可吊,非可贺耳。元倪志弟亦有之,归东人之说,不足信也。包山两画,似不可购,此等名画,非至精极妙,不易售也。王文成像卷已售,此亦有前缘,得失无足计也。沅叔《方言》可在此用玻璃板印之,弟附印二三册,当以一册奉贻,此刻尚未告成也。胡《博士考》不能分博士及博士弟子,此诚骇人听闻,较《元诗选》选《宝绘录》中伪诗,尤可笑矣。积馀《常丑奴志》石印本已寓目,四百元之价,可谓奇昂矣。"

致罗振玉

（1916 年 11 月 1 日）

雪堂先生有道：

昨晚接廿九日两手书，敬悉一切。访乙老细商一切，单内所开王文成像已归陈簏石，馀均未动。乙老言黄处尚有王元章梅花，渠未得见，闻张石民[1]已留此件。惟张不能多购，故属维开一清单，除去王文成像一件，而加入王元章梅花及罗文恭[2]（洪先）诗册（乙谓极佳）、顾成天[3]画卷（此卷国朝乾嘉名臣题跋极多，装成一巨卷。顾雍正间人，苏州人，以献赋赏翰林）三件。又渠谓商逊斋[4]《山村烟月图》、李寅[5]《栈道图》不佳。曹石仓乃本朝人，非曹能始。现由乙老将单并价通知瞿中堂，与之约期，先属维一看。由乙老揣之前途，知此间有购此数之力，则将来一小部分有所更易，亮无不可。现往看须看其全部，并写全目，再行函告。沪上现无如此主顾，张石民等欲集三千元一公司而不成，又他人亦有还价者，均不大，黄氏售时又必须取决于瞿玖老，此事大约可望有成。且此次之大关键在巨然，此画果真，则他种出入不过二三件耳。

巨师画乙老前言前半似河阳，维已疑董、巨同出右丞，巨公当有此种笔法。而渠今日见公函，犹谓非出巨手。渠见顾崔逸[6]一巨然极精，此不同也。要之总须见画乃可决。维于观明以后画无丝毫把握，唯于董、巨或能知之；且如此大卷，必有惊心动魄之处，以气象墨法二者决之，可无误也。将来如成，付款则先付三千五百元或四千元，馀一部存上海，以备更易书画之质，则可无误矣。

乙老读公函，谓仁者用心不同，公此意想亦必达诸瞿玖老也。乙又谓惠之将来知此事，不致来破坏否？因沪上事易惹人耳目，维往观必疑及公，现在虽秘密，终不能久也。维意惠之尚不至为此事，不过经捐客手有利有害，如索目看画等事反以掮客为之较速也。乙老办事周妥,惟不能迅速,又所与交涉者为大人先生,不知看画在何日也。

今年报稿止差五十馀页,《说文古文考》为之不难,然写之甚费事,且照此页数亦嫌太略。故拟作《未改字尚书古文考》,以了此残局,亦须自书也。专此敬请

道安,不一

国维再拜 初六日夕 [7]

此事若成须汇款时,现日币价低,只有付日币一法。可以三千元作汇票先付之,又以一千五百元或千元(此价应看王元章有无为定)作一汇票,俟公看画后付之,如此为妥。先以奉闻。

注　释:

[1]张石民:即张钧衡,字石铭、石民。

[2]罗文恭:即罗洪先(1504—1564),字达夫,号念庵,吉水人。嘉靖八年(1529)进士第一,授修撰,即请告归。甘淡泊,考图观史,靡不研练。著有《念庵集》《冬游记》,卒谥文庄。

[3]顾成天(约1722年前后在世):字良哉,号小厓,上海(一作娄东)人。官至少詹事。工诗文,著有《金管集》《燕京赋》等。

[4]商逊斋:即商王寿,字台元,号逊斋,元曹南人。商琦从弟,生平不仕,画山水得破墨法,窠石最佳。

[5]李寅:字虎侯,号听松,清浙江杭州人。工诗、书、画,尤擅花卉、虫草。

[6]顾崔逸:即顾麟士(1865—1930),字鹤逸,号西津、晋叔等,江苏元和(今苏州)人。富收藏,甲于吴下,有元、明、清精品画百馀件,身后由家属于1959年献给国家。擅画山水,尤长摹古,著有《过云楼读书画记》。

[7]罗在11月8日回信中言:"奉到六日惠笺,敬悉一切。贵筑画件,文成像已售,乙老为留三件,皆弟所欲得者,甚感。但李东柯(寅)画仍欲一见,石仓非能收,则去之可也。前次目录中,尚有明董嗣成书稧帖、蒋虹桥赤壁卷、王麓台人物卷漏圈,将来此三件亦欲取阅,另行议价可也。

乙老谓见鹤逸处巨画极佳,此甚奇。顾所藏巨师,乃《万壑图》卷,此图真本在东人处,公前在内藤座上所见影片即是也。东本千真万确,顾本弟虽未见,可决非真也(此语不告乙老为宜,告亦无不可,但渠必不信耳)。

弟于此票书画,所重者在巨师。董巨之画,一见可别。第一,其气势浩瀚,有长江大河一泻千里之势。纸幅愈大,气象亦愈壮。若此五丈之卷,果出巨师手,必仍苦不能尽其技。若它人为之,卷未半而才已竭矣。次则观其墨法,巨师渲染,虽用极淡之墨,亦沈着深黝,它人

不能。若廉州、文敏、南田，墨法亦非不佳，然但得其馀润而已。又北宋以前古画，绝不见才气，非若后世之清俊可人，此亦其大别也。

公先一见大佳，弟意此卷公必能定之，不必弟见也。全目乞注价，并将尊见注于目下，尤感（真伪优劣，其本之洁白与否，亦祈注明，尤感）。汇款谨遵来示办理，极妥。惠之想无破坏之理，然总以慎秘为宜也。"

致罗振玉

（1916 年 11 月 6 日）

雪堂先生有道：

前复书谅达左右，赐书亦收到。初八日乙老告之约十一日看画，并附瞿中堂书，并公致惠之书，言其中之巨然数件已由公向惠之问价，乙恐太秘密或生枝节。适初九日乙、玖相见，因实告之，玖亦欣然，惟于价尚欲有所商榷。昨得一全单，而价均照前单大增，约计公所开之件须万三千元左右，以前单所开价计之所差无几，不过一二千元；惟巨然跌二千元，而《婴戏》亦增至二千，《山村烟月图》一千，其馀所开之件无不大增，大有古玩铺之意。而其中宋拓《黄庭经》（乙云墨池堂本，非宋拓）、东坡书《广济法师碑》、唐太宗《屏风帖》三种已售去。已将目录照录一册，今日午后往观，当将结果报告。

昨为看巨师画预备一切，因悟北苑《群峰霁雪卷》多作蟹爪树，乃与河阳同出右丞，巨然出

化度寺帖

欧阳询书

于李百药

山川之

化度寺经前拓遗庹唐榻字
庹庹

嘉庆十三年以党氏书楼原石本校补

北苑而变为柔细，则似河阳因其宜也，惟气魄必有异人处。知公之河阳《秋山行旅卷》气象已极不同，何况巨公。不知午后所观终何若耳。俟看件后，一切乙老当有办法。现在各件，惟平湖葛氏开一单要三十五件，与公所开不冲突，亦系乙老介绍。乙老谓两家有万元之谱，事必可成云云。其画现在张仲昭[1]家，张不在沪，今日往观，系黄再同夫人亲往照料（即瞿中堂之姨），乙老拟令其西席陪往也。

172

前日往访曹君直（住刘聚卿处），即拜李审言。审言赠公渠所撰骈文二卷，在维处。此君胸无经纬，故文亦不能工，名为学汪容甫，实则比常州派末流犹有所不逮。岂有容夫先生之文可以伪为者耶！此书俟有便再寄也（上午写至此）。

午后十二时半往乙老处，则黄太太已在张宅相待，即赴张处（在乙老邻近），不过一时许，直看至天黑乃毕，而册页一部已不能全过目。兹将所看结果报告如左：

一、巨然卷，末题"钟陵寺僧巨然"六字，略似明人学钟太傅书者，似系后加。卷长二丈有馀，不及三丈，前云五丈者传闻之误也。全卷石法、树法全从北苑出，树根用北苑法，石有作短笔麻皴者（因画江景故），虽不辟塞而丘壑特奇（宫室亦用董、巨法，前半仍是巨法，不似河阳，山石阴阳分晓，有宋人意，或当时已有此风，亦未可知），温润处不如唐朝诗意卷，气魄亦逊。窃谓此卷若以画法求之，则笔笔皆是董、巨，惟于真气惊人之处，则比《秋山行旅》、《群峰霁雪》、《云壑飞泉》诸图皆有逊色。用墨有极黑处，当是宋人摹本，未敢遽定为真（然谓之买椟得羊，则无不可）。

一、商逊斋《山村烟月》卷，真假不敢定，然觉不佳（此画有元人数题，内云林题字殊佳。乙老大毁此画，维亦不觉其佳，然石短而广，皴法有异处，不能名其法谁氏，唯布置较散漫耳。昨晚记忆不真，今晨忽记上有云林题，唯亦不能记此图大体矣。次早记）。

一、宋拓《化度寺》，存字不多，该拓似不如范本远甚。

一、《婴戏图》，上半残破颇甚，要是宋元人笔。

一、李寅《栈道图》，不甚佳。郭清狂《捣衣图》，残破（一前单中孙杕双钩竹极佳，加入之王元章梅花有气魄而不俗，似胜廉惠卿者。码价三百元，在此中算廉矣）。

一、右五件似不必购，欲留则《婴戏》尚可，而码价乃与巨然等，且须装裱，须费数十元。

一、公所开单内馀件皆可，且有至精者（其明人物大抵如此）。唯东坡书《唐广济法师碑》、太宗《屏风帖》、宋拓《黄庭》（乙云实墨池堂本）三种已售出。前所开二十七件（去王文成像因已售，而代以王元章梅花甚佳，罗洪先诗册、顾小崖《梅鹤图》大卷）中已去八件。此外全目中之物有特别可选者：一、杜东原[2]山水立幅，学黄鹤山樵，极佳，纸墨亦新；一、归昌世[3]墨竹；一、吴照[4]墨兰；一、唐荆川[5]书立幅；一、石鼓砚拓本（仅四十元）。此数种，皆物善价廉。其馀宋仲温《书谱释文》（黄庭小楷极精）、成邸书《沈亚子乞巧文》、文衡山诗翰（七十元者，极长）、邵文庄[6]书卷、方拱乾[7]诗卷（极长），皆尚不贵。其馀明人与国朝人物殆无甚赝品，且精者亦不少，公可于其中择之。

维意此事以减画减价亦得。乙老谓能增至成数（谓五千），又令黄处增画，则较易成。乙老又谓渠亦可算黄处之人，故不可作主，维则谓无此事也。此事请酌定，留若干银数之物，再将所留之画价一估，或定当增若干件，或减价减画，请定后迅示为荷。全单一纸奉呈，其加"——"者皆看过者也。专此奉告

敬请

道安

国维再拜　十一灯下[8]

维近日牙肿不能饭，好在此间有馄饨可食，并不至疼痛。疥疮已找西医，云十日内可除根，甚为可喜，不知其言信否？知念附闻。

又，陶云湖写生二种，码价四百元，此固不足凭，然贵则亦可不购。此间自十月后未见阳光，阴雨连旬，闷损之至，且晚稻亦恐受伤矣。

注　释：

[1]张仲昭：即张志潜，字仲照，一作仲昭。

[2]杜东原：即杜琼（1396—1474），字用嘉、用佳，号东原、鹿冠道人等，人称"东原先生"，江苏吴县（今苏州）人。一生醉心于谈诗论画的隐居生活。工人物，尤擅山水。其画多用笔皴擦，淡墨烘染，笔力内涵，而设色清淡，细润秀逸，开吴门派先声，为沈周父子之师。

[3]归昌世（1574—1645）：字文林，号假庵，祖籍江苏昆山，居江苏常熟。工古文诗词，书法晋唐，善草书，兼工篆刻，长于山水，气息苍浑，骨梗峻增，精密工致，脱明代中叶粗糙气息。时与李流芳、王志坚并称"三才子"。

[4]吴照（1755—1811）：字照南，号白厂，清江西南城人。工画竹，善山水、人物、兰石。

[5]唐荆川：即唐顺之（1507—1560），字应德，一字义修，人称"荆川先生"，明常州府武进人。其学问广博，天文、数学、兵法、乐律等无一不专。提倡唐宋散文，与王慎中、茅坤、归

有光等被称为"唐宋派"。著有《荆川先生文集》。

[6]邵文庄:即邵宝(1460—1527),字国贤,号二泉,明常州府无锡人。成化二年(1466)进士,其诗文以李东阳为宗。谥文庄。学者称"二泉先生",著《清政举要》等。

[7]方拱乾:字肃之,号坦庵,明末清初桐城人。明崇祯元年(1628)进士,官少詹事。清顺治间荐补翰林学士。以江南科场案谪戍宁古塔,捐资赎还,改号甦翁。著《宁古塔志》、《方詹事集》、《皖雅初集》、《问花楼诗话》等

[8]接此信后,罗即于11月15日回复曰:"奉手教敬悉。黄氏画单收到,弟圈出二十五件,拟还价四千五百元,乞与乙老商之。虽乙老谓巨然当是元明人作,然卷长至五丈,有明一代,舍石田翁不能为之。据尊书言,前半似河阳,后半为巨师本色,然则必是元时人所为。果出元人手,虽非巨师,亦大佳也。

此次所以不单选其精华,并留他品者,因售画一事,精华先售,则所馀售之为难。黄氏为子寿先生后裔,亦应为计及之也。

但此事告乙老,万勿言弟所购。因对山与弟熟人,对山既还价,弟未便增价购之,一也(为黄计,则以有人增价为宜)。沪上掮客有古玩铺两家以单来,一仅十七件,一五十馀件,初不告弟以何氏之物。言全售价廉,全单百馀件,请弟赴沪看之。今得此单,大半此中物也。又掮客之一为惠之,惠之则明告弟以黄氏物(原书奉览,幸勿告人,但语乙老可耳),弟姑复一函问价。明知由彼转手,何如托乙老直接。此不可说明弟购者二也。

至单中之件,弟虽未目见,若黄欲售者,即付价取件,绝无异言。亦请转达乙老为叩(若此件成者,尚须观全单,或能代销若干,尚未可知。弟之所蓄,尽于此矣)。

今日闻羽田言,大藏会有古写本《西域记》,乃彼国延历写本(当我唐德宗兴元元年),乃彼国从来所未知。乞告乙老,当为神往。彼国下月初四为展览期,彼时当可寓目也。

乙老疟后健否,系念无似,请代达拳拳为荷。以此等琐事劳乙老,甚不安也。至恳至恳。此请 道安

弟振玉再拜 廿夕

原单附缴备查,弟已誊写一本矣。

再,哈园交涉,弟意由此转圜亦佳。薪水一事,弟已于致邹书中言之,但非先付,乃由彼经手,有拖无欠,亦但有将就耳。弟之前书,乃为我辈立脚步,此书不可少也。

黄画千祈为弟迅购,期以必得。内有数件,弟甚欲得也。若须略增,亦可。单提数件,不如多提之易成,但不可提出精华耳,巨然尤不可放去。弟意卷长五丈,非巨然不能,虽大痴、梅道人,亦恐无此力量也。"

174

致罗振玉

（1916 年 11 月 7、8 日）

雪堂先生有道：

顷发一书，乃昨日于灯下所作。今晨又将董、巨诸画影印本展阅一过，觉昨所观《江山秋霁》卷为宋人摹本无疑，其石法、树法皆有渊源，惟于元气浑沦之点不及诸图远甚，用笔清润处亦觉不如，卷中高石皴法与《雪霁图》略同，矮石作短笔麻皴，求之董、巨诸图均所未见，似合洪谷、北苑为一家者，都不如诸立幅作大披麻皴及大雨点皴也。绢石作青光，高约汉尺二尺许，已脱，须重装。盖其书画均置长沙二十年，地卑湿，故裱装皆脱落，惟纸绢尚不受损。商逊斋画，维不能明，其上云林题一诗乃中年笔，不作扁方体，而笔腴润，似是真也。王元章梅（直幅）纸本洁净（此画乙老未见），画亦清润有力。杜东原立幅纸亦如新，山石全用王叔明法。此二幅：一、三百元；一、一百六十元。其价值之不可料概如此（如李寅、陶云湖之四百元，可笑熟甚）。石鼓砚系原拓本，曹文正公物，其程跋亦刻匣上，此本所有程跋乃拓本也。

昨以半日之力，看物数百件，初看手卷，后看立幅，最后看册页。初尚从容，后册页已不能尽看。碑帖本不懂，赵君碑乃整张，《化度》不佳（所刻笔多强直，乙老谓覃溪或翻刻此帖未可知，且存字不多。然系淡墨旧拓，恐尚非书楼本），其馀均未及观，惟知《澄清堂帖》尚有道光间翻刻耳（一、三、四共三卷，乃北方刊）。

维之唐居士画本无留意，亦不能久留，惟虑邮寄费事，故亦暂待之，将来黄画若成，与之俱寄。此卷布置墨法俱佳，惟力量不大（唐本不以力见长，惟不敢自信），尚可一质真伪耳（前书及此书所评巨然卷，俟先生见画后亦请批驳无隐为感）。

公之四源一巨，实画中龙象，将来此间巨卷若成，公见后即定为真，意当在前诸画之下也。《溪山行旅》之清润，乃香光[1]一生所得力，《雾雪卷》笔墨化尽，与造化同功。乙老不赏此二画，亦一奇事。张孟劬本不知画者，不知于何处见《雪雾图》，乃大赞之，亦是奇也（此君之弟[2]乃党中文豪，现为上院秘书长。渠本在史馆，近又将入京，其人无定见可知。然以学问文章论，尚当为沪上所谓名人之冠）。前此所寄陈氏《印举》想早已提出，其书究何如？

顷接初六日手书，知德富之《取经记》亦付印，《小学丛残》亦已收到，《学术》第三期已成，因不到哈园，故未取来，拟托景叔取之。惟景叔有返杭之说，不知近已来否？现印刷事已定，已付稿至九期，并韩氏《三礼图说》一部已过十期矣，所余页数仅四十馀叶，故《说文古文考》及《未改字尚书古文考》皆不合用。因《说文》古文约有五百字，未改字《尚书》古文亦数百，加以考释，均须百页左右也。

现拟作《小学小记》，以短文凑集而成（如《说汉人所用古文二字之意义》、《汉世古文传授考》、《说篆》等），则长短可任意，且可排印，不需自书矣。

观画事如上所陈，惟购画事尚欲须筹及者。乙老意欲凑成数（五千），然此中尚有一枝节彼等不知。现在日币换中币，跌至十元左右，则四千五百折成中币不过四千（此亦成数）；如增至五千，以中币计（乙老等必如此计算），则我处须出六千左右乃可。要之，以书画而论，黄氏之物虽全购未为不可，所难者在力之有无。维意上海情形，欲得四千馀元之顾客，可绝无仅有，所谓平湖葛氏[3]亦乙老一面悬想之词。如王元章梅花价仅三百元，张石民屡说欲留此画，而前日往观，仍在箱中，可见销路之疲滞。至于古董店，则不能见此物。前日维往观，黄太太亲自督率陪观一天，可见其万不信托古玩掮客矣。此一面不能销售之情形也。然黄太太于书画因知其可以换钱而认真，其于钱亦必认真无疑，将来成后至交款之际，日币恐不能通过。故乙老成数之说自须斟酌，即仍购四千五百元之物，如照中币亦须五千，此事不可不预筹及所以抵制者。请示为荷。

又前日寄上之全目中，有贵而荒谬者，有颇廉而荒谬者，我固可减，廉者彼决不能再增，如何避贵取廉之处，亦请酌量。否则，照公前单所开之物，除去其已售三种之价（即从四千五百元中除去此价），或添入杜若东山水、石鼓砚拓本等，径付日币，此却万无再付中币之价值也。专此奉告　敬请

道安，不一

国维再拜

此书前二叶十二日书,后二页十三日早书。

注 释:

[1]香光:即明代董其昌。

[2]此君之弟:指张孟劭之弟张东荪(1887—1973),原名张万田,字圣心,浙江杭县人。毕业于日本东京帝国大学,历任孙中山临时大总统府秘书、上海中国公学大学部部长兼教授、北京《解放与改造》杂志总编辑,并与梁启超等成立讲学社,与张君劢等创组国家社会党,连续当选国民参政会参政员,抗战胜利后加入中国民主同盟。新中国成立后出任全国政协委员、中央人民政府委员。著有《新哲学论丛》、《哲学与科学》、《道德哲学》、《思想与社会》、《理性与民主》、《知识与文化》等。

[3]平湖葛氏:指葛嗣澎(1867—1936),字稚成、嗣蔚,号竹林。教育家、藏书家。精于鉴赏,将传朴堂祖传藏书从 10 万馀卷,扩充到 40 馀万卷。

致罗振玉

（1916 年 11 月 15 日）

罗振玉五十岁像(1915)

雪堂先生有道：

　　顷接手书，敬悉一切。第一期《学术丛编》维今日于蟫隐见之，尚未去取，然则公所收到者乃景叔所寄十份也。现商务印七、八、九三期已有稿送校，云一月半后可印成，则比图书公司为速矣。

　　近日将《礼经》古今文异同写出，知郑君所见古文非壁中书，且其所见古文亦非一本，云某字古文或为某者，凡七八处，知古文有或本矣。现拟将两汉以后所谓古文零星研究，作为一书，以充十一、十二两期报稿之用，大约下月可成。过此则今年除校稿外无馀事矣。

十六日至乙老处，则瞿玖老至乙处问讯买画结果，乙老答以须俟公处回信，看来前途亦颇着急也。

今日见程冰泉，其人尚未赴粤，刘二先生[1]之晋唐小楷（即以造像易得者）在渠处求售，索二千金，可谓奇贵。其宋人画竹，询其购主，则云蒋孟苹以七百元购之，然则此画将往西洋矣。冰泉言山本悌二郎在此购画，约三万元，以千二百元得一戴文进，又虚斋[2]之董文敏、王烟客二幅，以三千元购之，沪上恐久无此华客矣。

黄氏巨师画卷，维前所以谓为宋摹者，即以其深厚博大之处与真迹迥异，若论画法，则笔笔是董、巨，无可訾议，与公前后各书所论略同。顾崔逸所藏即《万壑图》，得公书乃恍然。窃意北苑画法备于《溪山行旅》、《群峰霁雪》二图，《云壑松风》与未见之《潇湘图》。一大一细，当另是一种笔墨，其真实本领，实于前二图见之。巨然唐人诗意立幅虽无确据，然非董非米，舍巨师其谁为之？其中房屋小景，用笔温润浑厚，与《溪山行旅》异曲同工。黄氏卷惟有法度尚存，气象神味皆不如诸幅远矣。海内董、巨，恐遂止此数，不知陕石一卷何如耳。

维家疥疮，用西药后大愈，惟尚不能谓之除根，前后共传四人外，馀幸未传染，大约可以熄止矣。近日遣嫁一婢，乃尧香所媒，尚称得所。

《海宁志》[3]事又屡次催往商榷进行，将来能修与否未可知。明年正月杪总须回宁一次，为之筹画，至动笔与否，须再观情形何如耳。谈孺木先生《海昌外志》[4]尚有抄本，拟劝刻之。

乙老甲寅以后诗稿亦已借得，佳者仅十馀首，馀则应酬之作居多。《壬癸稿》亦已觅得，恐亦有应酬之作在内，可知精到之作不能多耳。专肃　敬请

道安，不一

国维再拜　廿日

公有明抄《北堂书钞》，维竟忘之。乙老前问此书有明抄否？维对以曾在京师见之，忘其为公物也。渠所藏二部，一旧抄严铁桥校，一陈禹谟、王伯申校，即据孙本也。

沪上近出有李雁湖[5]《王荆公诗注》[6]（宋本），为刘翰怡所得。沪上所出大抵此类书籍，然价极昂。蟫隐以三十元购宋版《朱子全集》一册，残，闻甚佳，有人还价四十元，可见宋本残帙之贵矣。闻小袁有一内府宋版某书，忘其

名,至佳,此亦宝玉大弓之一也。

开宝本《藏经》字体如何?乙老之北宋本《华严》则极疏朗宽大,与通行宋本大殊,不知公曾见之否?

《校词图序》稿附上,请正。黄画复书想已在途,惟现日币价贱甚,此事将来有缪辕耳。再请

道安

维又顿

180

注　释:

[1]刘二先生:刘鹗(1857—1909),字铁云,江苏丹徒人。与王懿荣同为我国最早的甲骨文收藏者,喜金石碑版之学,著有《老残游记》、《铁云藏龟》等。他和罗振玉是儿女亲家,因行二,人多称刘二先生。

[2]虚斋:即庞元济(1864—1949),字莱臣,号虚斋,浙江吴兴(今湖州)人。近代藏书家。擅画,山水近倪、黄,而花卉即以南田为宗。精鉴赏。著有《虚斋名画录》二十卷。

[3]海宁志:指《海宁州志稿》,起于光绪二十二年(1896),因州知李圭去任即搁置。1914年由乡贤朱宝缩等复议续修,1920年编竣,1922年刊印。全书四十一卷,卷首一卷,卷末一卷,志馀一卷,共32册。

[4]海昌外志:谈迁撰。谈迁(1594—1657),字孺木,明史学家,浙江海宁人。清康熙有抄本,《千顷堂书目》、《清文献通考》、《四库全书》等均有著录。全书共八纲四十四目,互有统属,内容载述较为详备,评价较公允,《四库全书总目提要》称其"较旧志多所考证"。

[5]李雁湖:即李璧(1159—1222),字季章,号雁湖居士,眉州丹棱人。南宋著名史家。累官参知政事。嗜学如饥,为文隽逸。著有《雁湖集》、《涓尘录》及《王荆公诗注》等。

[6]王荆公诗注:五十卷,李璧注王诗,搜罗广博而校勘认真,凡涉及诗中人物背景均有探索,所用典故均标注出处,如有疑者,非穿凿附会者比。集中所收荆公诗比全集多七十二首,故历来为学者所重。

致罗振玉

（1916 年 11 月 23 日）

雪堂先生执事：

　　前日接赐书[1]，敬悉一切。廿四日晚得公画单后，次晨即将单往交乙老，而乙老谓前次所开单系渠等所定，本约不以示人，故须另缮一单，将各画下所有开价除去，但书一总数与之。午后写就送往。而昨晨始有复，谓公如此开价自有用意（此不待言），故仍照公单写，但于前十七件下除去"照前次所开价"字样云云。维即持公来原单，用橡皮抹去此数字，上加"以上酌去原单价"七字，以与下十二件照原价者相对待，以为即可以此交售者矣，而乙老又欲另缮（殆因与瞿中堂之故）。其实交易之事，又何苦多费枝节，后易缮一单送往，而辗转耽搁又费时日（信函等于门上必多搁置），此种濡缓周折殊可笑也。不知黄处复音又在何日耳？

　　贱辰在此间秘密，不知有效否？饮食之事恐或不免，然亦不过一二次耳。承赐各物邮局未送到，先行叩谢。

　　公账尚存三百八九十元，今日付纬公二百元。纬言君楚于下月朔到沪，此次有何事，到后即可明白矣。

　　《礼记子本疏义》乃考得手抄之人，真不可思议。既为南朝物，则其本为皇侃[2]等疏亦可想象矣。既为六朝故物，又为名儒所书，可为一切写本之冠，惜乎其为外人有也。以此推之，则《玉篇》亦当为初成书时写本无疑。专此敬请

　　道安，不具

国维再拜　廿八日

注 释:

[1]赐书:此指罗11月16日来信:"黄氏画事,想可照此办法解决。万一黄夫人欲以改价之单为据,或执日币改中币之说,尚有解围一法,则兄可于中作调人,但留昨单之后半,一票十二件,一千二百七十元亦可(此十二件,乃照后单,故打一九折,彼无话说)。日币改中币,则在我又加价一成,势不能允也。若单中前后两票不同卖,而不复推敲,则全数购之,俾售者得一整款。此弟之意也。……

托纬君转致之《三藏诗话》二册,一赠公,一赠乙老者,想可送到。兹寄奉新装成《礼记子本疏义》十二册,其中十册请便交纬君,其馀二册,一赠公,一赠乙老。又《大藏会展览目录》一册(内夹开宝刻经影印本一纸),亦祈赠乙老为荷。

公杂志事了毕,冬馀可从容诵读。本月先生四十,想不免有酒食之事。弟远在海外,不获一祝冈陵,至以为歉。明春当谋一欢聚耳。

《礼记子本疏义》弟考为郑灼手抄本,似甚确,不知先生以为何如? 兹有新得墓志十五种(连画十七纸),又裱式一张,求复交纬君托邹佩卿裱之。《南宗衣钵跋尾》一册附呈,祈惠存。又明拓梦英书《说文部目》韩桂舲中丞旧拓本一册,两罍墨本二纸,略申'寿如金石'之祝,并希惠存。"

[2]皇侃(488—545):《梁书》作皇偘。吴郡人。师事会稽(今浙江绍兴)贺玚,尽通其业,尤明《三礼》、《孝经》、《论语》,以学讲说,听者数百人。著有《礼记讲疏》五十卷、《论语义疏》十卷,并见重于世。

182

致邹景叔

（1916 年 11 月 24 日）

致邹景叔手迹

景叔先生素履：

今午有客至，闻老伯母大人仙逝之耗，甚为惊愕。遣人至尊寓问讯，知是确实。素念执事仁孝性成，必深哀痛。惟五十不毁，古有是话，况老伯母大人福寿全归，应无遗憾。尚冀节哀顺变，以襄大事。专此奉唁　敬请

　苫安不具

国维再拜　廿九日

再罗叔翁致公一函并提单一纸，即寄天竺字源，并悉昙字记，共书二箱。时公已返杭，而张君尧香适到，因托其往提。大约一礼拜内可以提出，即送哈园也。原函附呈。

184

致罗振玉

（1916 年 11 月 25 日）

王叔明《西郊草堂图》

雪堂先生有道：

　　昨寄一书，想达左右。今晚令弟敬公由乙老处返，携来乙老托交之善化复函，其十二件外馀三件亦照公所开之价，馀尚欲增，原书附呈。惟华秋岳兰已售去。乙老属明晨一往，看有何语，再行奉闻。十二件内之王元章梅花，虽系乙老推荐，而实未见此画。维见此画有气魄而不俗，又题款数行小楷极似公所藏王叔明《柳桥渔艇卷》后元章跋（俱王卷跋兼有柳法），而此款字较小，全作小欧体，冬心[1]平生多学此种（画心又极干净）。此幅若真，则尚算精品，唯究不知何如？亟待公观后一印证也。近数年中看画不为不多，然实全无把握。如近购之唐子畏颇有可疑者，继又思此画无伪理，好在君楚归时即可携上奉教也（昨晚书至此）。

　　初一日晨过乙老，乙老谓善化既以此事托渠，渠不能不致一书与公，属将善化函先致左右。维又重述公前致第一函之语（内所开三条件），并告以第二函语（即以购后一票为调停）。乙老索公第一函拟示善化，而第一函颇有他语，故当日仅述一遍，未示乙老。此次当裁割与之，则乙老不致为难矣。

　　邮局寄件，顷已取到两叠拓本并梦瑛《部首》、

《礼疏》南跋,敬谢。略览一过,《礼书》为郑灼手书,殆可谓定案矣。专此　敬请

　道安,不一

　　　　　　　　国维再拜　十一月朔日午刻

　君楚今日可到,并可知一切情形也。刻尚未到,想须午后进口矣。

　再启者:景叔于上月二十七日丁内艰,公所致渠之函,维已于唁函中寄去,书箱尚未提到。顷至哈园,托人于开箱时将[取]公所附寄之书,恐公致景叔之函或未收到,景亦或未必知会也。

　第三期报今始见之,四期亦成,尚未订好,五、六两期尚未送校样,唯商务所印七、八、九期则已零星送校矣。

　敝乡孙铨伯[2]主政之书现有出售之说,乙老之族人某,乃孙之戚,乙老属其开一目录至上海估价,并以告子敬属其设法购之。然蟫隐无此力也。乙老老辈可敬,然大抵商议多而成功少,如此次画事乙老大为之吹嘘,然成者恐仅此一千数百元,他处未必有效耳。待君楚尚未到,再行奉闻。再请

　道安,不一

　　　　　　　　国维又顿　午时二时半

注　释:

　[1]冬心:即金农(1687—1763),字寿门、司农,号冬心、古泉、金牛等,浙江仁和(今杭州)人。工诗词,善篆刻,擅书画,为"扬州八怪"之一。

　[2]孙铨伯:即孙凤钧,字铨伯,浙江海宁人。清末藏书家,所藏宋版虽少而精,且娴于目录之学,著有《国语札记》、《家语校记》等,时人称之为"宋版孙"。

185

致罗振玉

(1916 年 11 月 28 日)

雪堂先生有道：

月朔寄一函，想达左右（令亲汪子同，闻于今日可抵沪，三少奶奶大约明后日行。尊函及付君楚谕已于初二晚到）。君楚因在吴淞口外阻雾一日，故于初二日早抵沪，午后至寓，已接约一切。

而乙老来条言，善化至渠处复踌躇于日币，并属前复函且勿寄（盖中日二币之差，善化至是始知之，开去之单但云日币，而不言相差几何。乙老亦未前告之）。午后过乙老，告以前函已寄出，并将公前致维诸函裁割与之，适善化又着人促乙老致公书，乙即寄示之。但乙老言善化既如是，不能不致公一书（公致维书中诸条件，渠云只可作为不知）。维言前函虽寄出，不售亦不妨，善化既不知日币价，亦不为失信。乙老言善化实极盼此事之成，又询维此第二票千数百元之数可改作中币否？维却不敢置对，但云日币中币现百元差十两左右，千数百元中日之差约近二百元云云。总之，乙老固左右为难，然亦欠决断（乙老每喜委婉其辞，维前述公来书之条件盖不尽以告彼，致有许多周折。又如中日币之差亦一要件，而乙老尚思为设法划付日本留学生费，此种维即告以不能行，后渠询之善化果然）。买卖上之问题，遂一变而为交情上之问题，价之多寡尚不必问。此种迂缓，实蹈中国数百年办事积习，否则照公前函办，则售否两言而决耳。此皆公所不及料者也。

方遁庵[1]处昨晨往访而不值，又询其踪迹极不定，殆似邓秋枚。昨留函并属其约一期，而至今尚未来。如下午尚无回信，则于下午五时与君楚同去。其画如何取阅，则令君楚带东。馀画如郭河阳等盖已四处示人，乙老已见之，力言其伪矣。

景叔丁内艰,此月恐不能出。公致渠函当付哈园(景叔有信来云,找款请通知。而其部下人则云即交彼,可向账房去取也),或仍寄彼也。专此 敬请道安,不一

国维再拜　初四日早

注　释:

[1]方遇庵:沪上掮客。

致罗振玉

（1916 年 11 月 29 日）

雪堂先生有道：

昨寄一书，想达左右。今晨乙老送一书来，属寄左右，特寄上，请詧入。因思乙老书中所云第二条，公以乙老之言，殆不能不见此件，如能未付款先交君楚带东，岂不省事？乃往征询之。乙老则云恐办不到，因黄宅今春于袁未败时运书进京求售，售者价未收到，馀亦头本不得索回。黄再同之子进京索之，则殁于京邸。故书画所以不能携出者，实因此故。然则君楚带京之事毋庸商议矣。

昨晚与君楚同访方逢庵时，吴剑秋亦在座。子昂[1]《黄庭》已见，当是真迹，而每开必有四五字剥蚀。后有覃溪[2]五六跋，为宋芝山[3]旧藏。此外见一勾龙爽《田家嫁娶图》，则伪迹也。闻李元妃像外尚有宋元人不少，其梅道人系双拼大幅，约今日午后三时与君楚同至吴剑秋家观之。昨询方君，谓其画亦不能携东，今日当再熟

翁覃溪跋《黄庭经》

商之。大约君楚行之迟早,视吴件能携否为定矣。乙老云有画托君楚带东,属公题字以增声价,殆乙有求售之意。

　　沪上市面殆无一毫生色。乙昨为仁先绍介二画于南海,亦不成。乙致维函所谓碰钉者是也。专此　敬请

道安

国维再拜　初五日午

注　释:

[1]子昂:即赵孟頫(1254—1322),字子昂,号松雪道人、鸥波、水晶宫道人等。历任奉训大夫、兵部郎中、集贤直学士等,精通音律,善书画。其篆、籀、分、隶、真、草、行书法,无不冠绝,落笔如风,主张"作画贵有古意"。名当时而法后世,自成一体。

[2]覃溪:即翁方纲(1733—1818),字正三,号覃溪、忠叙,晚号苏斋等,清代直隶大兴(今北京)人。能诗工书法,尤精经学、金石考据。家富收藏。

[3]宋芝山:即宋葆淳(1748—?),字帅初,号芝山,晚号倦陬,山西安邑(今运城)人。工书画,善篆刻,长于金石考据,所藏金石碑刻甚富。殁后其精品为海盐张廷济所得。

致缪荃孙

（1916 年 11 月）

敬启者：

　　前承假《西京博士考》，久已阅毕，因思趋候起居，是以久未送上。顷因笔墨颇忙，讫未得闲，特遣人送呈，请詧收为幸。胡春乔考博士，乃不知博士与博士弟子之别，颇觉骇人。张月霄《两汉博士考》虽采取较博，亦无鉴裁。维本拟补此二书，因二书全无可用，故另撰为《汉魏博士考》三卷，印成再行奉教。专肃　敬请

　　艺风先生大人颐安

国维再拜

致罗振玉

（1916 年 12 月 4 日）

　　昨夜函未发，顷方君来言，吴某人不易与言。今日吴往问二画，意欲索回，方答以已［被］人持去阅，约一周以寄回。而郎画又云非五百元不售，方云已与人说实价，不能收回前语，殆其人多反复也。方君云如不留，即请速寄回。然恐此函到时，寄还与拟留二者已定局矣。吴生意经络甚重，然在此时无论用何手段均属无效，因沪市面疲滞甚也。渠邀颂清观画，欲其介绍于庞、蒋两处，然必无成，此外亦无甚佳品。专此　再请

道安

维又拜　初十日

致罗振玉

（1916 年 12 月 9 日）

雪堂先生有道：

　　两书并汇票均于十二日收到，十三日即携书及款往乙老处，明知乙老有函抵公，此事未定，款未必收。乙老将公致渠及致维两函拟送善化处，而款则俟公后函到后再收。又出示善化信，谓刓印不与亦大害事，故若得日币四千元可以全售云云。此函久抵乙老，而乙老前未示维，且虽知刓印之害，而仍需日币四千。乙老既不以寄公，公若不知之可也。公复乙老之函日内当可到，到时当有办法，款画两交自是一定办法。其画暂存维处，如何寄法请示及。方处两画想亦有复在途。

　　吴剑秋亦时持画至乙老处，乙云有一宋徽宗《醉学士图》，有七八分，惟字不自然，不如陈仁先所藏之真（陈已抵与人）。此君无聊画极多。方君云蔡金台在时亦颇贸易书画，乙老亦云蔡之眼光尚不至如此也。

　　日币一跌不复起，近日仅六十一两一二五左右，故黄画价如改中币，则虽钱货两交，当以言定之日计算，因俟其交画又须数日，日币或再跌也。公如有所增或改，中币则亦以寄来汇票付之，再加中币若干（较为省事）。公来信当有办法也。

　　君楚得公令其速归之信，急于成行，而黄件既不能带，而方件却非此不得至东。李元妃像公品题如何？带上之唐子畏小卷真否？甚以为念。专此敬请　道安

国维再拜　十五日早

　　景叔已来沪，哈园款已去取，当可送来。其公赔累之款，渠拟令哈出一半，不知如何。

致罗振玉

（1916 年 12 月 11 日）

再启者：

　　昨晚接初七、八二函，敬悉一切。张烈女诗是一好题目，唯作长篇则颇费时日，短篇则无从见好，且看诗思如何，或请乙老作之。

　　哈园事前已函告，此事已与景叔成牵连之局，景叔非得公之助力，则其报无材料可求，今年春间曾征求古物材料，其效已可见矣。哈园还公之款闻至昨始行寄出，盖缘日币价贱，故径汇公处矣。专此　再请

　　道安，不一

维又顿首　十七日

194

致罗振玉

（1916 年 12 月 12 日）

雪堂先生有道：

前晚上一书，谅已詧入。昨晨诣乙老，则渠已接公书。维告以此次前途售否必须速决。而今晨送来止相复函，语意仍不了了，有馀件须后命云云，盖不解公书意也。晨乙老送止相复书来，并属往检画。比往，则画尚未到。座中有他客。大约今日不送到，明晨可以往检，并当属乙老为止相解释公书，请其速复也。事事多周折，无逾是者，皆令人百思不到也。

兹有一事堪奉告：前东文学社同学朱梁任（即朱纬军）来谈，索观公所印书。渠谓于龟甲文字颇曾用力，已将《铁云藏龟》各字凡五六百录出，而未见公书。出《书契》与读，颇能认数字，如"我"字竟能读之不误，又"子"字亦由比较读为辰巳之巳，此甚难得。其人现为女学堂教习，于金文亦略有研究。维以《贞卜文学考》一册赠之。渠携来一鲁王监国六年铸总督山东

罗振玉跋《化度寺帖》

直浙诸省军务关防,因印大泥小不能留印,因索其拓本一纸,此可补隋以后官印也。木假山拓本装成已匝月,而乙尚未题,当促之。专此 即请

道安,不具

国维再拜 十八日

附瞿函:

手教并叔韫兄书并以示黄夫人。感二公之高谊,足以风厉末俗矣。允售各件,准于明日检呈尊处;其馀各件,遵须后命,请即转复为荷(原信因尚须持至乙老处,请其注意并解释公书,故录奉)。

方画前有电促复而未到,想详函日内可入手矣。又启。

此函写后得电并十一、十二两书,汇票亦已收到。而方君适至,告之甚喜。其价维谓公还价千元,渠谓此无不成,大喜。即先向维处取三百元去,以与吴交涉。盖方既虑吴翻悔前价,故讳言寄东,以他语搪塞(沪上皆以公为最好主顾,方恐吴知公欲得此画或有翻悔。此等号为士夫者乃不如估人,盖不少也),又虑公处还价差悬,则事又不能妥帖,今得此价,殆可如其所言,无不成矣(款拟明日午后往取,因午前须至乙老处检黄画也。方君约明日下午来取款)。

李妃像若售之,本庄决不能出五百元以上,不知于洋庄如何?若前此之宋人画竹竟为蒋孟苹以七百元购之,此画诚佳,然价亦骇人,此种物究非山水比也。方君人极诚(惟嫌稍老实耳),云此事渠居间决不沾润,惟将来尚须求公翰墨,不知其言可信否?李像可谓希世奇迹,但苏斋所谓得之完颜旧家者,不知信否?若真,则此像出塞入塞,历劫犹存,斯真奇事矣。即画裱工乃似日本庸手,此画则贵矣。

六如小卷居然真迹,向维亦以为稿本,因其笔墨与印章均无假理,惟心终有所不敢信,今得公言则信矣。

午后景叔来,言昨日作函抵姬,陈述渠明岁但能在杭,略供给《艺术丛编》材料,不能驻沪,并申维明岁赴东之说。而姬出力为挽留,并属其留维,云何故半作而废?景云维前因报稿有所干涉,虑于学术宗旨有所不同,又闻经费有支绌之说,是以允先生赴东之约,此事早已相告。今如欲挽留,除与维商外,尚须商诸先生,然后可定云云。维告以若欲继续,尚须申明条件,若允再商诸先生,当再以函复景云云。景明日返杭,因其太夫人廿七安葬也。哈处应

找公之款，景已言过其赔累之数。景今出百元，姬已允之送来，当入公账。景叔明年接办此报，仍须求助于公，因此与维遂成牵连之局。至姬之为人，"无常"二字足以尽之。前此人人言，乃有他语；此次又欲坚留，当因外间此报品评尚佳，又因日本人来购此报之故。此次除申明条件外，尚有何办法，请公教之。

刘聚卿因哈园古物展览会事与姬甚洽，荐曹君直与彼，谓通小学。景告以系维之友人，姬谓明岁或请其助二君，或请其另办一事。君直要可与共事，不至缪妄也。

公胃疾如何？此病须令其少发，若多发则用药不甚见效，虽非痼疾，然大讨厌，与身体亦有碍也。抗父胃尚未愈，已近两月矣。专此　再请

道安

国维又顿　十八日夕

再，君楚所书之来书来电，维之地址，多误书三百五十二号。此次之电因地址误，稍稽时刻。请告君楚以后当书三百九十二号为妥也。因信面有汉字号数，虽误无妨。电报无汉字姓名，故邮差虽熟亦不知也。

嘉至磬拓本拜谢。惟尚有无厌之求者，请照悬磬之状拓一正面，并下加虚线作全角，并求题数字于上，以便裱为一幅。尤感。

致罗振玉

（1916 年 12 月 14 日）

光绪十年在甲戌岁四三微箱任戊六十岁遗像谨诂颐泽像

孙诒让像

雪堂先生有道：

　　顷接十四日手书，敬悉胃疾尚未全愈，近想痊可矣。嘉至磬下鼓长短，当以其重量能直垂为度，自可得之，公谓如何？

　　兹有一事堪告者：旁晚出蟫隐，见孙仲容[1]比部《契文举例》手稿，乃刘彝仲携来者，以五元从蟫隐得之（今日出甚得机会，刘彝仲适在彼处售书，否则蟫隐畏其为人，未必购之）。书连序共九十六页，每半页十二行，行二十三字，其所释之字虽多误，考证亦不尽然，大辂椎轮，此为其始，其用心亦勤矣

（**刄**释为贞始于仲老,林博士与之暗合耳）。此书明年如接办《学术丛编》,拟加删节,录其可存者为一卷印之,何如? 想公知此稿尚存,当为欣喜。

本年十二月报,尚短自撰稿二十馀叶,前拟作《尔雅声义类》,以分类至难,稿成而废。现改作《尔雅释草木虫鱼鸟兽释例》,月内可成,下月尚须以十日之力为之写定石印,因其中生字太多,不能排印。其中一段颇用乙老新说,可见者他日想仅此耳。乙老谈论须分别观之,时有得失。得者极精湛,而奇突者亦多出人意外。若孙仲老辈,则笃守古法,无甚出入矣。专此 敬请
道安,不一

国维再拜 廿日灯下

前昨两书想达左右。方君函当转交,渠得此想甚至喜也。

注 释:

[1]孙仲容:即孙诒让(1848—1908),字仲容,号籀庼等,浙江瑞安人。经学家、文字学家、藏书家。穷经著书四十年。甲午后致力于地方教育。著有《周礼正义》、《契文举例》、《尚书骈枝》等。

致罗振玉

（1916 年 12 月 15 日）

黄荛圃画像

雪堂先生有道：

  君楚赴东带上一书，又前寄各书，想达左右，比维起居多胜为颂。内人之疾前日日渐向愈，然后又发寒热二次，间日一发，似疟，而中间一日则发微热，前此发一大寒后小寒热即止。故此次亦不用鸡纳以止之，然亦自住。然体颇羸劣，饮食亦不佳，且看数日后如何。近日天气大温和，升至五十二度，沪上久不得雨，此次或可得雨或雪乎？

  前日往访王雪老（雪老有来访之约，止之，迟迟始往），渠近校《淮南子》，陈硕甫[1]为王石臞[2]所抄之黄荛圃[3]小字宋本即在渠处。王氏始托陈硕甫抄之，后复不要（王氏所藏《陈硕甫与伯申先生信》中亦载此事），雪老谓此书王氏故不要，因见此书，则其《读淮南杂志》全须更改。恐亦未必然耳。

近检王谟《汉魏丛书》中之《方言》，乃与李孟传本大同，盖未经人校，犹存旧本面目也。李本在宋本不算佳，自不及曹毅之本，然曹本并景本亦不得见，今日自不得不推此本为第一矣。专此　敬请

道安，不一

国维再拜　廿一日

注　释：

[1]陈硕甫：即陈奂（1786—1863），字倬云，号硕甫，晚号南园老人，江苏长洲（今苏州）人。经学家。少师事段玉裁，入都与王念孙、引之父子游。后主杭州振绮堂，先后二十年，潜心著述。一生所学以《毛诗》最为专长。

[2]王石臞：即王念孙，字怀祖，号石臞，清江苏高邮人。清代训诂学家。师戴震。所撰《广雅疏证》、《读书杂志》、《古韵谱》等对学术界有较大的影响。与其子引之并称"高邮二王"。

[3]黄荛圃：即黄丕烈（1763—1825），字绍武，号荛圃等，江苏吴县（今苏州）人。一生以藏书、校书为业。嗜书至笃，尤嗜藏宋版，自号"佞宋主人"。

致罗振玉

（1916 年 12 月 18 日）

雪堂先生有道：

昨晚得手教，并示致刘、缪二书稿，又悉胃疾渐瘳，甚慰。前此所上诸函，想均达左右。哈园事已于昨日复景叔，言今春间致彼与姬商定条件之函，想尚在彼处，请出示姬君，如能照前约不爽，并一切照今年所出报办法，自无不可从命。如姬能遵办，则再函商之公云云。景叔近日葬母，下月初可有确实复信也。

黄画乙老留阅之七件昨已取来。乙老则又商襄办《通志》事，云明年拟以维为分纂，则为月薪而非计字取酬，与前年之事异。维答以哈园现正在议留，彼固不可与共事，然于研究学问则可由自己所好者为之。若《通志》则因素无研究，又范围太广。现彼处尚在维絷，是以或从缓议。乙老则谓兼办无妨，此系帮我忙；我所做之事有欲请代劳者，即兄不允，亦当时时奉援云云。而公致刘、缪之函亦已寄出。皆缘哈园议留，事出意外，此事盖因今年结束报稿成绩可观，悟他人为之必不能如此（其他未必知，即不误期限一事觉他人不能办到）。此次景叔杭来，维以今年报全目录即丛书目录交之，景得之大喜，欲劝姬即登广告。此次致景叔之函，其复想必以如约为言。既接办哈事，则刘处乃养老性质，自当作罢，但须有说以处之（请示及，盖恐艺风来谈及故也）。乙处则当俟缓言之。乙老帮忙之说亦是实情，亦兼含养，意甚可感。但求书甚艰，成绩不易，苟办哈事亦无暇兼及耳。

昨告乙老以明昌李妃像，乙老闻之大为惊异。尽黄画十四件，昨一一阅之，其朱文震题画猪（绢破）与成邸书乞巧文均不佳（张复岳阳楼亦不甚佳），此三件不过百元之值，此次之物不过千元值耳。专此　敬请　道安，不一

国维再拜　廿四日

致罗福苌

(1916 年 12 月 18 日)

君楚兄鉴:

在沪匆匆,未能尽意,乃荷书齿及,甚以为惠。尊函言:第三次箱中有寄弟各书。此箱是否与《天竺字源》之箱一并寄出,抑系后来所寄?请示为荷。若哈园交弟之书,则未交来。唯交来《天竺字源》箱中交范大先生各书耳。专此奉复,即问

台祺

国维再顿 廿四日

君美兄并令弟前均此。

致罗振玉

（1916 年 12 月 20 日）

雪堂先生有道：

　　前晚匆匆复一函，昨又接手书并致景叔函，今即转寄，奠敬四元亦代送矣。

　　《尔雅草木虫鱼鸟兽释例》至前日始脱稿，昨日作一序。书仅十八页，序乃有三页，专述乙老口说并与乙老谈论之语。因乙老万无成书之日，非记其说不可也。此小书因不习见字太多，不能排印，尚须为之一写。今日已写成序文，尚有十八页则字颇少，月内或能了之，则下月除校稿外无他事矣。然如接办哈事，则又须预备明年材料。明年拟作《说文古文考》，此书恐须百页方能了之。

1903 年版《铁云藏龟》

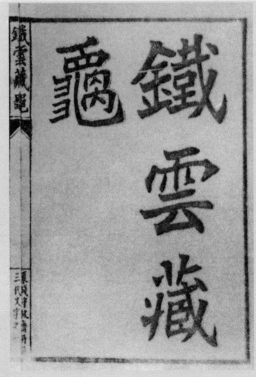

　　黄件中，其周之恒画大士像，有曹倦圃[1]书《心经》并一长跋，跋中纪其受流贼拷掠后昏绝中状态，谓一生所读之书、所历之境、所作之事，皆现于一刹那中。此与西洋心理学家言

人溺水垂死时情况略同,此跋甚有味也。

公胃疾想已愈。前君楚言尊府太太之胃病近尚不能吃饭,前晚见抗父,则云系胃溃疡,创口尚未合,故食硬物辄痛。此病向少闻,不知创口须若干时始能合也。

孙仲颂书中言《铁云藏龟》中有🐢字,检之果然(六十五页),公书中"射"字异文下似遗此字。惟其书实无可取,思欲选择数条为一书,恐不成卷佚[帙]也。

黄款到后忆次日即复,方款到即日复,不谕第一次复何以至二十尚未到(公十一日晚之函,亦至十八始到,即见方画以后之函)?公二十之函,昨二十五日已到,则又快矣。

程冰泉赴粤尚未归,不知此次有所得否?沪上至年底必有极廉之佳品,如价在二百元左右者力尚能得之,当告冰泉也。黄宅之物,尚有一孙枋双钩竹甚佳,初开四十元,忘其后增若干。此二千元一单中,除赵君碑、石涛册外,可欲者此耳。然沪上无人赏此画也。专肃 敬请

道安,不具

国维再拜访 廿六日晚

注 释:

[1]曹倦圃:即曹溶(1613—1685),字洁躬、秋岳,号倦圃、钮菜翁,清浙江嘉兴人。历官副都御史、户部侍郎、广东布政使等职。富收藏,所藏碑八百馀本,甲于东南。工诗善文。著《崇祯五十宰相传》、《金石表》、《静惕堂集》等。

致罗振玉

（1916 年 12 月 21 日）

雪堂先生有道：

　　前晚接二书并汇票千元，收到无误。昨日大雨不能出交，而冰泉亦已接公书，遣其弟持示尊函来取此款，当即加印付之，其收条一纸寄呈，祈詧收。

　　此次之燕文贵中堂究何如？陈居中美人则曾见之，宋御书卷系何帝之笔？便中乞示为荷。其林和靖书帖，则帖与题跋皆一手所为，前已告冰泉，渠似不信，今得公书，彼当知之。友永带物尚未到。专此　敬请

　道安

国维再拜　廿七日

致罗振玉

（1916 年 12 月 24 日）

　　前函写成，即得廿四日[1]手书，敬悉一切。哈园事，前景叔于其十七日归杭属即致复，维以函复之语较空洞，且以春间所致书中条件为言（此书渠必不在手中），意在使公到沪后再谈此事，则公之复书可以到矣。现当即照公所示者与谈。刘处事自可兼办，但与公书中之言不符，继思此事果成（而哈园复蝉联），则刘亦决不计及此种事，即照公函所言办理可也。

　　艺风书可一噱，其言《敦煌新录》尚存，即其门人吴中某君之说，其屡欲通问之意亦殊可悯。前对维言，言在乙老处见《取经记》写真本，何以公寄乙

大痴《富春山居图》局部

而不寄渠？维告以此本乙老欲钞之书，渠乃唯唯。此意与欲通书之意相同。

买卖书画诚不易，不独画之精否真赝难以骤决，即于价之操纵亦非易事。如此次方画若知其底蕴，则日币千元或中币八百必可得之。售事亦然，维之唐卷不知可售否，请公视有机会时脱之，不亟亟也。

今日乙老言及古纸墨笔事，因云明以前画少用干皴，至国朝用生纸作画乃大用之。此说然否？维似忆公之大痴《江山清远》卷已用干皴，乙老之言，不过得其大概耳（乙老谓前康长素示一黄鹤山樵极佳，而纯用干皴法，渠不敢信以为真）。

今年《学术丛编》总目附呈一览。专此　再请

道安

国维又顿首　十一月晦

明昌院画当出宣和，则以阴阳向背取真形必宣和以前旧有，此法唯宋人写真，世不多见，像大者尤少，故无从证实耳。唐人及西域诸国似无此法，李伯时辈士大夫画亦不为之，此法或竟系宣和画院发明亦未可知。李元妃貌亦当神似，图中作十七八岁女子，以李妃年度之亦近是矣。

注释：

[1]指12月18日罗致王信："奉两示均悉。黄件前单售，后单不售，已悉。其实止相当

日币四千,则皆售。弟所给之价,若合已售之华、蒋二件,又加退去之宋仲温《书谱释文》,正合四千之数,乃知二五而不知一十。此其人者,秉国之钧,能无致今日之乱乎?然此事居然解决,如数年悬案,一旦判决,喜可知也。其他一票,亦无新异之品,若渠仍以求售请,但有谢之。谨以鄙意奉闻,否则又生种种葛藤,即此已劳公不少矣。

李元妃乃西域画法(此画定,甚感),古有凹凸花,是其法久传中土,今日之西画,盖同一祖祢。无知之讲西学者,谓中国画不如西法,西法古昔不传中土,此井蛙之见也。此画可称奇品,恨暗弊太甚耳。我国考古资料,殆为无尽藏,惜国家住者不注意(由于秉国者知识所限),我辈一人之力,不能尽其千百之一二为可恨也。

哈事如蝉联,亦佳,但须一试其诚否。下开各条即试之之法。如改口此事,第一问其经费足否,经费如足,则与约定,撰述司计诸事,各尽厥职。到期稿不具,撰者之责也。发行不如期,司计者之责也。继则告以学术程度与销售畅否为反比例。撰者但能极其智力,以阐明学术,不能俯而就社会之程度。必询明创立此报者,宗旨果为学术乎,为营利乎?为学术则就,为营利则辞。此事甚关紧要,弟以前为景叔等十馀次言之,彼漫不加省,但云彼富人不在营利,为名誉耳。今乃大不然。此事仍须伸其说。再次则告以创报之宗旨,果为学术,撰者与司计者,责任既分,则司计不能干涉撰述之事,所司撰述者不能干涉司计之事,其除报中文字外,其他一切文字,皆无责任。此亦甚要之事。如此,则再订合同一年。不知尊意如何?否则稍有含糊,不如解约之为得矣。

又艺老之信弟已发书稿,当入览。此老今日手抄王延德《使高昌记》见示,以为弟所未知者。此老欲与弟通问,设种种之手段,故知刘处事,渠必尽力。若刘事成,与哈报可并行不悖。古人有言"狡兔有三窟,仅得免其死",处此乱世者,一日当三复斯言。贩鬻书画以求赢223,非公所长,悬此为第三窟。弟每年虽须一返沪上,即以前之资本为事贸迁之事,公不必过问,二三年后当小有成效,以为失馆时之备。如此,则先生无匮乏之虞矣。亦请勿存客气为荷。……"

致罗振玉

（1916 年 12 月 28 日）

雪堂先生有道：

上月晦寄一函，想达左右（今日得两书，敬悉一切，当如尊旨。景叔二日后可来）。公胃病乃尚未痊，何濡滞也。此次是否一至贺屋所，抑仍用木邨耶？

孙仲颂《契文举例》当即寄上，惟此书数近百页，印费却不少，而其书却无可采，不如《古籀拾遗》远甚。即欲摘其佳者，亦无从下手，因其是者与误者尝并在一条中也。上卷考殷人制度，亦绝无条理，又多因所误释之字立说，遂觉全无是处。我辈因颂老而重其书，又以其为此学开山更特别重之，然使为书费钱至数百金，则殊不必。公一观此书，当与维同感也。

《尔雅草木诸篇释例》于晦日写好，朔日改定交出。初二以后无事，为乙老写去年诗稿共十八页，二日半而成。其中大有杰作，一为王聘三方伯作《鬻医篇》，一为《陶然亭诗》，而去年还嘉兴诸诗，议论尤佳。其《卫大夫宏演墓诗》云"亡虏幸偷生，有言皆粪土"，今日往谈称此句，乙云非见今日事不能为此语。

京师来者皆言公在东大发财，此亦其一也云云。又云：北宋蔡京[1]党谰言直传至王明清[2]、周密[3]辈。国朝人过信宋人野史，当以万季野[4]用实录核野史之法正之，语皆有识。今日以维抄本付乙老，而留其原稿于维处，将壬癸甲三年诗取来拟续抄之，当以初十日毕此事也。

近日浙江又似有事，警察罢站岗，诸将辞职，有谓吕与曲同丰（段党）谋易诸将帅，有谓吕为党人所运动而部下反对之。现闻吕[5]已辞职，日内即去杭。大约可暂无事矣。专此 敬请 道安，不具

国维再拜 初四夕

乙老二诗录奉：

逸社第七集，庸庵制军寓斋分咏京师胜迹，得陶然亭。

江亭不关江，颇感江乡客。芦荻萧萧夏亦寒，何况霜朝与雪夕。此是春明掌故亭，雍乾诗事征纤积。宣南坊南辽城旧壕隤下而滂沱，秋雨时集如湖河，鸡栖车若貂艇去，马蹄蹴踏生涛涡，水潦所旋垺邱在，途出其前途出其后得地皆卷阿。其前坤垠垂烟萝，其后楚刹喧钟螺，其东黑窑厂，废址窑台矬。重黎生昔共登陟，据地坐想姚（姬傅）朱（子颖）歌，周秦贵贱士不遇，渔钓有约寻盘薖。后来人事多复多，二李二王盛黄载酒时经过。猴年儿秋谈士诧，此亭乃为齐稷下，中秋圆月照尊罍，坐听诸儒说王霸。宁知天运到伊川，漫诩髯王与短谢，张陈同是可怜人，长抱青霞入脩夜，后起谁记先躯藉。我生于燕长于燕，横街珠巢四十年，下窭子在门篱前，钓游岂得无情然。戊春惨著麻衣去，回首五云黯尘雾，天津鹃与翟泉鹅，国老相持怆无语。从此中原盛射虎，从此楚齐交咻傅，再入修门万事非，连云积雪花门住。灞麓天柱阁，江城百花洲，北斗阑干依望眸，风物仿佛亭中秋。身在南藩且无豫，心县魏阙怀千忧，何况天倾西北地缺东南山触共工头，何况龙化为鱼鼠化为虎封狼豿罴生不休。眼枯不昧钩天梦，骨碎应知地神痛。陶然亭，西山青，悲华泣雨天冥冥，他生矢执金刚愿，再现文殊佛土经（古译文殊，唐译曼殊，西藏进表称曼珠）。

卫大夫宏演墓（墓在县西南，与余家墓甚近）

荒草春茫茫，言寻大夫墓。

两海风马牛，魂归自何所。

散民怯公战，诡以鹤轩拒。

懿公死社稷，玦矢志先谕。

伤哉空国走，不见舆尸旅。

刲天作黄肠，呼天心独苦。

有臣乃如此，足以知其主。

卫国君臣乖，十世馀昳注。

亡虏幸偷生，有言皆粪土。

苌宏血在蜀，精卫翔漳渚。

神化妙难量，吾言公尝许。

注 释：

[1]蔡京(1047—1126)：字符长，宋兴化军仙游(今福建)人。历户部尚书、拜太师。以复新法为名，尽贬元祐诸臣，时人称为"奸党"，立党人碑。又藉元符间上书涉及新政者为邪，皆禁锢其子孙。为"六贼"之首。

[2]王明清(约1127—?)：字仲言，宋汝阴(今安徽阜阳)人，王铚次子，少承家学，习历朝史实及典章制度。鉴于宋南渡后史料散佚，因采逸闻遗献，成《挥麈录》二十卷，历记颇为详尽，为后辑史者所采。

[3]周密(1232—1298)：字公谨，号草窗、苹洲，山东济南人，南渡后居湖州。词人，为宋末"雅正派"代表作家。生平广交游，富藏书，著作颇丰，保存南宋文艺及社会史料甚多。

[4]万季野：即万斯同(1638—1702)，字季野，号石园，浙江鄞县人。曾从黄宗羲问学。博通诸史，尤熟明代史事。治史颇重史表，著有《历代史表》、《历代宰辅汇考》、《宋季忠义录》等。

[5]吕：即指吕公望。1916年12月26日，浙江军警变乱，督军兼省长吕公望出走。王信所写即其事。

211

致罗振玉

（1916 年 12 月 29 日）

再启者：

自夏后所得公书，每想见怀抱不畅，迩年心情想亦今兹为劣矣。公书时以家事为言，然此事亦正无法，大抵有可设法补救则补救之，无则姑置之。愤怒忧郁无补于事，而徒伤于身。公此次胃疾，自中医言之，当以为肝病也，语亦有理。公平日最不喜闲，心常动作，乃系精力兼人之故。故以公之体，用心与动作不能为病，唯郁结为致病之源，须以动作与闲散二法排遣之。

前年《殷虚书契考释》成时，前印公写照，维本拟题诗四首，仅成一首，故未题。其诗云："不关意气尚青春，风雨相看各怆神。南沈北柯俱老病，先生华发鬓边新。"现凤老不知何如，乙老多痰，然无甚病，尚足支十年。公年力俱尚未艾，此数年中学问上之活动总可以继续二十年。试思此十年中之成绩以度后之二十年，其所得当更何如！公之事业尚未及半，切勿以小事介于怀抱，而使身体受其影响，此非维一人之私望也。

此间自入冬至上月杪，本甚温暖，自朔日后骤冷，最低至十度左右，最高亦不过二十度，竟日未尝解冻。幸砚尚未冰，故得为乙老写成诗稿一卷（今日稍缓而雨）。

顷读乙老《壬癸录》，中有一杂诗，似为公作者，录呈左右。专此　再请
道安

国维又拜　初五日下午

安期尔何人，得非鲁连徒？却秦入东海，传为列仙儒。朝与青童游，暮归紫府君。锵锵白凤凰，侍从随仙舆。辟谷亦何为？食薇不顾馀。披发下大荒，

冥搜宛委书。云气闳徐市,岳图付仲舒。谁言齐士怪,正笑田横愚。南史简不存,长怀一嗟吁。

再,范处百八十元当即交去。敬公来取《秦金石刻辞》、《宏农冢墓遗文》各四部,云已致函公处。又哈园前交来者乃《天竺字源》箱中物,已均送纬公处矣。又闻。

致罗振玉

（1916 年 12 月 31 日）

214

雪堂先生有道：

　　前日寄一书，昨天又寄《契文举例》(此书不必急致回)，当达左右。顷奉所示景叔书及公复书，敬悉一切(景叔尚未来杭，事尚未定也)。胃疾想渐痊可。昨携公款往付纬公，纬公言，公书言欲至沪一游，而苦无名。然养疴名亦

王国维与罗振玉、邹景叔等合影

佳。此月维亦无事(岁末沪上或有佳品),何不一命驾乎?

近三日抄乙老诗,得十八页,计共五十馀页,大约再得六日,可以写成。渠尚有笔记,专考六朝道教者(昨日所寄),其稿亦在维处,录诗毕当移录之,二三日亦可了也。其诗集中有一诗失题,实乃寄题公大云书库者,录呈左右。专此 敬请

　道安

国维再拜　初七夕

海水天风浩荡中,抱经高阁屹榑东。

十年槎客归来梦,一晌诸天变灭空。

稷下尚闻尊祭酒,河汾天地寄王通。

神徂圣伏宁无憾,稽首河间老贯公。

(此当是癸丑春间作。)

学术丛编序
（代姬佛陀）

学术之盛衰，其故万端；而传播之之道，亦居其一焉。古代传经率用口说，宗庙之美，必入门而始见；灾变之书，待枕郤而后传。其事至难，其途至狭。既而贞石刊其文，竹帛著其说。阗车巷陌，观太学之碑；买纸洛阳，写三都之赋；而驰驱犹病，迻录为劳。爰逮有唐，始有刊板。益州字书，广陵历日；并藉摹印之助，以代缮写之烦，《文选》、"六经"，相继而出。肇自日用之书，遂及私家之作；然而专门之业，不朽之事。恒写定于莫年，或刊行于身后。蔡、王异世，始获《论衡》之书，刘、杨同时，未睹《方言》之目；其于学术之流通，可云易而未可云速也。近世以来，始有学报，创自西欧，施及东土。或网罗百家，或钻研一术；迨人之所采获，学子之所考订，往往草稿甫定，剞劂已陈。所以通学海之置邮，供同方之讨论；广知识于大宇，得切磋于他山。法至善也。爰俪园主人，产自西土，久客东方；每发思古之情，深知为善之乐。德配罗夫人凤飯正觉，兼嗜外典；二乘秘文，复兹结集三苍，横舍于焉。宏开复刊是编，以饷学者。海宁王静安征君，噬肯适我出其著书，上虞罗叔言参事，远自异邦，假以秘籍。故书新著，萃于一书；月为一编，岁成总帙。佛陀承乏校事，坐观厥成。冀使子云绝言，尽示其最；目孝公论难渐，得夫道真，于流通学术之道，庶几无憾云尔。

丙辰春二月睢宁姬佛陀觉弥氏叙

又　序
（代太隆罗诗氏作）

　　丙辰孟夏，本学所刊《学术丛编》既成，爰书其端曰：惟我神州，道德之博大，名理之精微；学术之广渊，文笔之灿烂。巍乎？焕乎？莫之能名。然求其载之之器，则曰文字，原夫制之之人，实惟史皇。伊昔荀卿《解蔽》，称其好书，韩非《五蠹》，述其遗说；不韦审分之览，淮南本经之训；东京冯翊之碑，郿亭洛水之注；莫不综其事实，纪其灵征。四目之相见，述于《论衡》；六丈之坟，可征夫《皇览》。曰皇曰帝，昔既极乎大名，左行右行，实难为夫长次。昔者周室《考工》，创物者谓之智；河间论乐，作始者谓之圣。《檀弓》一书，专记事始；《世本》二卷，爰列作篇。下逮刳木与结绳，咸以厚生而利用。矧夫观法象于天地，察蕃变于事物；设分理以别众情，兴神物以前民用。旁施于无垠，下暨于奕世者乎。太隆粗解文字，仰止灵蹤，精庐既辟，嘉名攸署，并旁延英彦，讨论学薮，裒其著述，都为斯编。窃谓三古以还，代有儒硕。踵武前修，开辟新术。绵延勿替，迄于今兹。自顷沧海横流，城阙兴咏。庶晨鸡于风雨，思烛龙于穷阴。此编之成，洵非无裨于学者。然而披条寻本，祭海洗河；兽跣鸟跡，伫怀洛汭之踪；丹甲青文，尚想阳虚之烈。爰书此指〔旨〕以弁卷端。

　　太隆罗诗氏叙于爱俪园之觉斯堂

仓圣明智大学章程序

举世竞言"新",独我学校以"旧"名于天下。有以质余者,余对曰:余不知新旧,知是非而已。余乌知乎是非?余但知利害而已。余乌知乎利害?余但知不以小利易大利,不以大害易小害而已!

夫中国圣人之所以治天下及其所立教者,虽若迂阔而远于事情,然万世之言治与教者,率未有以易也。近世欧美之政教,以富强为政,以权利为教,挟其奇技淫巧以行其豪强兼并之策,宜其可以跻太平、获厚福矣,然外之则血战经年,伏尸千万;内之则上下交争,虞不可终日。苟循此不已,即其所谓民族与其固有之文明,亦将岌岌不可保矣。其所谓新生之文化,又变本加厉,虽其面目若有异此旧名,然以利为治,以利为教则同。孟子曰:苟为后义而忘利,不夺不餍。又曰:由今之道,无变今之俗。虽与之天下,不能一朝居也。欧美今世所谓新与旧,岂尚足傲我中国之治与教哉!又乌知欧美之贤哲不将慕我中国之政教,思采用之以救数百年之失哉!

然则客之所谓新与旧者,正不知谁当之也。故欲言新旧,当以是非为标准;言是非,当以利害为标准;言利害,当以利害之大小为标准。我中国之民,固已渐渍欧美之政教而摹效之,已非纯中国之民矣。然固尚异于欧美之民,此古圣人政教之所赐也。

客既退,适学校章程告成,因书此语以为之序。

(摘自陈鸿祥先生所著《王国维传》一书)

经学概论讲义

第一章　总论

　　孔子以前，有《易》、《书》、《诗》、《礼》、《乐》、《春秋》诸书，而未有经名。《礼记》有《经解篇》，其所举之经凡六，曰："温柔敦厚，《诗》教也；疏通知远，《书》教也；广博易良，《乐》教也；絜静精微，《易》教也；恭俭庄敬，《礼》教也；属辞比事，《春秋》教也。"此篇《记》以为孔子之言，虽未必然，要不失为七十子后学之说。《庄子·天下篇》亦云："《诗》以道志，《书》以道事，《礼》以道行，《乐》以道和，《易》以道阴阳，《春秋》以道名分。"其所述者，盖儒家之恒言；是战国时，"六经"之名，固已确立矣。此"六经"中，《诗》、《书》、《礼》、《乐》，皆古代之遗文。百家诸子，多称《诗》、《书》；《礼》、《乐》独为儒家所传。《荀子》屡云："隆《礼》、《乐》而杀《诗》、《书》。"庄子云："其在《诗》、《书》、《礼》、《乐》者，邹、鲁之士，缙绅先生，多能明之。"《易》为卜筮之书，《春秋》为鲁国史。孔子以前，其行世不及《诗》、《书》、

《礼》、《乐》之广。儒家以孔子赞《易》,修《春秋》,遂尊之为经。故《诗》、《书》、《礼》、《乐》者,古代之公学,亦儒家之外学也。《易》、《春秋》者,儒家之专学,亦其内学也。其尊之为经者,以皆孔子手定之故。儒家谓孔子删《诗》、《书》,定《礼》、《乐》,赞《周易》,修《春秋》。以经圣人手定,故谓之经。"六经"亦谓之"六艺"。汉初,《乐经》先亡,故又称"五经"。古所谓经,皆不出此六者。其馀孔子之言,为门人所记者,如《论语》、《孝经》,均不在六经数。二书汉人皆谓之传。《尔雅》为释经之书,亦传之一也。《孟子》则与《荀子》并在诸子之列。其后《周官》、《礼记》,以附于《礼》而称经。《左传》、《公羊》、《穀梁传》,以附于《春秋》而称经。唐以后,遂有"九经"之目。而《论语》、《孝经》、《尔雅》则谓之"三传",盖犹承汉人之旧。宋儒自《礼记》中别出《大学》、《中庸》,与《论语》、《孟子》并称"四书",亦犹汉人呼《论语》、《孝经》为传之意。然汉人于石经未刊《论语》。唐石经中并刊《论语》、《孝经》、《尔雅》。宋人补刊蜀石经,并及《孟子》。宋、元以后,又有"十四经"(兼《大戴礼》)、"十三经"之目。于是古人所谓传,皆得经名。然其初,本谓孔子手定之书,不可不知也。其所谓之经者,经者,常也,谓可为后世常法者也。故诸子百家目其先师之书,亦谓之经。如墨家有《墨经》,道家谓老子之书为《道德经》,医家谓神农《本草》为《本草经》,黄帝《素问》为《内经》。其馀小小方技,如相牛、相马之属,亦各有经。甚至茶谱谓之《茶经》,酒谱谓之《酒经》,皆谓其先师之书,足以常为后世程式者;其与儒家称孔子之书为经之意,固不相远。故今可得下经之定义,曰:"经者,孔子手定之书,足为后世常法也。"今当就经之次序,分别论之。

第二章 周易

《易》之为书,自古有之。初伏羲氏画八卦,文王重之,为六十四卦。卦积六画而成,故每卦有六爻。卦有卦辞,爻有爻辞,相传亦文王所作也(或云爻辞周公作),故谓之《周易》。《易》之书,古代但以供卜筮之用。孔子晚而学《易》,乃作《彖上下传》,以释卦辞;《象上下传》,以释爻辞;又作《系辞上下传》、《文言》、《说卦》、《序卦》,杂卦诸传,以释其大义,谓之《十翼》。其书说阴阳消长之理。《系辞传》云:"易穷则变,变则通,通则久。"郑玄赞《易》,以"变易,不易"二语释之。变易者,传之所谓穷则变也;不易者,传之所谓通则久也。天地如是,人事亦然。圣人推天道以明人事,而作此书,以为人事之准绳;占筮之用,其一端也。孔子《易》学,传之弟子商瞿。汉初传《易》者,有施、孟、梁邱三家。又有京氏、费氏，多以象数为说。魏王弼出，始纯以义理说之；然颇杂以老庄之说。唐以后，诸家说渐亡，而王弼注立于学宫，流传至今。宋时程子颐作《程氏传》，亦说义理。朱子复参以象数，作《周易本义》。宋、元以后，并立于学宫，要皆得《易》之一端云。

第三章　尚书

《书》谓之《尚书》者，以其为上古之书也。《书》始尧舜，终秦穆公。相传孔子删《书》，定为百篇。至秦焚书，亡其七十二篇。伏生以所存二十八篇，教于齐鲁之间。其篇名为：《尧典》（兼今之《舜典》）、《皋陶谟》（兼今之《益稷》）、《禹贡》、《甘誓》、《汤誓》、《盘庚》（兼今三篇）、《高宗肜日》、《西伯戡黎》、《微子》、《牧誓》、《洪范》、《金縢》、《大诰》、《康诰》、《酒诰》、《梓材》、《召诰》、《洛诰》、《多士》、《无逸》、《君奭》、《多方》、《立政》、《顺命》（兼今康王之诰）、《费誓》、《吕刑》、《文侯之命》、《秦誓》，其后又益以《太誓》（非今之《秦誓》）为二十九篇。伏生之传，为欧阳大小夏侯三家，所谓《今文尚书》也。汉景帝时，鲁其王发孔子宅，于其壁中得《古文尚书》四十五篇，多于今文者十六篇。孔安国以今文读之，通其二十九篇，其十六篇无说，谓之逸书，遂亡于汉、魏之间。时今古文二学皆微，晋初乃有伪造孔安国《尚书传》者，析旧有之二十八篇为三十一篇（欧阳今文及马融、郑玄注古文已如此），又易《泰誓》以《伪泰誓》三篇，又增出伪书二十四篇，共五十八篇，今所传本是也。唐时立于学宫。宋时朱子弟子蔡沈作《尚书集传》，亦据伪孔安国本。元明以后，亦立于学宫。自宋以来，儒者已疑《泰誓》及二十四篇之伪；历元明至清四代，遂为定论。然伪书亦魏晋间人搜辑古逸书所成，其言多有裨于政治道德，不可废也。其真者多纪帝王行事及君臣论治之语，实中国三千年来政治道德之渊源，亦中国最古之史也。

第四章　诗

《诗》，大都周世之所作也。其采诸各国者，谓之风：有《周南》、《召南》、《邶风》、《鄘风》、《卫风》（三者皆卫诗）、《王风》（周东都之诗）、《郑风》、《齐风》、《魏风》、《唐风》（晋诗）、《秦风》、《陈风》、《桧风》、《曹风》、《豳风》，凡十五国。其王朝所作，以美刺政事者谓之雅；以祭先王及百神者，谓之颂。雅有

《小雅》、《大雅》。颂有《周颂》。又鲁为周公之后，宋为先代之后，皆得用天子礼乐；故其诗亦谓之颂焉。国风之诗，多民间歌谣，古人采之，以观风俗及政治之美恶。至于雅颂，则多出于士大夫之手，或咏歌先王之德，或陈古以刺今，其言均可讽诵；而道德政治上之教训，亦多寓其中；其使人感发兴起，较《易》、《书》为深；故孔子屡令弟子学《诗》，以为教育之方术。《诗》出于孔氏者，三百十一篇；其六篇无辞，故为三百五篇。汉兴，传《诗》者有鲁、齐、韩三家，至后世俱亡；《毛诗》稍后出而独存。今之《毛诗故训传》，汉毛苌所作也；汉末郑玄复为之笺。六朝以后，《毛诗》孤行。宋人始舍旧注而以新意说《诗》，朱子《诗集传》，其一也。朱子既殁，其书立于学宫，人皆宗之，二者各有得失，未可偏废。

第五章　礼

一、《仪礼》　"六经"中之《礼经》，谓今之《仪礼》也。六朝以前，无"仪礼"之名，其书但谓之《礼》。或据其首数篇，谓之《士礼》，或谓之《礼经》，或谓之《礼记》（非今之《礼记》）。汉初，高堂生所传者，凡十七篇：曰《士冠礼》，曰《士昏礼》，曰《士相见礼》，曰《乡饮酒礼》，曰《乡射礼》，曰《燕礼》，曰《大射仪》，曰《聘礼》，曰《公食大夫礼》，曰《觐礼》，曰《丧服》，曰《士丧礼》，曰《既夕礼》（即《士丧礼》之下篇），曰《士虞礼》，曰《特牲馈食礼》，曰《少牢馈食礼》，曰《有司彻》（即《少牢馈食礼》下篇）。其中惟士礼稍备，天子诸侯大夫之礼多不具。盖孔子之时，已无完书；就其存者观之，其记诸礼节目，至纤至悉。经后往往有记，以补经之所未备。《丧服》一篇复有传，则为释经而作也。又汉时，鲁淹中得古文《礼》五十六卷，比高堂生所传，增多三十九篇。然所增如《中霤礼》等，皆琐碎非十七篇之比，又无师说，故书亦不传。高堂生之传，其后为大小戴氏及庆氏。及后汉郑玄，以古文校十七篇，择其是者从之，并为之注，通行至今。宋儒于他经皆有注，独于此经，则全用郑氏之说也。

二、《礼记》　汉初有记百三十一篇，戴德所传八十五篇，戴圣传四十九篇。今之《礼记》，即戴圣之本。其书，多七十子后学所记，亦有秦汉人作，皆《礼经》之支流也。如《冠义》、《昏义》、《乡饮》、《酒义》、《射义》、《燕义》、《聘义》、《大传》、《祭义》，皆释《礼经》之大义。如《奔丧》、《投壶》，说者以为《礼经》之逸篇。又如《曾子问》、《丧服小记》、《杂记》、《丧大记》、《问丧》、《服问》、《间传》、《三年问》、《丧服四制》九篇，皆属丧服；《郊特牲》、《祭法》、《祭统》诸篇,皆属祭祀,皆《礼经》之附庸。其馀有属通论者,有属制度者,有属明堂阴阳者,有属子法者,皆足补《礼经》之不备。而《曲礼》、《内则》、《少仪》诸篇,又切于日用。故六朝以后,《礼经》学微,而《礼记》遂昌。汉末,郑玄作《礼记注》;唐初,孔颖达等定《五经正义》,有《礼记》而无《礼经》,遂取《仪礼》而代之。宋朱子特取其中《大学》、《中庸》二篇,为之章句,与《论语》、《孟子》并称"四书"。元陈澔作《礼记集说》,明初立于学宫,然不及郑注远甚也。

三、《周礼》 《周礼》载周之官制,凡分六官:天官冢宰、地官司徒、春官宗伯、夏官司马、秋官司寇、冬官司空。冬官篇亡,以《考工记》补之。六官官属共三百六十,其制与《诗》、《书》所载,不尽相合;其书亦最晚出。汉刘歆始笃好之,于《七略》载其书,谓之《周官经》;王莽时立于学宫。后汉初废,然民间颇有传习者。刘歆弟子杜子春,始通其训诂。郑兴、郑众父子,亦治此经。郑玄校以旧本,合三家说为之注。当时遂与《仪礼》、《礼记》,并称《三礼》。实则为周时制度之书,与《礼经》固无涉也。

第六章　春秋

《春秋》本鲁史记之书,孔子修之,自鲁隐公元年,历桓、庄、闵、僖、文、宣、成、襄、昭、定凡十公,讫于哀公十四年;凡十二公二百四十二年,以事系日,以日系月,以月系时,以时系年:盖本鲁史之旧,孔子加以笔削,以见一王之法,以寓褒贬传《春秋》者五家,今存三家,左氏、公羊、穀梁是也。

一、《左氏传》 《春秋左氏》传者,左邱明之所作也。昔人谓孔子将作《春秋》,与左邱明观其史记,为有所褒讳贬损,不可书见,口授弟子;弟子退而异言。邱明恐弟子各按其意以失其真,故论本事而作传,故其书以史事为详,后世知春秋时事迹者,全赖此书。汉兴,张苍献之。司马迁作《史记》,多采其书。然汉人皆以为史书,不以为经说。后汉初立于学宫,未几而废;然民间颇传习之。贾逵、服虔等并为之注;今所传者,晋杜预注也。魏晋以后,说《春秋》者,皆以左氏为宗。

二、《公羊传》 初,齐人公羊高受《春秋》于子夏,五世相传,其说皆口授。至汉景帝时,公羊寿始与其弟子胡母生,著于竹帛。同时董仲舒亦治《公羊春秋》,作《春秋繁露》以辅之;于是公羊之学大显。其传有严氏、颜氏二家之学,其书皆不传;传者后汉何休注也。公羊家说《春秋》,以为《春秋》非纪事之书,重义而不重事。春秋书法,字字皆有义例。凡时月日名字之异,皆求其所以然，于是设为科旨条例，至为烦赜，亦颇有非常异义可怪之论。何休之注，虽成于后汉之季，然用胡母生条例，及公羊先师之说；前汉《春秋》之学，惟此尚为全书。此学在两汉最显，至魏晋以后，左氏盛行，而公羊遂微。

三、《穀梁传》 《穀梁传》出于鲁人穀梁赤，比二传为晚出。汉时曾立于学宫，然未几而废。旧注皆不传，传者惟晋范宁注。六朝以后，其学亦微。

第七章　论语

《论语》者，孔子弟子记孔子言行之书，弟子之言合于孔子者，亦附见焉。孔子生时，弟子已各有所记；既卒，门人相与辑而论纂，故谓之《论语》。汉兴，传者有三家。《鲁论语》二十篇；《齐论语》二十二篇；《古论语》出孔子壁中，凡二十一篇。张禹初受《鲁论》，又受《齐论》，择善而从，别为《张侯论》，其书盛行于后汉。郑玄以《古论》校《张侯论》，用《鲁论》之篇次，采《古论》之文字，复为之注，顾其书（今敦煌所出，有唐人写郑注《论语》，《述而》、《子罕》、《乡党》三篇）不传。魏时何晏作《集解》，其本亦与郑校本同，其注则兼采古今之说，六朝时立于学宫。宋朱子出，复为《论语集注》，宋以后立于学宫。《论语》多言立身行己之事，较六经之言经世者，尤于人为切近，故历代皆以为通经之门户。汉人受经者，必先通《论语》、《孝经》；宋以后读五经者，必先受"四书"：皆以此也。

第八章　孝经

《孝经》者，孔子为曾子陈孝道之书。汉时，亦有今文古文，今文十八章，古文二十二章。六朝时，今文《孝经》有郑氏注（或云郑玄所作），后有伪为古文孔安国传者；二书世多疑之。唐明皇因采旧说，自为之注（用今文本），唐时立于学宫。宋朱子作《孝经刊误》，用古文本，然其书不行。

第九章　尔雅

《尔雅》者，昔人荟萃训诂之书，其中以释《诗》、《书》为多。孔子之时，已有此书，后人又有附益。汉时与《孝经》、《论语》，并为初学之书。故刘向父子校书，列之"经"类中。汉人注者数家，后世皆亡。今唯晋郭璞注存。世以其为释经之书,故亦附之经后焉。

第十章　孟子

《孟子》本诸子之书;然汉文帝已立孟子博士,后乃罢之。后汉赵岐为之注。北宋末,席益补刻蜀石经,附《孟子》于后,为"十三经"。南宋初,邵武士人假孙奭之名,为赵注作疏;越州刊诸经疏,亦刊此疏:盖已跻于诸经之列。朱子复为之集注,列于"四书";于是"十三经"之名,遂一定而不可易矣。

第十一章　历代之经学

《史记》称孔子弟子身通"六艺"者七十二人,"六艺"即"六经",是孔子之门,未有分经之事也。然商瞿传《易》,子夏传《诗》,曾子、子游特善于《礼》:是孔子门人,于经既各有专长。其后如孟子通"五经",尤长于《诗》、《书》;荀子特隆于《礼》、《乐》;汉初诸儒,皆以一经名家。其设教也,先授《尔雅》及诸字书,次授《论语》、《孝经》,最后乃授一经。然其时诸大儒,无不兼通"五经"者。其后乃有今古学之分:今学者,乃先秦以来师师相传之学,汉初皆立于学宫,是为官学;古学则后出之古书,民间创通传习者也。二者各有家法,本不相谋。后汉以后,古学渐盛。后有郑玄者,博通"五经",兼综今古;于《易》、《书》、《诗》、三《礼》、《论语》皆为之注,学者宗之。于是两汉今古二家之学,渐微而亡。同时王弼之《易注》,伪托之孔安国《尚书传》,杜预之《左传集解》,亦与郑氏之书,并行于世。至南北朝学者,乃复为此种经注作释,谓之义疏,亦谓之正义。唐有天下,令孔颖达等撰《五经正义》;于《易》用王弼注;《书》用孔安国传;《诗》用郑氏《毛诗笺》;《礼记》用郑氏注;《春秋左氏传》用杜预注:均采前人旧疏,为之正义。于是此五注者,遂为官学正本。其后贾公彦撰《周礼》、《仪礼》二疏(皆用郑注),杨士勋撰《穀梁传疏》(用范宁集解),徐彦撰《公羊疏》(用何休注),于是"九经"皆有正义。而《论语》有梁皇侃旧疏(用何晏集解)。《孝经》有元行冲疏(用明皇御注)。《尔雅》有孙炎、高琏二疏(皆用郭璞注)。至宋真宗时,命邢昺校定《论语》、《孝经》、《尔雅》三疏;合贾氏《周礼》、《仪礼》二疏,杨氏《穀梁疏》,徐氏《公羊疏》刊布之:谓之《七经正义》,以继孔颖达《五经正义》之后,于是亦为官学正本。唐时学者,皆谨守旧注,无敢出入。宋刘敞、欧阳修、苏轼、王安石等,始以新意说经。同时周(敦颐)、程(颢、颐兄弟)、张(载)、邵(雍)等,复为心性之学,至朱子而集其大成。朱子于《易》作《本义》,于《诗》作《集传》,唯《尚书》注未成,以授其门人蔡沈。沈作《集传》,朱子又作《四书集注》,皆与汉魏以来旧注不同;其说义理,或校旧注为长。其后朱子之书,尽立于学宫。明以后,《春秋》亦用胡安国传,《礼记》用陈澔集说,于是"五经"旧注,皆遏而不行。明永乐中,作《五经大全》,为宋、元经注之义疏,犹唐宋之《五经正义》、《七经正义》,为汉魏经注之义疏也。元明二代,笃守宋注,与唐人之笃守旧注无异。有清一代,其取士虽仍用宋注,然亦兼采旧说;学者著书,尤多发明汉学。其于诸经各有专家:于《易》,则由虞翻以上溯孟氏;于《书》,则古学求诸马、郑,今学求之欧阳,大小夏侯;于《诗》,兼采齐、鲁、韩。而陈氏奂之《毛诗传疏》,孙氏诒让之《周礼正义》,胡氏培翚之《仪礼正义》,陈氏立之《公羊义疏》,其精博均在六朝唐人义疏之上。至郝氏懿行之《尔雅义疏》,虽释郭注,其识并驾郭氏而上之。缘有清一代,考证之风大盛,穷经之方法既定,又得小学史学之助,故其于经学之成功,实非元明之所能及也。

226

附　录

爱俪园——海上的迷宫(选录)

李思绩

关于广仓学宭

这时宗仰的地位已经由绚烂而衰竭，离他一怒而告别爱俪园的时期不远了！园内的事情，逐渐由姬觉弥将范围扩大起来。账房间和文牍处，都设立了。邹景叔和他决定了组织一个广仓学宭，作为专门编印书籍的处所。"宭"字本来是群居的意义，用作房屋的名称，也始自邹景叔自己的"两敦盖宭"，因为他曾得过一件"不娶敦盖"和一件"颂敦盖"。不过，他这个"两敦盖宭"只建筑在图章上面，没有房子的。现在再把这宭字应用到园里来，实际还是第一次。有人说过"宭"字的形状实在和"窘"字太像了，那也不相干。

广仓学宭在园的北面，本来称为侍秋吟馆，房子是向南的三间带中式的洋房。中间一座庞大的扶梯，直达楼上。左间前半是一个客座室，上面有一块"贤者乐此"的匾额。后半是一间画室。右间正中摆着一只大弹子台，四边摆设一些沙发和几桌。屋的前面和右边，都有玻璃长窗，窗前还有很阔的廊檐。屋的后半和楼上，都划分为一个一个的房间。这楼上称为待雨楼。正屋的左边还有一列平房，堆积一点东西，后来也住人。

更向左靠前一点，是一所向东的钟楼，榜着"欧风东渐"四个大字。钟楼下面是一个路亭式的孔道，以前有一块"黄海涛声"的匾额，后来掉了"听涛"两个字。因为有条河浜是直达到钟楼的南面为止，据说这河浜的水与黄浦相通，潮来的时候有泠泠的声响。广仓学宭的前面是一条马路，这路有一个时期，就称为广仓路。路的东端经过钟楼下，直达到大门口。西端通到"巢云"的东门。这路的南面，从"欧风东渐"起，到涌泉小筑为止，是广大的草地和树林，中间也有几条小路。这个所在，就是"黄叶村"。村的更南就是河浜，一端到钟楼为止，一端到涌泉小筑，中间却从涌泉桥下流过，通到爱夏湖。

窘的西南廊檐外紧接着一条走廊,迤逦向西,中间经过一个椒亭,一个"风来啸"亭,直达到"巢云"的后面。东面也有一条走廊,可以达到大门口。这样从大门口进来,经过苣兰室,黄蘗山房,欧风东渐,广仓学窘,巢云,戬寿堂,天演界,直达到阿耨北舍。在天下雨的时候,都不用走湿路了。不过我这里所说的情形,是在创办广仓学窘的时候。以后从大门口到窘的一段走廊先坏了,从天演界到阿耨北舍的一段走廊也坏了。从钟楼到涌泉小筑的一段河浜垫塞了。以后也许会变成一片荒野,或者变成商店和住宅。

在欧风东渐和广仓学窘的一带房子,以及上面所说的范围内,以前也称过"编辑所",或者"窘里"。但是最普通的称法是"中园",或者"中坟"。

迷离中的学术气

人是一种奇怪的动物,因为他具有复杂的性能。人们要生活,要爬,要撞;生活不成问题了,要享受,要快活,有时还要玩玩自己所绝无兴趣的"雅人深致"。像爱俪园这么一个所在,也跟学术发生一点关系,这也是一件不可思议的事。我想这里分出笔墨来写一点,这是一支奇异的插曲,也许不大有趣味,然而是很有价值的。

这里还是从广仓学窘说起。

广仓学窘的主要组成人员,除了邹景叔之外,还有一位为学术界所熟知的王静安先生,此外是张砚孙,李汉青,费恕皆……还有几个小职员。姬觉弥每天下午到一次,先到楼上和邹景叔谈谈书籍和古董的话,其次是到李汉青画室里谈一点关于窘务的话。张砚孙是担任写字的工作的,除了抄写有旁的人,其馀无论什么匾对大字,他都得写。李汉青主要的工作是图画,还得摹拓古器篆刻图章,设计和打样。因为他是坐办,所以更需管一点窘里的杂务,和应接来宾。费恕皆担任一点应酬文字,但是他人却常常在文牍处。

王静安先生主编《学术丛编》,是每月一期,从民国三年(应在民国五年[1916])四月创刊号起出过二十四期。后来分种装订成二集,每集十六册,更名为《广仓学窘丛书甲类》,有时也称《学术丛书》。这样先用杂志式转变为丛书式,有罗卡(叔)言的《国学丛刊》改装为《雪堂丛刻》的先例的。

书的内容,二集共五十二种,其中有二十四种是王静安先生的稿本。其他是"未刊旧籍,或虽已刊而流传甚少者"。这书除了《韩氏三礼图说》一种是影印的,其馀大多数铅字排印。王先生的著作中,有几种因为夹杂一些必需

229

的古体字,所以一部分是石印的。起先用一个誊写的人,叫鲁玄尘,写王先生著作的石印底本,其中所有的篆古字再请张砚孙填写上去。《史籀〔籀〕篇疏证》一书,就是这样办的。不过写定时却整整的漏去了一条,没办法只好补写在末页,其馀还有几处小错误。王先生感觉着这样办法不很好,所以以后不能排印的稿子,总是他自己誊写。因此丛书中有六种是用王先生手稿影印的,一种是王先生手写本影印的。

这书的内容是完全由王先生决定的,所以很有价值,不过也因此而姬觉弥感觉不到兴趣,所以印了二年,第三年停止了。王先生还有一种自己著的《急就篇校正》,和代姬觉弥编的《重辑仓颉篇》,本来预备装在第三年丛编内的,后来改做单行发售。还有代姬觉弥编的《唐写本唐韵校勘记》二卷,《唐韵佚文》一卷,《附录》一卷,没有付印。(这书后来收在《王静安遗书》中,或者《王忠愨》(《悫公全集》)中也有。

姬觉弥对于《学术丛编》的工作,本来是规定由他校勘的。在第一期出版后,他也认真校勘过一回。但他感觉到这事也非王先生不行,所以第二期起完全托给他了。

王静安先生的一些佚事

关于王先生的学术和人品,是早有了定评的。假使我这里再介绍一下,非但是多事,而且或许会变成"佛头著粪"。不过我想叙述一点佚事,或者还不会十分坏。

一个不很高大的身材,面孔也瘦小,牙齿有点獠在外面。常穿著当时通行的及法布袍子,罗缎短袖马褂,后面拖了一条短辫子。冬天他戴上一个瓜皮帽子,或者穿上羊皮袍子,但他没有比羊皮更高贵的皮衣。他的衣式不很时式,也不很古板,但很整洁。他的近视眼镜是新式的。他也会抽香烟。总之他的物质生活,是很随随便便,决没有一点遗老或者名流的气味。看去有点像旧式商店里的小伙计。

他对人不很会讲应酬话,更不会客气。假使有人请他看一件古铜器,他看了假使说是"靠不住的",那个人无论找出一些这样真实证据的话来,例如色泽的如何古雅,青绿的如何莹澈,文字的如何精致,什么书上有类似的著录,将这些话提供给他参考,再请他仔细看一下。他看了以后,依然是"靠不住的"四个字答复,也不附和人,也不和人驳难。

他说过古器中的一个"攻吴监"和一个"史兽鼎"是靠不住的。这话他著作中却没有，所以我特地写在这里。

有时姬觉弥要和他解决一个字义，他只嘻嘻的一笑，或者有机会更跑远一点。我想他是感到和这位"小学大师"学问的途径有点不同，所以不肯多所非难，引起无聊的误会。

他在仓圣明智大学也上过一个短时期的课，学生因为不了解他，所以也不欢迎他。但园里的主人和同事，每个人对他都极尊敬的，虽然像费恕皆是最喜欢批评人的，但他从不对人讲过一句非难王先生的话。

他家里旁的东西都不多，书也不很多。不过他的书不是整整齐齐堆在书架上，却是到处摊着。桌子的每一只角里，茶几上，椅子上，床上，甚至于地上，都摊着翻开的书。要等他把正在起草的一篇著作告竣了，才把摊着的书整理一下。到第二篇著作将要动笔之前，书又随处摊满了！

《艺术丛编》及其他

邹景叔编的《艺术丛编》也出到二十四期，不过是每二个月出一期，所以编印的时间是四年。发行的方法和《学术丛编》同样，后来改装成四集，改名为《广仓学宭丛书乙类》。也有一些印而未经装入"艺术"内的书，另售单行本的。是《周金文存》的第五六两卷《草隶存》一种，《艺术丛编》还出过一期临时增刊，是记载民国三年广东台山龟岗出土的西汉冢本。

这丛书的内容，除了王先生的《戬寿堂所藏殷虚文字考释》之外，都是一些古器的拓本和照片。仅仅提供了许多考古的材料，有几种简直连整理排比的工作都没有做，差不多随得随印的。

其中有一种名称为"专门名家"。假使单就这书名和《艺术丛编》的书名，来推想它的内容，也许会估计到是：供春茗壶，朱碧山银槎，张鸣岐手炉，丁敬身图章……其实都不是的。它收罗的全是"周秦以来书画古砖"，"专门名家"的"专"字是借作"砖"字用的。这样的命名，也许太好奇一点。

《戬寿堂所藏殷虚文字》这书虽题着"睢宁姬佛陀类次"，其实这类次的工作，还是王静安先生做的。不过姬觉弥确是决定要这样做，连王先生那本《考释》的体例，也是姬觉弥决定要这样做。这《考释》的内容，将拓本的每一块甲或骨上的文字，逐字逐句地释出来，再加上考据。这样的方法虽然笨一点，却使后来研究甲骨学的人便利不少。

关于甲骨出土的历史,和它的性质,近年来研究甲骨学的人比较多了,我想用不着在这里介绍。简单一句话,它是商朝刻着字的龟甲和兽骨,光绪二十四五年,开始在殷墟地方出土的。

戬寿堂藏的甲骨,一总是八百多块。王先生在《殷卜辞中所见先公先王续考》内说过:"得见英伦哈同氏戬寿堂所藏殷虚文字拓本凡八百纸。"这话是可靠的。罗迦陵的《戬寿堂所藏殷虚文字》序中说:"丙辰冬,得甲骨千片于海上。"大概是举成数而言,并非有意的夸张。

罗迦陵的序文中又说:"乃丹徒刘氏故物,其中见于《铁云藏龟》者什一二,而未见者什八九。"其实不然,这一起甲骨其中虽有一部分曾经刘铁云藏过,但是经过了罗叔言和邹景叔的手的。邹景叔没有藏过甲骨,所以这甲骨虽从他手里经过,大概没有起什么变化。罗叔言藏的甲骨,一总有二万多枚,其中一部分是刘氏的故物。所以售给园里的一起甲骨,是罗氏在他自己所藏的之中选出来,当然也有一部分是刘氏的故物。罗氏选择的目的,是专掠一些碎块,文字稀少的,石灰性而易于损坏的……总言之是出售一票次货。所以实际上见于《铁云藏龟》的,在八百多块中,仅仅三五块,并不是"什之一二"。反而有一部分,却见于罗氏所印的《殷虚书契前编》、《殷虚书契后编》、《铁云藏龟之馀》。这都是从罗氏手里经过的证据。

但是,罗氏的选择,也只是一种形质上的选择。讲到内容,在戬寿堂购进的甲骨中,却依然有许多有价值的文字,后来被王先生发现出来。其中有"中宗祖乙"、"小祖乙"等字的,在刘罗所印的书中,都不曾有过。

有一片骨文,上段印在罗氏《书契后编》上第八叶,中段印在《戬寿堂所藏殷虚文字》第一叶,下段在刘晦之处。刘晦之藏的甲骨,也是罗叔言的出产,这更证明戬寿堂藏的,也是罗氏所售。

《戬寿堂所藏殷虚文字》一书,可惜是石印的,所以不大清晰。考释是用王先生的手稿本石印的,但它最后的半页,却没有印出。不过这半页也仅仅一行字,更没有什么重要。

(《爱俪园梦影录》,三联书店,1984 年 5 月)

仓 圣

徐铸成

"没有偶像,为了打鬼,可以造出一个偶像来。"这真是一个颠扑不破的真理。盗跖本是一个传说中的坏人,一旦需要,可以给他加上一个姓,封他为古时最坚定的左派,是与孔丘斗争过的先辈法家。还有学者文人,对他的"光辉"业绩作了一番考证。

姬觉弥是早就参透这个道理了。那个时候,尊孔复古的空气,又在康有为等的倡导下,日益浓厚起来。抬出造字的老祖宗,不仅更有号召力,而且黄宗仰手中的佛教王牌,也可以压下来,真是一石数鸟的好主意。他越想越得意,决定在这上面大干一番。

可怜乌目山僧不明白这个道理,还写了一个长的说帖递交罗迦陵,说仓颉只是一个神话中虚拟的人物,像燧人氏、神农氏一样,并非实有其人,字是古代人在结绳中慢慢创造出来的。而且,佛教是从外国传播来的,是唐僧从天竺取来的经,和仓颉更风马牛不相及。华严大学是为了振兴佛教倡立的,更不该挂什么仓颉的像。

这封说帖递上后,如石沉大海。过了约十天,罗迦陵约见他,像非常关切地说:"上人身体不好,不要去管那些俗事了。华严大学索性让他们去管吧。上人专心一志在频珈精舍修真养性,有空可以来陪我参参禅。这样,可免除烦恼,一心超度众生。"

黄宗仰诺诺退出,合十称谢。他心里明白,在这一斗法中,他肯定是失败者了。在女施主的天平上,他的重量已微不足道。他意识到,"梁园虽好,不是久住之地"。

从此,姬觉弥全面控制了这个学校,并于一九一四年改名为仓圣明智大学,名义上仍由罗迦陵担任校长,姬则以监督操握大权。

在此以前,华严大学有学生一百二十人,其中有十到二十人是和尚。每天六时半鸣钟起床,七时吃稀饭,八时上课;上午四节,是国文、佛经、历史、地理。下午也是四节,国文、佛经、算术、小学。有时,晚上还有高僧来讲法,八时击鼓睡眠。在一百二十个学生中,后来因吃不惯素餐,有十几人退了学。

改称仓圣明智大学后,姬觉弥特地请了些老师宿儒来任教职。他还请罗迦陵拨了二三十万元,把校舍改建扩充,增设了中学、小学部。另外,在园的另一角,建房开设了女学。

当时,姬所主办的《广仓学会杂志》,对这个大学,有如下的记载:

越絮舞桥,即见仓圣明智大学石坊,坊前亘一小桥。缘径入校,广场十数亩,操场中天桥,浪木悉备,门榜八字,曰"侯冈圣化,爰俪名园"。讲堂寝舍鳞次栉比。图书室、彝器室、武器室、礼乐器室,布置井井。设附属中学四级,高等小学三级,大学预科尚在筹备也。校章规定,概免膳宿医药等费,皆取给于园主人。祖崇仓圣,春秋修祀。

大学面东设礼堂,德清俞阶清太史颜其额。堂址宽敞,中肃立古圣仓颉先师牌位,左配为周太史籀、秦太史令胡母敬、司隶校尉程邈,右配为汉祭酒许慎、中郎将蔡邕、魏太傅锺繇。上列乐器橱四,下置钟鼓、柷敔之属,及羽籥、干戚各舞器。每岁三月二十八日、九月十八日循例祭祀,歌舞交作,郁郁乎,观者咸有周礼在鲁之感。

看看那一期的《广仓学会杂志》还选登了好几篇仓圣明智大学附中学生的作文,题目就很有趣。如"清太祖七恨告天论"、"刘聪陷晋二都论"、"韩柳文派异同论"、"明季三大案平议",显然,都还像是科举场中策论的试题。看来,那所附中对语文、历史还是相当注重的。还有些题目,如果让我答卷,一定也不能及格。如"唐高祖(李渊)臣突厥,后晋高祖(石敬瑭)臣契丹,事迹相同,何以成败相反论"。真的,屈服与叛卖,究竟有什么区别?不是一个生了个好儿子,一个却因为后继者也是混蛋么?又如"鸿门一案,项庄舞剑,若当时沛公不免,大局将复如何?试平情论之"。"荆州之役,若关羽不为吕蒙所败,当时长江大势,将复如何?试复论文。"这样的题目,要中学生解答,也真不易。如果那时刘邦被杀,自然不会有汉朝的天下,当然也不会出现韩信、彭越这些英雄。"萧何月下追韩信"这类的故事,就根本没有了。至于项羽这个人,他一"坑"就是几十万人,这样的人,尽管他有四个眼珠(司马迁那么说),未必真会识拔人才,共治天下吧。至于关羽,连孙权要和他攀亲,他还说"虎女焉配犬子",太没有自知和知人之明了。这样的悍将,即使幸免,能够改变当时三国鼎立的局势吗？

前文谈到仓圣明智大学的春秋二祭，直到二十年代，各地都还隆重举行。当然，被祭的不是仓圣，而是"至圣先师"孔子，附祭的也不是程邈、许慎那几位，而是孟子等四贤和七十二位高足。我们家乡叫"丁祭"，是三月、九月第一个丁日举行的。姬觉弥选了三月十八和九月十八日，据传，他还有个"不可告人的罪恶目的"，他自己的生日是三月十八，这样，致祭仓圣，也就纪念他这位后圣了。

能够参与丁祭的，总要有点功名，在我儿时，听说至少要秀才或贡生才有资格。至于主祭，照例至少该由进士翰林担任。我们这个小县，最末一个进士就是徐凌霄先生的伯父徐致靖先生。他早期因保荐康、梁，被关在天牢，获释不久就逝世了。我们老家这个破宅子里，只有一个疏房的哥哥，比我大约三十岁，侥幸入过学，一辈子在农村当"猢狲王"——私塾老师。他每逢丁祭，是最受人尊敬的日子。的确，此事也关系到小民的生活问题。孩子到一岁多，女孩自然不论，男孩则一定要等到丁祭那一天，吃一点胙肉，才正式开荤——可以吃荤菜了，取意是很明显的，这样，小孩长大，可以读得进书，可以中举发迹。我迄今还分明记得，我那位堂兄，每逢丁祭回家，双手捧那块不到半斤重的猪肉——所谓胙肉，一脸的得意之色。

小孩当然不准去孔庙偷看这样的隆重仪式的。我后来看《儒林外史》里虞博士和马二先生等泰伯祠祭祀的一幕，仿佛得到一点概念。旧报上记载爱俪园春秋二祭的情况，大概也具体而微。

当时，报上还刊载一则姬觉弥的启事，颇有文献价值："本校珍重国学，崇祀仓圣，曾请画家敬摹形象，考诸遗书，参以理想，迄未惬心。海内收藏家倘有宋元名手所绘仓圣遗像，或旧版仓圣外记及有关仓圣圣迹之书，肯割爱赐让者，请即邮示，以便诣前面议。否则，借摹借录，仍当璧还，亦予以相当之报酬。决不敢欺改，至关信用。哈同花园仓圣明智大学姬觉弥谨白。"

仓圣那时，连纸笔竹帛也没有，更不要说摄影，他的真容究竟如何，恐怕连汉唐名家也只会凭"理想"加以创造的吧。

姬觉弥自从发现了仓颉，在他身上做了许多"文章"：把华严大学改组、扩充为仓圣明智大学，借以排挤黄宗仰；又办仓圣女学，立广仓学会，刊《广仓杂志》，开万年耆老会等等。这些义行善举，大部分发生在辛亥革命后的民国初年。为了行文方便，我想一口气把它一一介绍完毕。辛亥革命前后，爱俪园和黄宗仰还有不少政治活动，则留待"下回分解"。好在我不是给哈同优俪和他们的两位大管家做年谱。像电影剧本一样，把故事的镜头集中些，有时再用倒叙法，表演效果也许会好些。这是要向读者交代的几句闲话。

谈起爱俪园里的春秋二祭，还该再补充几个镜头。

按照历代相传的礼节，祭先贤用少牢，一猪一羊，整个烧好煮熟，放在特制的方盆里上供。祭至圣先师文宣王孔子，还要隆重些，添一头全牛，名为太牢。仓颉是比孔子还伟大的先知先觉，自然也该用太牢。但这位女主人爱蕤夫人，却是菩萨心肠，如何能这样杀生呢？姬觉弥想出了一个两全其美的好主意，他大概也是熟读《三国演义》的，仿照诸葛亮用馒头代人头祭吊泸江冤鬼的办法，请几位厨师兼雕塑专家，用麦粉巧制出牛、羊、猪一套素的"太牢"，惟妙惟肖，可以乱真。至于肚子里塞了什么，祭后是否也分"胙肉"，未经查考，就不得其详了。

爱俪园最初举行这样的大典时，还特地到南京礼聘来一位郑老先生，大概至少总是一位翰林公吧。由他指导，雇来能工巧匠，制出了各种古乐器，各类钟、磬、大鼓、鼗鼓、干戚、羽旄、箫、管、琴、瑟、柷、敔、缶，以及爵、笾豆、俎豆等等。还挑选了六十四个儿童，制备了特式的服装，训练他们八佾之舞。

祭祀以后，还请来了几十位遗老，举行投壶仪式。这玩意，是古代的娱乐，还是训练目力、腕力的体操，或者仅是一种仪式，就不得而知了。大概是中间放着一把特制的壶，儒生们远远地把箭投去，投进了壶就算得胜，饮一尊酒。如果投中壶旁的把孔或壶的中心，那就更了不起。这玩意，不仅古色古香，大概比现在的投套环或投射某一电动的东西，要复杂一些，难度也大。

记得一九二五年，军阀孙传芳以秋操为名，从浙江起兵，赶走了盘踞上海、江苏、安徽的奉系军队，开府南京，自称五省联军总司令——人称"联帅"。他志得意满，曾异想天开，大概为了提倡复古，阻遏方兴未艾的"赤化"狂澜吧，举行了一次投壶盛典，特请章太炎先生参加。所以，后来鲁迅写的《关于太炎先生二三事》中，有一段这么说："（先生）既离民众，渐入颓唐，后来的参与投壶，接收馈赠，遂每为论者所不满，但这也不过白圭之玷，并非晚节不终。"

可见姬觉弥的脑筋，动得比孙传芳早得多了。在民国初年，"去古未远"，要搜罗懂得这种玩意的遗老遗少，还比较容易。困难的是这样的壶。姬觉弥派人在上海各古董店到处搜寻，找不到；派人去北京、南京等地搜访，也未得结果。最后，在杭州一个世家的废物房里，找到了一个，重金买了运到上海，发现它缺了一个嘴。又请了一些专家来研究，好不容易才配上了。

真想不到,缺了一个"口",竟会如此影响全局!

（摘自《哈同外传》第十一节）

仓圣明智大学的回忆(节录)

蒋君章

神秘性的学校

上海人士在抗日战争以前，无不知有哈同花园。哈同花园以其园主而名，其正确的名词叫做"爱俪园"，大门正中悬有仁和高邕所书的匾额，其书苍劲有力，似铁画，似刀削，古雅可爱，注意者不多，知道的就更少了。园中尚附设一所大中小学俱全的"仓圣明智大学"，知道的那就少之又少了。

沪上大、中、小学每逢寒暑假期，必大登广告，以便广招学生。而仓圣明智大学独为例外。这所学校，颇具神秘性与封锁性。从不公开登报招生，其招生消息，都是从在校师生或和园方有关系的人传出，因而外间知道的人不多，可是每届考试，大、中、小学合计亦常有二三百人，可知想进这个学校的人也不在少数。这所学校所以采取封锁政策的原因，是由于全部免费，连伙食都由校方供给之故。揣校方之意，是当做一种慈善事业来办的用意占更大的成分，所以尽量把招生范围缩小，以避麻烦，

民国十年，我毕业于故乡的一所相当负有盛名的高等小学，同班同学中有一位已经毕业而慕名再读的，他的目的是投考仓圣明智大学。他的目的是达到了。我从他那里得到招生的日期，因而也考取了这所大学的附中。

这所大学的招生日期，是在每年的阴历正月，而不是阳历七月。从这一点，便可了解这所学校之守旧性。可是这所学校特点很多，也给我很深刻的印象，在中华民国教育史上可能是最突出的。

开学仪式

明大的开学仪式，是特别值得一记的。在名义上，罗迦陵夫人是院长，姬

238

佛陀先生是校长，实际上主持校务的是孙学濂先生。院长、校长难得到学校来。但是开学典礼，校长必亲自主持。钟声一响，学生早已聚集于大礼堂。排成整齐的队伍，等候校长的光临。照例，校长是在最前面，教务长在校长的侧面，接着的是王国维、王益吾、宋澄之等重要教习。他们的装束，都很古怪。王国维先生的大名，我在小学读书时，即已久仰。他是短短的身体，嘴唇上蓄着八字胡须，瓜皮小帽，缀有红帽结，后面拖着一根长辫子，这是他的特别标记，十足的满清遗老，最引起同学们的注意。实际上，他的后面的王益吾先生，就是长沙王先谦，也是鼎鼎大名的文史学家，他的服装很普通，反倒引不起同学的注意了。

开学典礼的开始，是大家向"仓圣"像行三跪九叩礼，这个礼把学生行列弄得秩序大乱，因为每人之间的空隙有限，跪是没有问题，头可叩不下去，只好望空而叩，歪的斜的，在所不计了。叩完了头之后，开读院长和校长训词。这都是教务长预先准备好，以油印发给大家。训词例由郭本棠先生宣读。郭先生杭州贡生，也是八字须，瓜皮帽，没有发辫，可是他的红帽结特别大。读起训词来，摇头晃脑，韵味十足，而且院长的口气，校长的口气，铢两悉合，实在难得。可是他的帽结定得不牢，摇一下头，帽结也动一下，同学们只好强自忍禁，散礼后则狂笑不已。

"仓圣"是这所大学的命名，这仓圣是什么人呢？那就是我国历史传说中首先造字的仓颉。仓颉能够首先造字，其聪明和智慧之高而受到后人的尊敬，那是没有问题的。可是尊之为圣，是不是像一般古史的惯例凡有新发明者即被尊为王为圣一样，我们当时并不知道。从这所学校特别注重文字学这一方面去看，他的出发点是尊重他的首创文字，是无可怀疑的。仓圣的像，挂在大礼堂的正中，在我的记忆中，仿佛是一幅大油画，身披树叶，面貌特殊。目双层，殆所谓重瞳子的传说罢。

教师群像

明大的大、中、小学三部分，以我的看法，中学部比较健全，大学则仅是形式，小学部仿佛是为了解决大学部学生的实习问题而设置的。此可从小学部的教师都是大学部在学学生所兼任而获知。所不同者，他们是永久性的兼任，而不是临时的实习而已。

我在明大读书的时候，大学部除了预科一、二年级之外，正科还只有一年级,人数不过三数人,预科生恐怕也不到二十人。正科似乎并不分系,重要的课程,只是中文和英文两种。中文似乎更着重些,上述王国维先生、王益吾先生、宋澄之先生等都是大学部的教授。英文教授只有一位印度人,大家称他为尼赫鲁,不知是不是和甘地一气做反英运动的尼赫鲁,因避难而在明大授课?那就不知道了。第二次世界大战初期,尼赫鲁已在印度政坛公开活动,报纸常常载有他的照片,我默默回忆明大读书时所见到持手杖而从容走在明大校园的尼赫鲁,似乎很像。王静安先生的学问,直到现在还被人家赞佩。我曾在窗前静听他的讲学,但见他嘴唇上下翕动,声音细小,咫尺之间也听不清楚,这也许我当时程度太低,听不懂他的话的关系吧!

（台湾《传记文学》第九卷第六期,1966 年 12 月号）

观堂先生别传

费行简

君名国维,字静庵,海宁王氏。观堂其自号也。幼而湛净嗜学,既冠,从上虞罗叔蕴氏游,博涉载籍,好古敏求,遂通群学。当岁己未,予居上海,同教授于英人哈同所立学,靡日不见,见则质证艺文,剧谈为乐。若是者几五年,始别去。予少治《礼》与《公羊春秋》,恒以请益于君,君谓公羊推衍义例,盖一家之业,故汉儒称其墨守,专则精,旁通则支。嘉道诸儒,务通其说于群经,诚后贤之蔽,不为传损益。若厥微言大义,刘宋以降阐发无遗,更衍则支说旁出矣。予服其言,故所商榷多在乎《礼》,论《礼》又多在乎祭,撮记其大者,得三事焉:

曩考祭天礼,见于经记者,曰圜丘、曰郊。圜丘,祀昊天上帝,为祭天帝正祭,而祔以日月星辰,其时用冬至日。《周礼·大宗伯》:"礼祀上帝。"《大司乐》:"冬至日于地上之圜丘奏之。"与夫《小戴·祭法》之泰坛是也。郊祀五帝为祭天神时祭,其时用正月上辛。《小宗伯》:"兆五帝于四郊。"《大宗伯》:"礼天地四方。"与夫《祭法》之坎坛是也。后世冬至祭天及祈谷大雩皆行于圜丘,乃混其名曰郊天,是其大惑。尝援以质于君,君曰:儒泥乎郑王异同,不复求证于经,宜多异说。王混丘、郊为一,又谓祭专在冬至,固非;郑信纬书,强立天皇大帝,感生帝之名,亦不足为训。四郊祭当为四时迎气之祭,唯南郊用正月上辛,周制郊祖后稷以配天,盖在南郊。《郊特牲》云:"郊之祭,大报本反始。"记云:"兆于南郊,就阳位。"以稷为周开基始祖,又有教民稼穑之事,故于岁始祀于阳位。《左氏传》云:"郊祀后稷以祈农事。"又云:"启蛰而郊,郊而后耕,胥其证也。"《礼运》:"因名山升乎天。"名山即南郊所兆坛,它言古土,则诸方之坛也。诚如子说,圜丘为正祭,四郊为时祭,南郊又郊祭之特重者也。予更紬绎君说,而知祀土方丘既无配,则祀天圜丘亦不当有配。唯圜丘不敢奉人帝配,故别立郊祭,以人帝配飨。南郊必奉始祖之有功德者,宜礼尤隆。

且后人不明二月建卯春分后日始长,故于前月迎之之义,谬以冬至为长,至又牵于《祭法》:禘在郊上之文,忘禘乃庙祭。而谓禘祖之所自出即郊祭,亦大惑也。此一事也。

予又考社祭礼,据《祭法》:五社,曰大社、曰王社、曰国社、曰侯社、曰置社。《郊特牲》又有亡国社,《周礼》有军社。其地则大社在藉田《郊特牲》:天子大社必受霜露风雨,达天地之气是也。王社在库门右内,《小宗伯》右社稷是也。以天子例诸侯,则国社当在其国之藉田,侯社亦当在门内。唯大夫不得特立社,故必与民族百家以上共立之,其地在州里。周制二千五百家共立之,社亦是也。其制则王社、侯社有房室,《郊特牲》:君南乡于北墉下。有墉斯有室。大社、国社则无房室,《大司徒》设其社稷之王壝,树之田主。曰王壝、曰树、曰主,无室可知。盖为群姓国人、州里民族立者,祭之人众,室莫能容,故不置室。亡国社立以示戒,祭不常举,故有室,《郊特牲》所谓不受天阳,薄社北牖,使阴明是也。《小宗伯》:"若大师,则帅有司而主军社。"是军社特迁王社之主于军中,止则舍社主于垒上。尔其时,则王社、侯社以中春甲日,《明堂位》之春社,《大司马》中春蒐田、献禽、祭社,《郊特牲》日用甲是也。大社、国社、置社则春秋祭之,盖春祈而秋报也。亦以质于君,君曰:子说祭之地是矣,而时则未为得也。礼以庙社对举,庙四时祭,社亦当为四时祭。《白虎通》说大社为天下报功,王社为京师报功。有报必有祈,知王社亦不止一祭。《月令》:"孟冬大割祠于公社。"是大社有冬祭。《州长》职以岁时祭社。岁时,岁之四时也。《郊特牲》:"田事国人毕作。"《诗·良耜序》:"秋冬报社,咸言冬祭。"或有援释奠缺夏祀之义,谓止三时祭,亦昧乎庙有时享,社不当独遗也。特四时祭为常祭,《尔雅》:"起大事,动大众,必先有事于社,而后出,谓之宜。"《大祝》大会同亦有造庙、宜社、反行、舍奠之文,此则有事之特祭也。时祭曰祭,有事之祭曰祃、曰祢祀、曰祷词也。古者国有大事,与众共举,嫌于无地,始特立大社、国社、置社,常日与众共祭飨,有事则召众而布誓命。天子封建诸侯,则视所都之方,取社土以茅封之。师行则戮不用命者于社,师旋则献俘于社。州社因祭时而属民读法,社之为用大矣哉。唯亡国社特置以示戒,衅庙后非祢祀不祭,《大祝》:"国有大故、天灾,祢祀社稷。"斯则五社外祀及胜国之社也。予因君说,知五社皆有祈报,独亡国社无之。亡国即胜国社,其地据《穀梁传》则在庙屏也。且王社、侯社有室,则有主;大社、国社、置社无室,则无主。无主之社,树木以代主,《大司徒》所谓各以其野之所宜木,《论语》树,松、柏、栗是也。《洛诰》:戊午乃社于新邑。用戊不用甲者,新邑始成之祭,非时祭之常也。君又谓:大社,王为群姓立,群姓外,诸侯之受姓者。诸侯四时有朝会,或当与社祭。《左传》:卜季友生间于两社。贾疏以为用社,亳社,则王社、胜国社地必非甚远。又后人以鲁之夏不苗、冬不享,遂谓不当有四时祭,而不知鲁所行非周礼也。此一事也。

予凤疑《祭法》,天子七庙,皆月祭之。盖据《祭统》:"致斋三日,散斋七日。"《坊记》:"七日戒,三日斋。"则一祭当斋十日宗庙九献,七庙同日则日不足,异日则月不足。且王当终岁在斋中,尤迂事情;若后世遣官恭代,周制则王不与祭,摄位非礼之能恒行者,亦乖亲亲之义。况祧庙止闻时享王考、皇考,诸庙乃月祭之。孔疏虽谓祭同日,不嫌礼数乎?周史有世室祀文武并七庙而九,合终岁三百六十日,且不给斋祭之用矣。宋元儒者有春夏分祭、秋冬合享之说,又似意必之谈。存此疑者,盖逾十年。辛酉乃举以薪教于君,君谓:月祭,告朔之祭也。礼简则七庙一日可遍,第致斋三日,则斋日不费。即四时祭亦止致斋三日,视涤即在其内,祭之明日绎于祊,亦五日而毕事。唯大庙大祭、殷祭,始斋十日,时享之名,其在夏殷。则春礿、夏禘、秋尝、冬烝。《周易》礿为祠、禘为礿,分行于四亲庙,或者时祭。既分行于四亲庙,则王考等五庙,岁以一月祭,不岁时毕举,故变时称月尔。然月祭实小祭祀,故礼制不著。据周制,庙祭终以禘尝为重,犹圜丘之祭天。时享则犹郊五帝,二祧庙即文武庙,为世室,亦春祭之所,谓顺阴阳之气,荐春秋之物,春禘而秋尝也。时祭特重禘尝者,譬四郊时祭特重上辛之南郊也。古人制礼,郊社宗庙,其义胥可贯通,尤贵达人事,绝无天子终岁居斋之理也。予闻而凤疑冰释,且引申君说,谓凡祭,物杀则礼杀。祭,大祭、时祭用牛;殷祭、大祭更当系涤三月,告朔用羊,足证礼简。又《祭统》:散斋七日以定之,致斋三日以齐之,然后会于太庙,下即云:大宗执璋瓒亚裸。注:夫人有故,摄焉。案《大宗伯》:凡大祭礼,工后不与,则摄。益知十之斋,唯殷祭、大祭行之,时享五日,告朔三日,义尤塙矣。此又一事也。夫礼莫大于祭,是三者祭天神地,亦人鬼之大者也。说者聚讼,群辩锋起,无所折衷矣。

予皆得因君说以申畅疑滞,达厥制作,岂非厚幸。而君议论明塙,不几超于戴凭、井丹欤?若其不取辞费,则阮宣子之言寡而旨畅也。且不徒精于礼制,凡声音、训诂、名物、象数,莫不研几穷微,尤善论证金石、文字。其论近世学人之敝有三:损益前言以申己说,一也;字句偶符者引为塙据,而不顾篇章,不计全书之通,二也;务矜创获,坚持孤证,古训晦滞,蔑绝剖析,三也。必瀹三陋,始可言考证。考证之学精,大则古义古制日以发明,次亦可以董理群书。於戏！可谓片言中窍者已。其所为文辞，从容雅朴，恶夫空言游说者之以古文自炫也。故一篇之成，必有实义名论贯注乎中。诗尤芟浮藻而成隐秀，兼众体以为雅度，遣编炳然，宜被家诵。唯厥躬行贞洁，践履竺实，更为予生平所未觏。平居讷讷，若不能言，而心所不以为是者，欲求其一领颔许可而不可得。闻人浮言饰说，虽未尝与诤辨，而翻然遂行，不欲自污其听也。其在哈同园，浙督军皖人某欲求一见，始终以巽语谢之，其介如此。尤严于取与，世之名士学者，好以其重名猎人财货，而实不为人治一事，君独深耻之，束脩所入，置书籍外，亦时以资恤故旧之困乏者，然不欲人知也。予与共居处盖逾五载，不闻其作忠愤激烈语，而一旦从容就义，遂与日月争光，由其蕴于学者至深厚也。君州垍生，尝襄钱塘汪氏辑《时务报》、上虞罗氏辑《农学报》，习日语文于某学校，复少习英文。清代奏调为学部图书局教育股编纂。辛亥国变，去之日本，已归国，居上海为哈同编《学术丛编》兼教授其学。癸亥以原任总督升允荐，入直南书房。丁卯五月二日自湛于颐和园之昆明湖，盖未及中寿也。著有《观堂集林》诸书行于世。

（《王忠悫公哀挽录》，天津罗氏胎安堂 1927 年刻本）

王国维和"广仓学宭"及其他

——观堂遗事片断

陈鸿祥

辛亥革命以后，王国维结束了在日本京都吉田山下之田中村的五年多"避居"生活(一九一一年十月至一九一六年春)，返回了上海，应邀为哈同编《学术丛编》杂志，并兼任过哈同所办的"仓圣明智大学"的"教授"。这是以往涉及王氏生平的史料都公认而无异辞的。郭沫若在《鲁迅与王国维》这篇著名文章中，盛赞王氏"在史学上的划时代的成就使我震惊了"的同时，也曾提及这件事。并说：假使当年知道了他会在这样一个"大学"里任教，"说不定我从心里便把他鄙弃了"！(见《历史人物·鲁迅与王国维》)哈同办"学"，名声甚臭，由此可见一斑。

不过，名声的"香""臭"，是一回事；对史实的探讨，是另一回事。亦即王国维是否兼任过"教授"，他为何会与这样令人"鄙弃"的"大学"发生了关系？这里，实际上也涉及到如何看待他在上海的这段生活。近年来，因为接触了一点有关的史料，逐渐悟得有一议之必要。

哈同办"学"之"自供状"

"仓圣明智大学"，亦称"哈同大学"。其名声所以很臭，首先当然与办"学"者有关。据熟知"哈同花园"内情及哈同其人其事的廖克玉老人回忆，说：

仓圣明智大学的校长是个和尚。……从开办到结束，为时不久。

……所谓"大学"全是鬼话,哈同夫妇附庸风雅,欺世盗名而已。(廖先生一九八一年五月三日致笔者函札)

这应该是结识过哈同夫妇的"知情之谈"。前不久,徐铸成先生在《哈同外传》的《引子》中,亦提及了这所"大学"。进去读过书的,就有早年出身寒苦的徐悲鸿先生。还谈到他有位"疏房的侄儿",也曾考入这所"既不要学费又不收膳宿费的学校"。据其口述:"大学"附设"中学部"与"女中部",校舍简陋,伙食粗劣,严禁男女学生接触。一年只有两次可以步出校舍,那便是结队同去为哈同及其老婆"祝寿"。特别是有个叫姬觉弥的"大总管",为人凶狠,经常毒打或禁闭学生(详见《新民晚报》一九八二年二月一日第六版)。这个姬觉弥,即是指的"校长是个和尚"。这些口述,又可以谓之"身入其学"的"经验之谈"了。

"哈同花园"内确曾办"学",看来是事实。非常凑巧,笔者曾查得哈同所办这个"学校"的"学报",名曰《广仓学演说报》。并于一九一六年"出版"的"创刊号"上,看到了为上述三人"祝寿"的"小影"、"赞词",以及阐述其办"学"宗旨的"演说辞"。欲知他们怎样借办"学"以"附庸风雅,欺世盗名",实在是难得的"第一手史料"。先将"赞词"依次引录,并加按语说明如下:

其一,哈同《六十小影》,"赞"曰:

先生欧司·爱·哈同氏,欧罗巴人。航海来沪善营运,以勤俭起家,中年席丰厚,仍不改素行。顾于我国慈善事业及有关世教者,则挥金勿惜。性敦厚,貌尤宽仁,而持筹握算,未尝不精确。或曰:所得于贤内助之力为多焉。

按:"哈同",全称欧司·爱·哈同(一八五六至一九三一年)。所谓"欧罗巴人",实为英籍犹太人。"性敦厚,貌尤宽仁",应读作"吸血成性,刻酉异常","慈善事业及有关世教者"云云,办"学"即其重要项目之一。

其二,"贤内助"即哈同老婆《五十小影》,"赞"曰:

夫人罗诗,字迦陵。先世为法兰西人,生有慧德,通内典,长于"六书"。及笄,嫔于哈同先生,称嘉偶。凡先生所为,夫人实左右之。尝手写《华严》诸经,日夕膜拜。旋印《大藏经》,流通海内外。于园东拨地数十亩,建校舍。乙卯(即一九一五年)复创"广仓学宭",阐明古近文艺,爱俪园中乃渊渊作金石声矣!

按:所谓"夫人罗诗",即罗迦陵,原名俪蕤(一八六六至一九四一年),自称祖籍法国,当哈同尚未发迹,做着洋行的"司阍"时与之姘居。"爱俪园"即"哈同花园"的"雅号"。"内典",系佛教徒对佛教经论之"尊称";"六书"之名,

245

初见于《周礼·地官·司徒》云：保氏教国子"六艺"，"五曰六书"。段玉裁《说文解字》注：(六书)"盖有指事、象形，而后有会意、形声；有是四者为体，而后有转注、假借二者为用"。哈同老婆原系不学无术之"缝纫婆"，捧其"长于六书"云云，殊为可笑。这里特别值得注意的，一是所谓"拨地"建"校舍"。查该"报"其他各期所载学生作文、考试成绩等材料，在此位于"园东"的"数十亩"之广的范围内，于"仓圣明智大学"的招牌下，除附设"中学部"以外，尚有附属小学。二是紧接着建"校舍"之后，又创设了一个"渊渊作金石声"的"广仓学宭"。哈同夫妇凭借其资财，罗致了包括王国维在内的相当一批清末的"遗老"、"耆宿"，以及其他"附庸风雅"之徒，大体上是靠着这个"学宭"。

其三，姬觉弥其人的《三十小影》，"赞"曰：

幼怀贞敏，兰雪之姿。长膺清妙，圭璋之仪。游学大梁，探胜夷门。讲道核艺，具有凤根。亦玄亦史，即佛即心。讲经娓娓，进德骎骎。幕府礼请，节不为屈。息影海嶷，颐光泉石。升堂讲授，广博甄微。猗欤先生，众流所归。

按：姬觉弥，亦称姬佛陀，本姓潘，江苏睢宁人，"清妙"当指"清梵"，即所指"清梵含吐，一唱三叹"的念诵"佛经"。"大梁"原系河南开封之古称，"夷门"乃开封县境内一座山名。这里吹嘘"游学大梁"，显然由于古又称："大梁，昴也；西陆，昴也"，将他比拟为曾赴"西天"取"经"的僧者。他以"和尚"的身份而任了"哈同花园"的"总管"兼任"仓圣明智大学"及其附属中、小学的"校长"，"广仓学宭"亦由其一手操持。"节不为屈"，则是为他投身哈同门下，并做了"夫人罗诗"的"面首"(即男妾)的粉饰之言。

以上三篇"赞"词，如果是"附庸风雅"的吹捧；那么，在接着的题为《广仓演说报缘起》的"演说辞"中，就端出了他们所办之"学"，所以名"仓圣"，实为"欺世盗名"的宗旨。"缘起"说道：

爱俪园院长，太隆罗诗氏夫人，生长中国，凤娴中文，目击心伤，不忍中国仓学凌夷，毅然发愿提倡，欲使普天下都识得字义，循名核实，名尽本分，各完天职，自非创办《演说报》不可。遂商诸院主欧司·爱·哈同先生。先生见义勇为，慨然输资，玉成此举，命睢宁姬觉弥主持其事，定名曰《广仓学演说报》，上遵孔子正名之旨，下师许氏《说文》之意，以发明"六书"，救济国民道德为目的。月出一册，赓续发行。这是罗夫人的苦心，哈同先生的盛德，其实是"仓帝"在天的灵感，所以不谋而合，不期而遇，将中国数千年来神妙不测之字，绝而复续，晦而复明。……诸君要体贴他这个本意,方不负创办的苦心,输资的盛德。更望阅报诸君转劝人人崇拜"仓圣",人人识字,人人为圣贤,为仙佛,为豪杰。将本报读与大众听听,一倡百和,自近而远,普及天下。更望"仓圣"在天之灵大发慈悲,大显神通,现百千化身,使无量无边大地众生都登了觉岸,都成了正果;杨枝一滴水洒遍大瀛海,岂不快哉,岂不快哉!

这其实也是哈同自述其办"学"目的之"自供状"。所谓"仓圣",或曰"仓帝",是指造字的"仓(苍)颉";"仓学"却非专指中国传统的"文字学",乃是包括了孔、佛在内的"混合学"。所以,其"下师许氏(即许慎)《说文》""发明'六书'",就比当时一般封建"遗老"鼓吹"尊孔读经",有着更进一层的"苦心"——除钻故纸堆以外,还得去诵经念佛,以便借"仓帝在天之灵",登"觉岸",成"正果"。所谓"明智",便是要"明"他们臆造的这个"仓圣"之"智";"广仓",则是要使他们胡诌的这套"仓学"广而大之,"普及天下"。所有这些,与帝国主义者利用辛亥革命以后掀起的"复古"逆流,推销其封建的、买办的文化以毒害中国人民,应该说是配合得很紧密的。

从王国维的信看"广仓学宭"之一斑

综上所述,"哈同花园"内所办之"学",包括了两个方面,即:"慈善"兼"世教"的学校;"金石"兼"文艺"的"学宭"。在学校方面,如果列成简表,形成了这样一个"体系":

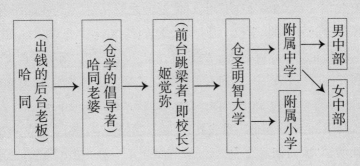

那么,王国维是否当了"仓圣明智大学"的"教授"呢?主"教授"说者,首见于赵万里的《王静安先生年谱》,云:

是岁(指一九一八年)兼任"广仓(按:应为仓圣)明智大学"教授。

接着,在姚名达编的《王静安先生年表》内,亦云:(一九一八年)任上海

"仓圣明智大学"教授。

赵、王二位，皆属"王门弟子"，面聆过王氏教诲，由情理论之，他们写进年谱（或年表）的史实，不会是无根之谈。所以，我在不久前，试编王氏年表时，亦采其说。不意印出以后（刊南京师院《文教资料简报》一九八〇年第十一、十二期合刊），即获罗继祖先生手示，指出此条应删除，并说：

> 王先生未在"仓圣明智（大学）"任教。可能后来哈同以"教授"之衔奉之，而王先生亦不得不受……（但）未闻当时有某某为王先生受业弟子，如清华之例。总之，听他人泛泛之谈，不如听王先生的自白。即使王先生真任哈同所办大学之教授，又有何足引重耶？王先生律己甚严，不似章大炎竟贪润金，为哈同作墓志也。（罗先生一九八一年七月二十九日致笔者函札）

王国维在一九二三年离开上海，抵达北京以后，曾任清华学校研究院教授，一九二五至一九二七年，有赵万里、姚名达等在他身后撰写年谱、年表及其他纪念文章，均可以证实；他如果去"仓圣明智大学"任教讲学，学生中既然有过徐悲鸿这样的杰出人材，何以从他逝世以后，直至今日，无一人出来证实呢？为此，我也面询了一位曾经在上海与王氏及其家属有交往的老人，回答也是否定的。认为说王国维任"哈同大学"的"教授"，是由于他身后"名声大了"，别人给安上去的"头衔"，实际上他根本未任过教。看来，"教授"云云，虽有此"头衔"，却属无"实"可证的"泛泛之谈"。真正与王国维有密切关系的，不是哈同所办的"学校"，乃是"广仓学宭"（亦名广仓学会）。如前所说，具体操持者，也是姬觉弥其人。"宭"者，群也。由于以"阐明古近文艺"为标榜，所以在其"会员录"中，就列入了黄宾虹这样的著名艺术家；既然能"渊渊作金石声"，就不能不"群集"相当一批"宿儒"，收古物，玩古董，谈"古学"，讲"复古"；其中，也确有精通古器古物，真懂古学的学者。如鲁迅在一九二七年写的《谈所谓"大内档案"》中提到的"和罗振玉一鼻孔出气"的蒋家骝，曾在同期（一九二七年）所写的《王国维与学术界》一文中，谈到当时任着金陵大学甲骨文教授的胡光炜（按，即胡小石），对于王国维之死，"言念欷嘘"。追述他本人与王国维"同客哈同花园，相与诘难于沈培老之前"，对于王氏"生平学问，深为服膺而惋惜"。"沈培老"即沈曾植（字子增），清末进士，曾在"总理各国事务衙门"(相当于"外交部")任职,并在恩铭被刺后"护理"过"安徽巡抚",对元史、西北地理及古文字音韵均有所研究,在"遗老"群中被目为"大儒",也是"同客哈同花园"内的一批"宿儒"中执牛耳的人物。从有关史料可以证实,所谓"广仓学宭",即由沈曾植等人为主干组成的。

为了有助于了解"学宭"内部情况,我想借用一下"王先生的自白"——致罗振玉函札。其前半部分,即谈及王氏本人学术研究的内容,曾由《中国历史文献研究集刊》第一集发表;后半部分,即叙述"哈同花园"内一批学人活动的内容,则尚未刊出过。兹先录已刊部分。

> 雪堂先生有道:上午接初三日手书,敬悉一切。《五均论》二本亦早收到,其说与永所发见者不同。惟永说求之周秦之音无乎不合,至汉魏已不尽合,尚不敢谓李登《声类》之五声即如是也。(魏)鹤山《唐韵后序》前托孙君钞之而不效,乃径致书刘翰怡。前日书往,今日即抄来。由《序》所云,可考见《唐韵》平声部目与《古文四声韵》正同。惟前稿已写定付印,将来如不易改,尚须加一跋耳。斧公跋中引魏《序》,当系钞自他书,未必见魏《序》全文也。近日拟续《古代地理小记》,专考自五帝以来至于商末帝王都邑。古帝都邑,皆在东方,而尧都平阳,舜都蒲坂,禹都安邑之说,皆不可信。而于殷、商二字仍主前说,盖卫即殷之音变,宋即商之音变,本一地也。卜辞地理久欲考之,而苦未得概括之见解,须俟之异日矣。

据此,可知王国维在从事金文、甲骨文考释的同时,正做着古文字音韵学的研究,并结合殷墟卜辞,考证上古地理。

以下是未刊部分:

> 近来哈园又因做寿大热闹七夕。孙盖庵招往作夜谈,坐有况夔笙、张孟劬。夔笙在沪颇不理于人口,然其人尚有志节,议论亦平,其追述涒阳知遇,几至涕零,文采亦远在"缪种"诸人之上,近为翰怡编《历代词人微略》仅可自了耳。孙君砭砭乡党自好之士,张君则学问才气胜于况、孙,而心事殆不可知。近翰怡为其刻《玉谿生年谱》四卷,索永为之序。秋后李审言又发起一"通社",每月在孙处集二三次,以谈学为的,人数即上数人(夔生与李不合,恐不来),亦邀永入社。然亦何必有此种名目耶?将来为应酬计,初一二次势不能不往,好在不过闲谈,无他事也。

实斋闻已返沪，遯翁秋后可到，闻修志之(束)脩亦尚照送。天下事固有不可解者，非我辈所能料也。前小川博士过沪见访一次，永以不出未能往答，因告以不出之由。彼云此甚不便，何不去此障碍物，殊可笑也。近日此间天气八十余度，现处暑已过，亮(谅)不至再热。内人尚未免身，请府上诸人勿念。专肃　敬请

通安不一

永观再拜　初十日

250

（尚有附言索寄书名两行，从略。）

按：信中的"永"，即永观，王氏自号。"孙君"，即孙德谦，字益庵。刘翰怡，名承幹，藏书家。张孟劬，名尔田，历史学家。况夔生，即《蕙风词话》作者况周颐，所谓"浭阳知遇"，指他曾为端方"幕客"。李审言，名详，清末诗人，学者。"缪种"指缪荃孙。有关此信内涉及的人名及其他史实，由笔者加了注释，交由南京师院《文教资料简报》刊出，这里不再赘述。需要指出的，一是此信写作时间。由"内人尚未免身"一语，参照年表，王氏夫人于一九一七年秋八月生三女松明，则此信当写成于本年八九月间，即旧历八月。此时罗振玉居住在日本京都吉田山下之"永慕园"，故云"请府上诸人勿念"。二是"遯翁秋后可到"。"遯"疑即"遁"，指沈曾植(子培)，别号"遁翁"，亦称"遯翁"。查王蘧常先生撰《嘉兴沈寐叟先生年谱初稿》，沈于是年七月初从上海秘密潜往北京，参与张勋"复辟"，在京、津间淹留两月有余，始返上海，恰合"秋后可到"。三是趁"哈园"(即哈同花园)做寿"大热闹"之机，李审言(即李详)发起一"通社"，当指"亚洲学术研究会"。此会虽于此时"发起"，实际上至翌年(一九一八年)始正式成立，首启其事的谋划者，实为沈曾植。沈自云谋创此会，是由于"我反对欧罗巴之新知识及号称进步之近代文明，而欲竭力保存中国之真文明"(见辜鸿铭《中国人之复古运动》)。他所谓"保存中国之真文明"，与哈同夫妇谋创"广仓学"的"苦心"，确乎"不谋而合，不期而遇"。

将王国维这封信的前、后两个部分合而观之，可以清楚哈同花园内，有着两方面的活动：即招集若干学人从事学术研究，著书立说，此其一；罗致前清显贵重臣，如沈曾植，以"宿儒"面目鼓吹"复古"，此其二。所以"广仓学窘"即是"遗老"、"宿儒"的群集之处，而且是旨在扩大"仓学"，探究"国故"的书刊编辑出版机构，并在《广仓学演说报》以外，创办了《学术丛编》与《艺术丛编》杂志。

关于涉及"广仓学宭"的一封鲁迅书信注

至此,可以较为确切地回答王国维"客哈同花园"究竟所任何事,曰"广仓学宭"的编辑。具体讲,便是编《学术丛编》杂志。对于他就任编辑的缘由,赵万里《王静安先生年谱》言之甚详,云:

> 先生赴海东(按:指日本)罗氏(振玉)为之别赁居,仍饩而助之。至是海东物价腾贵,罗氏以历年印书所费甚巨,先生不愿有累罗先生,欲先返国。会吾乡(按:指海宁)邹景叔(安)大令为海上西人哈同君致书邀先生任《学术杂志》(按:即《学术丛编》)编辑之职,乃决于次年返国……

这就是说,王国维就任"编辑之职",是由邹安(亦名寿祺)出面,代哈同发函邀请的。"至是"指一九一五年,"广仓学宭"开张之年。邹安系王国维同乡,在"哈同花园"内做着金石的搜集与鉴识,已经于王氏之前就任了《艺术丛编》编辑。

自一九一六年王国维返抵上海,到任编辑以后,在《广仓学演说报》上,相继出现了"广仓学宭"的"出版发行"广告,云:

> 本广仓学宭设于上海静安寺路爱俪园(即哈同花园)中,延聘当世文学大家,撰述编辑各种书籍,并印行希世古本,意在发明"仓学",提倡风气,与坊肆志在牟利者不同。

在"广仓学宭广告"下,有"一报二刊"的出版说明:

> 一是《广仓学演说报》:
> 演述仓圣事迹及造字之功,并发明"六书",注重社会道德。
> 二是《学术丛编》(全年十二册,每册五角):
> 研究经史奥义及礼制本末、文字源流,并附印未刊秘籍,发扬古学,沾溉艺林,功不在乾嘉诸老以下。
> 三是《艺术丛编》(全年六册,每册三元四角):
> 造字作画,始于仓颉,实为艺术之祖。此编收录最古之文字及工艺,

俾上古文化可以沿流溯源,不仅使人多识古书及古物也。全书大半用珂罗版印成,精美无匹。

从"广仓学宭发售书目"广告看到:"学术"、"艺术"两个《丛编》刊出的著作,如果单行出版,就纳入所谓《广仓学宭学术丛书》(分甲乙等集);《广仓学演说报》,后改为《广仓学会杂志》(月刊),则主要是报道和面对"仓圣明智大学"及其附属中、小学。列成简表,大致可以成这样一个"出版体系":

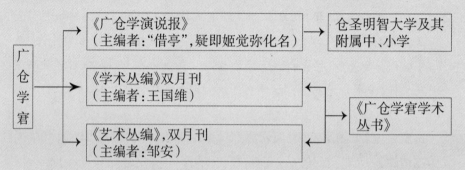

"广仓学宭"编辑、刊行这些书、报、杂志,全部由上海中华书局印刷,该局及其在各省、市的分店代售。笔者从王国维一九一八年致日本友人的书札墨迹影印件中,看到印有"中华书局"字样的极为精致的花式信笺,可知王氏在杂志编辑付印过程中,是与书局方面有相当交往的。但是,由于这些书、报、杂志是哈同私办的,内容又是清一式的"仓学"、"古学",出版之初,发行面就不可能很广;杂志的出刊则更不会按着"月刊"或"双月刊"的期限来印行。非常有意思的是,如此令人"鄙弃"的"学宭",刊印的又是这样的书刊,却被当时尚居住在北京的鲁迅注意到了。他在一九二一年六月三十日致周作人信中,曾提及了其中的《艺术丛编》,说:

> 近见《时报》告白,有邹唛(按:"唛"应为安)之《周金文存》卷五六皆出版,又《广仓砖录》中下卷亦出版,然则《艺术丛编》盖当赋《关雎》之次章矣。以上二书,当于便中得之。

人民文学出版社一九八一年新版的《鲁迅全集》于"盖当赋《关雎》之次章矣"后,加注道:

> 《艺术丛编》金石图录汇编,上海广仓学会出版,间月一册,一九一

六年五月至一九二〇年六月共出二十四册。《周金文存》、《广仓砖录》曾在该编连载,但未刊完,一九二一年六月单行出版《周金文存》卷五、卷六和《广仓砖录》上、中、下卷合集。《诗经·关雎》次章有"求之不得"一语,故这里以"赋《关雎》之次章"喻《艺术丛编》之停刊不出。

"广仓学会"(即"学宭")"出版"的书刊时出时停,这是事实;如果说鲁迅欲觅《周金文存》(邹安编纂)等书,曾等待其刊完,故说"《关雎》之次章",意为"求之不得"(按:《关雎》次章末句应为:"寤寐求之";三章首句方为"求之不得"),当然是对的;但鲁迅书信中说的是"然则《艺术丛编》盖当赋《关雎》之次章",明明是指邹安其人。我认为,鲁迅此语涉笔成趣,揣测其本意,并非在喻邹安所编之《艺术丛编》"停刊",乃在刺每年一度为哈同夫妇"做寿",即王国维在致罗振玉信中说的"大热闹七夕"。《关雎》居《诗经》"三百篇"之首,比夫妇恩爱之义。邹安等人每届"哈园做寿",舞文弄墨,大写其哈同"伉俪"的"双甲寿言"、"贺寿颂词"。鲁迅在信中托购《周金文存》等书,又随手对其编纂者之仰承哈同鼻息、阿谀逢迎,略示讽嘲,也是完全入情入理的。

结　语

总括起来说,王国维是否当了"仓圣明智大学"的"教授",尚待进一步查证;他置身过"广仓学宭",并就任了"学宭"印行出版的《学术丛编》编辑,则是有他本人的"自白",以及所编的杂志可以作证。不论是任"教授",或任"编辑",对于这段生活,早在他逝世前后,就有了不同的看法。例如,顾颉刚先生在一九二七年写的《悼王国维先生》一文中,就说过:"静安先生归国之后(指一九一六年从日本返回上海——引者),何以宁可在外国人所办的学校(广仓学宭)与半外人所办的学校(清华学校)中任事,也只因里边的政治空气较为疏淡之故。"亦即他所以厕身于这么个令人"鄙弃"的地方,是为着获得"一个安心用功的境地",去"专作研究"。这里所说的"安心用功",除了求得适合于王国维这样的人的环境之外,实际上还包含着谋求维持生活的经济来源在内。所以,他在就任"广仓学宭"的"编辑"以后,又先后应聘担任了《浙江通志》的"分纂",以及为蒋汝藻整理、编制藏书目录等。

从一九一六年至一九二三年春,王国维在上海的时间正好是七年。在他一生的学术研究中,这段时间称得上"著述益丰,成果累累"。应该承认,这些著述撰写中,他是利用了"哈同花园"内收藏的金石、甲骨等古器物资料;这些著述写成以后,有相当部分是通过"广仓学窘"得以刊印的。仅一九一七年以"学窘"名义印行、由上海中华书局发售的《广仓学窘学术丛书》甲类第一集二十二种著述内,王国维一人撰写的就有十二种,占百分之六十强。其中最著名的,有被梁启超誉为"一铭相当于一篇《尚书》"(《中国历史研究方法叙论》)的《毛公鼎考释》(一卷);被鲁迅称为"要谈国学,那才可以称一种国学的书"(《热风·不懂的音译》)的《流沙坠简考释》的《补正》(一卷)等。还有博得同时代学者众口称誉为"甲骨文研究最伟著"的《殷卜辞中所见先公先王考》及其《续考》,和《殷周制度论》,也是首先在他编辑的《学术丛编》上发表的。

当然,王国维在这样的环境中从事学术研究,不能不付出代价,绝不"轻松愉快"。如同顾颉刚所说,"他的学问见解",较之"一班遗老差得天高地远,还是情愿和他们虚相委蛇",实在有其苦衷而"不能过分责备的"(同上)。也正如王国维本人在致罗振玉函札中所"自白",他对于哈同及其用事者姬觉弥"皆绝不知学",姬某人"且挟主人势,有陵轹一切之意",是甚为不满的(转引自甘孺《永丰乡人行年录(罗振玉年谱)》,第六十页,江苏人民出版社,一九八〇年)。事实上,为了取得学术研究所必需的条件(包括资料与出版),王国维除去耗费精力做编辑工作以外,还不得不将自己的心血之作,让操持"学窘"并"挟主人势"的姬某人占有,作为他欺世盗名的资本。例如,他于一九一八年撰写的《唐写本唐韵校记》及其《佚文》,最初便是署了"姬觉弥"之名,由"广仓学窘"印行的。

这样看来,由哈同夫妇所办、姬某人所操持的"大学"也好,"学窘"也好,有理由予以"鄙弃",对于曾经在这类"大学"或"学窘"中任事的人,则不可一概而论,并非皆属"鄙弃"之列。王国维逼于当时的社会条件和生活情况,处可"鄙弃"之地,而仍然利用一切可能发愤著书,取得了丰硕的研究成果,毋宁说是可尊敬的。章太炎先生晚年"收馈赠",以至为哈同写墓志,用鲁迅的话,这叫"白圭之玷,并非晚节不终"(《且介亭杂文末编·关于太炎先生二三事》);王国维"虚相委蛇"于哈同办的"学窘"之中而仍不失"律己甚严",我想主要地是在于他通过自己的学术研究,显示了他不失严谨的"学者的人格"(梁启超语),并在学术上作出了贡献。

一九八二年三月十八日校毕于南京之今是斋

[补记]

　　王国维于 1918 年至 1922 年任"仓圣明智大学"的"经学教授",拙著《王国维全传》(修订版)有较为详尽的记述。当本文撰写的时候,由于史料所限,故对他任"仓圣明智大学"教授一事,加了"无'实'可证","尚待进一步查证"等审慎的说法,这是应当说明的第一点。关于哈同夫妇的情况,廖克玉老人生前曾撰《哈同夫妇轶事点滴》(刊于《社会科学战线》1979 年第三期),可资参阅。据廖老太太回忆,哈同死于 1931 年,终年 81 岁,生当 1850 年;哈夫人罗氏死于 1941 年,终年 78 岁,生当 1863 年;本文所记两人生年,则据 1916 年《广仓学演说报》刊载"小影"标示的年龄计算,这是应当说明的第二点。第三,本文录载《学术丛编》的"出版广告",并加注说明:"乃出王氏之手,应属观堂佚作。"罗继祖先生读后曾致信笔者,提出异议。现据《罗振玉王国维往来书信》中王氏书札,可证上述"广告"文字确系王氏自撰。另外,此次重刊,个别文字作了校正。

作　者

2007 年 7 月"小暑"之日校毕并记

255

《学术丛编》篇目

第一册　民国五年六月

敦煌古写本诸经校勘记	卷一	罗振玉撰
周书顾命礼征	稿本	王国维撰
流沙坠简考释补正	稿本	王国维撰
蒙雅	稿本	魏源撰
大元马政记	《永乐大典》中《经世大典》本

第二册　民国五年六月

敦煌古写本诸经校勘记　卷二　周易王注二　稿本　罗振玉撰

史籀篇疏证　稿本　王国维撰

五宗图说　稿本　万光泰

大元马政记　《永乐大典》中《经世大典》本

随志　天一阁旧藏明蓝格抄本

第三册　民国五年七月

乐诗考略　稿本　王国维撰

仓颉篇残简考释　罗振王撰

元秘书监志　刘彦清手录　拜经楼旧藏　景元钞本　王士点　高企翁撰

砖文考略　稿本　宋经畬撰

随志　天一阁旧藏明蓝格抄本

第四册　民国五年八月

裸礼榷　稿本　王国维撰

毛公鼎铭考释　稿本　王国维撰

元秘书监志　　卷一　　刘彦清手录　拜经楼旧藏　景元钞本　元·王士点
　　　　　　　　　高企翁撰

砖文考略　　　卷二　　手稿本　宋经畬撰

随志　　　　　　　　　天一阁旧藏明蓝格抄本

第五册　民国五年九月

魏石经考　　　卷上　　稿本　　王国维撰

元秘书监志　　卷二　　刘彦清手录　拜经楼旧藏　景元钞本　元·王士点
　　　　　　　　　高企翁撰

砖文考略　　　卷三　　稿本　　　宋经畬撰

随志　　　　　　　　　天一阁旧藏明蓝格抄本

第六册　民国五年九月

魏石经考　　　卷下　附图　　稿本　　王国维撰

元秘书监志　　卷三　　刘彦清手录　拜经楼旧藏　景元钞本　元·王士点
　　　　　　　　　　高企翁撰

砖文考略　　　卷四　　　　稿本　　宋经畬撰

随志　　　　　　天一阁旧藏明蓝格抄本

第七册　民国五年十一月

周书顾命后考　　　　稿本　　　　　王国维撰

释史　　　　　　　　稿本　　　　　王国维撰

元秘书监志　　卷四　　刘彦清手录　拜经楼旧藏　景元钞本　元·王士点
　　　　　　　　　高企翁撰

随志　　　　　　　　　天一阁旧藏明蓝格抄本

第八册　民国五年十一月

汉魏博士考　　卷上　　稿本　王国维撰

元秘书监志　　卷四　　刘彦清手录　拜经楼旧藏　景元钞本　元·王士点
　　　　　　　　　高企翁撰

第九册　民国五年十一月

汉魏博士考　　　　卷中　　稿本　　　王国维撰
小学丛残　　　　　　　稿本　　　汪黎庆撰
元秘书监志　　　卷四　刘彦清手录　拜经楼旧藏　景元钞本　元·王士点
　　　　　　　　　　高企翁撰
随志　　　　　　天一阁旧藏明蓝格抄本

第十册　民国五年十二月

汉魏博士考　　　　卷下　　稿本　　　王国维撰
小学丛残　　　　　　　稿本　　　汪黎庆撰
韩氏三礼图说　　　　麟后山房刊本　元·韩信同撰
随志　　　　　　天一阁旧藏明蓝格抄本

第十一册　民国五年十二月

汉代古文考　　　　　稿本　　　王国维撰
韩氏三礼图说　　　　麟后山房刊本　　元·韩信同撰

第十二册　民国五年十二月

尔雅草木虫鱼鸟兽释例　稿本　　　王国维撰
韩氏三礼图说　　　　麟后山房刊本　　元·韩信同撰

第十三册　民国六年正月

太史公繫年考略　　　　　稿本　　　王国维撰
操风琐录　　　　卷一　　稿本　　　刘家谋撰
日知录续补正　　卷一　　稿本　　　李遇孙撰
曲律　　　　　　指海刊本　　　　明·王骥德撰

第十四册　民国六年二月

殷卜辞中所见先公先王考　　一卷　稿本　　王国维撰
元高丽纪事　　　　　　　一卷　元《经世大典》本从《永乐大典》钞出
日知录续补正　　　　卷二　稿本　　李遇孙撰
曲律　　　　　　指海刊本　　　　明·王骥德撰

第十五册　民国六年三月

古本竹书纪年辑校	一卷	稿本	朱右曾辑录	王国维校补
操风琐录	卷二	稿本	刘家谋撰	
元代画塑记	《永乐大典》钞出,元《经世大典》零种			
曲律	指海刊本	明·王骥德撰		

第十六册　民国六年四月

殷卜辞中所见先公先王续考	稿本	王国维撰	
唐折冲府考补	稿本	罗振玉撰	
操风琐录	卷三	稿本	刘家谋撰
日知录续补正	卷二	稿本	李遇孙撰
曲律	指海刊本	明·王骥德撰	

第十七册　民国六年五月

今本竹书纪年疏证	卷上	稿本	王国维撰
操风琐录	卷四	稿本	刘家谋撰
曲律	指海刊本	明·王骥德撰	

第十八册　民国六年七月

今本竹书纪年疏证	卷下	稿本	王国维撰
江氏音学叙例	家刊本	江有诰撰	
曲律	指海刊本	明·王骥德撰	

第十九册　民国六年七月

唐韵别考	一卷	稿本	王国维撰
古韵总论	一卷	江氏音学本	江有诰撰
古音廿一部	谐声一部	江氏音学本	江有诰撰
大元仓库记	一卷	文道希学士从《永乐大典》中辑元《经世大典》本	
曲律	指海刊本	明·王骥德撰	

第二十册　民国六年八月

殷周制度论	一卷	稿本	王国维撰

入声表　　　　　　　一卷　　　　家刊本　　　　江有诰撰
大元甎厲工物记　　　一卷　　　《永乐大典》钞出元《经世大典》零种
曲律　　　　　　　　　　指海刊本　明·王骥德撰

第二十一册　民国六年九月

两周金石文韻读　　　一卷　　　稿本　　　　　　　　王国维撰
宋史忠义传王禀补传　一卷　　　稿本　　　　　　　　王国维撰
广雅疏证补正　　　　一卷　　　山陽黄氏刊本　　　　王念孙撰
元官制杂记　　　　　一卷　　　《永乐大典》钞出元《经世大典》零种

第二十二册　民国六年十月

韵学馀说　　　　　　稿本　　　王国维撰
唐韵四声正　　　　　家刊本　　江有诰撰
大元官制杂记　　　　《永乐大典》钞出元《经世大典》零种

第二十三册　民国六年十一月

永观堂海内外杂文　　卷上　　稿本　　王国维撰
　书毛诗故训传后
　书春秋公羊传解诂后
　郑注论语跋
　尔雅草木虫草鱼鸟兽释例序
　史籀篇疏证序
　苍颉篇残简跋
　殷虚书契考释序
　殷虚书契考释后序
　殷卜辞中所见先公先王考序
　毛公鼎考释序
　宋代金文著录表序
　国朝金文著录表序
　两周金石文韵读序
　江氏音学跋
　汉书艺文志举例后序

古本竹书纪年辑校序

今本竹书纪年疏证序

汉魏博士考跋

元秘书监志跋

大士马政记跋

随志跋

宣和博古图跋

太公家教跋

续墨客挥麈跋

兔园策府残卷跋

玉谿生诗年谱会笺序

书宋旧宫人诗词水雲集、湖山类稿后

春秋后语背记跋

国学丛刊序

唐韵四声正　　家刊本　　江有诰撰

第二十四册　民国六年十二月

永观堂海内外杂文　　卷下　　王国维撰

商三句兵跋

楚公钟跋

铸公簠跋

秦陽陵虎符跋

新莽四虎符跋

隋虎符跋

伪周三龟符跋

元铜虎符跋

新莽一斤十二两铜权跋

王复斋钟鼎款识中晋前尺跋

唐尺考

一贯背合同印跋

齐鲁封泥集存序

齐鲁封泥集存跋

汉黄肠木刻字跋

流沙坠简序

裴岑纪功刻石跋

刘平国治□谷关诵跋

毌邱俭丸都山纪功刻石跋

浙江考

汉会稽东部都尉治所考

东部候官考

邸阁考

彊邨校词图序

墨妙亭记

此君轩记

二田画庼记

清真先生遗事　　一卷　　稿本　　王国维撰

注:该篇中各册出版日期仅供参考。由于种种原因,实际发刊时间往往要推迟。

王国维著述年表

（1916.1—1923.5）

1916 年（丙辰）

一月　撰《生霸死霸考》，刊入《国学丛刊》第二十卷，收入《观堂集林》卷一。

撰《再与林博士论〈洛诰书〉》，收入《观堂集林》卷一。

为纪念苏东坡生辰，赴京都圆山楼春雪楼观苏东坡墨迹及书籍，并集古人成句为诗句以助兴。

二月三日　始写《丙辰日记》（至四月三日止）。

五日　偕子潜明离开神户乘筑后丸赴沪。

九日　午二时，抵沪。

二月　撰《史籀篇疏证》成，刊入《学术丛编》第二册，收入《王国维遗书》第六册。

撰《仓圣明智大学发刊〈学术丛编〉条例》，刊入《学术丛编》第一册。

三月　（丙辰二月）撰《周书顾命礼征》，刊入《学术丛编》第一册，收入《观堂集林》卷一，题为"周书顾命考"。

（丙辰二月）撰《史籀篇疏证序》一文，述《史籀》一书之变迁，收入《观堂集林》卷五，题为"史籀篇叙录"。

撰《流沙坠简考释补正》，刊入《学术丛编》第一册，《流沙坠简考释补正自序》收入《观堂别集》卷五。

撰《殷礼征文》一卷，收入《王国维遗书》第九册。

撰《书作册诗尹氏说》，收入《观堂别集》卷一。

撰《释史》，刊入《学术丛编》第七册，收入《观堂集林》卷六。

为睢宁姬佛陀代笔作《学术丛编序》。

四月　撰《乐诗考略》，刊入《学术丛编》第三册。后订正为《择乐次》、《周大武乐章》、《说勺舞象舞》、《说周颂》、《说商颂》上、《说商颂》下、《汉以后所传周乐考》等七篇,以各篇名收入《观堂集林》卷二。

为太隆罗诗氏代笔作《学术丛编序》。

开始撰《魏石经考》。

五月　(丙辰四月)撰《毛公鼎铭考释》,刊入《学术丛编》第四册,收入《王国维先生全集初编》第十一册。

撰《大元马政记》,刊入《学术丛编》第二册,后《大元马政记跋》收入《观堂别集》卷三。

撰《裸礼榷》,刊入《学术丛编》第四册。后《裸礼榷序》收入《观堂别集》补遗。

七月　作《和子培方伯〈伏日杂诗〉诗》四律,后收入《观堂集林》卷二十四,题为《和巽斋老人〈伏日杂诗〉四首》。

撰《魏石经考》毕,分别刊入《学术丛编》第五、六册,收入《观堂集林》卷二十。

八月　作《题沈乙庵方伯所藏赵千里〈云麓早行图〉》诗三首,收入《观堂别集》卷四。

九月　撰《再酬巽斋老人》诗一首,收入《观堂集林》卷二十四。

(丙辰八月廿一日)阅清道光刻清·张金吾撰《两汉五经博士考》三卷,并作题记。

(丙辰八月二十一日)撰《汉魏博士考》三卷毕,分别刊入《学术丛编》第八、九、十册,收入《观堂集林》卷四。

秋　撰《彊邨校诗图序》,刊入《学术丛编》第二十四册《永观堂海内外杂文》卷下,收入《观堂集林》卷二十三。

十月　(丙辰九月廿四、廿五日)以汲古阁景宋本,校明刻魏·王肃注《孔子家语》十卷,并出校记。

(重阳前一日)撰《周书顾命后考》毕,刊入《学术丛编》第七册,收入《观堂集林》卷一。

代罗迦陵作《创设广仓学会启》。

撰《元秘书监志跋》,收入《观堂别集》卷三。

(丙辰九月)撰《随志跋》。收入《观堂别集》卷三。

十一月　撰《汉代古文考》三卷。刊入《学术丛编》第十一册。

十二月　(丙辰仲冬)撰《尔雅草木虫鱼鸟兽名释例》,刊入《学术丛编》第十二册,收入《王国维先生全集初编》第十一册。

264

是年　撰《周开国年表》，收入《观堂别集》卷一。

1617 年(丁巳)

二月　撰《太史公年谱》，刊入《学术丛编》第十三册，收入《观堂集林》卷十
　　　一，改名《太史公行年考略》。

三月　(丁巳二月)撰《殷卜辞中所见先公先王考》，刊入《学术丛编》第十四
　　　册，收入《观堂集林》卷九。

四月　(闰二月下旬)撰《殷卜辞所见先公先王续考》，刊入《学术丛编》第十
　　　六册，收入《观堂集林》卷九。

　　　(丁巳闰二月)以罗氏所藏海宁吴氏拜经楼旧藏明·蔡完纂修嘉靖《海
　　　宁县志》，校清光绪二十四年重刻《海宁县志》九卷《附录》一卷，并出
　　　校记。

五月　(丁巳夏日)录魏鹤山撰《吴彩鸾〈唐韵〉后序》，并出题记。

　　　(丁巳三月)撰《元高丽纪事跋》，与《元高丽纪事》并刊于《学术丛编》
　　　第十四册。

　　　撰《元代画塑记跋》，与《元代画塑记》并刊于《学术丛编》第十五册。

　　　撰《古本竹书纪年辑校》成，收入《观堂别集》卷四。

六月　撰《今本竹书纪年疏证》，分别刊入《学术丛编》第十七、十八册。收入
　　　《王国维先生全集初编》第十一册。

　　　辑《戬寿堂所藏殷虚文字考释》，收入《王国维先生全集续编》第三册。

七月　(丁巳六月)撰《大元仓库记跋》，与《大元仓库记》并刊于《学术丛编》
　　　第十九册。

　　　(丁巳六月)撰《大元氈罽工物记跋》，与《大元氈罽工物记》并刊于《学
　　　术丛编》第二十册。

　　　(丁巳六月)撰《玉谿生诗年谱会笺序》，刊入《学术丛编》第二十三册
　　　《永观堂海内外杂文》卷上，收入《观堂集林》卷二十三。

八月　(丁巳七月)撰《大元官制杂记跋》，与《大元官制杂记》并刊于《学术丛
　　　编》第二十二册。

　　　撰《唐韵别考》。

　　　作《游仙》诗一首，收入《观堂集林》卷二十四。

　　　撰《唐写本〈唐韵〉校勘记》二卷《佚文》一卷，收入《王国维遗书》第八册。

九月 （丁巳八月）撰《广雅疏证跋》，后与《广雅疏证补正》并刊于《学术丛编》第二十一册。

撰《殷周制度论》，刊入《学术丛编》第二十册，收入《观堂集林》卷十。

（丁巳八月）撰《两周金石文韵读》一卷，刊入《学术丛编》第二十一册，收入《王国维先生全集初编》第十一册。跋收入《观堂集林》卷八，题为《周代金石文韵读序》。

（丁巳八月）作《汉书·艺文志举例后序》，收入《观堂别集》卷四。

撰《宋史·忠义传〈王禀传〉补》，刊入《学术丛编》第二十一册，收入《观堂集林》卷二十三，题为《补家谱忠壮公传》。

十月 撰《册邱俭丸都山纪功刻石残卷》，刊入《学术丛编》第二十四册《永观堂海内外杂文》卷下，并改题《魏册邱俭丸都山纪功刻石残卷跋》，收入《观堂集林》卷二十。

作《海上送日本内藤博士》诗一首，收入《观堂集林》卷二十四。

撰《南越黄肠木刻字跋》，收入《观堂集林》卷十八。

撰《克钟克鼎跋》（又名《曾伯霥簠跋》），收入《观堂集林》卷十八。

撰《韵学馀说》，刊入《学术丛编》第二十二册。

（丁巳九月）撰《江氏音学跋》，刊入《学术丛编》第二十三册《永观堂海内外杂文》卷上，收入《观堂集林》卷八。

秋 撰《书〈春秋公羊传解诂〉后》、《书〈论语郑氏注〉残卷后》，收入《观堂集林》卷四。

撰《铸公簠跋》、《夜雨楚公钟跋》、《记新莽四虎符》，收入《观堂集林》卷十八。

撰《王复斋钟鼎款识中晋前尺跋》、《日本奈良正仓院藏六唐尺摹本》，收入《观堂集林》卷十九。

撰《刘平国治□谷关颂跋》，收入《观堂集林》卷二十。

撰《新莽一斤十二两铜权跋》，收入《观堂别集》卷二。

撰《书〈毛诗故训传〉后》，收入《观堂别集》卷一

撰《二十二部谐声表跋》、《裴岑纪功刻石跋》等。

十一至十二月 撰《商三句兵跋》，刊入《学术丛编》第二十四册《永观堂海内外杂文》卷下，收入《观堂集林》卷十八。

撰《隋铜虎符跋》，刊入《学术丛编》第二十四册《永观堂海内外杂文》卷下，收入《观堂集林》卷十八。

十二月　据《唐语林》校《封氏闻见记》,补第七卷《北方白虹》及《西风则雨》
　　　　两则。
　　　　（丁巳十一月冬至后二日）以武原张氏宋小字本,校清康熙四十三
　　　　年张士俊泽存堂影宋刻五种 宋·陈彭年撰《广韵》五卷,并出校记。
是年　　撰《仓圣庙配亨暨从祀诸贤姓名事由》未刊。稿藏国图。
　　　　撰《清真先生遗事》一卷,刊入《学术丛编》第二十四册。收入《王国维
　　　　遗书》第十一册。

1918 年(戊午)

一月　　校录日本古写本及敦煌写本《尚书孔传》,并据以复校薛季宣所撰《古
　　　　文训》,知薛本与真本隶古定《尚书》文字,悬殊很大。
　　　　（丁巳季冬初九）以盛意园所藏宋·李孟传本,校清乾隆卢文弨刻《抱
　　　　经堂丛书》本题汉·扬雄撰、晋·郭璞注《輶轩使者绝代语释别国方言》
　　　　十三卷《校正补遗》一卷,并出校记。
　　　　以敦煌唐写本及宜都杨氏影日本古写本《尚书》之《盘庚》、《说命》、
　　　　《高宗肜日》、《西伯戡黎》、《微子》诸篇残卷,校影印日本高山寺所藏
　　　　古写本。
二月　　用杨本《净土三部经音义》,校罗振玉藏本。
　　　　（丁巳岁小除夕）以明嘉靖间吴郡黄省曾校刊汉·王逸撰《楚辞章句》
　　　　十七卷,校《楚词补注》三卷,并出校记,收入《观堂别集》卷三,题为
　　　　《明黄勉之刻〈楚辞章句〉跋》。
三月　　以大徐说文音,两校《唐韵》。
　　　　参加浙江桐乡人沈绂(字昕伯)之丧礼,并作《挽沈昕伯》联二副。
四月　　（戊午三月）以罗振玉所藏宋福州藏本,校乾隆五十一年庄炘刻唐·释
　　　　玄应撰《一切经音义》二十五卷,并出校记;又复校清同治八年曹籀刻
　　　　唐·释玄应撰、清·庄炘等校《一切经音义》二十五卷;及唐·释慧苑撰,
　　　　清·藏镛堂纂录,曹籀校《补订新译大方广佛华严经音义》二卷,并出
　　　　校记。
五月　　（戊午四月）以日本富冈君撝藏覆宋·陈道人本,校清乾隆五十四年毕
　　　　氏灵岩山馆刻清·毕沅撰《释名疏证》八卷《续释名》一卷《补遗》一卷,
　　　　并出校记。

（戊午夏四月）以叶梦得、宋仲温及《三希堂法帖》所刊俞紫芝释文本，校清光绪江氏湖南使院刻《灵鹣阁丛书》本汉·史游撰，清·钮树玉校《皇象本〈急就章〉》一卷《王氏音略》一卷，并出校记。

六月　校《唐韵校记》毕。并录副本，得百四五十页。

用《翻译名义集》校《净土经音义》。

七月　（戊午六月）撰《雪堂校刊群书叙录序》。

戊午秋　撰《释由》一篇，收入《观堂集林》卷六。

八月　（戊午秋七月）以雪窗书院本及蜀大字本，校清嘉庆二十年南昌府学刻《十三经注疏》晋·郭璞、宋·邢昺撰《尔雅注疏》十卷，清·阮元撰《校勘记》十卷，并出校记。

九月　撰《释环玦》一篇，收入《观堂集林》卷三。

撰《说珏朋》一篇，收入《观堂集林》卷三。

重辑本《仓颉篇》写毕，得二百三十纸。

十月　（戊午秋九月）再校松江本《急就篇序》，并出校记。

撰《释觯觛卮㔶𣃔》，收入《观堂集林》卷六。

十二月　（戊午冬）撰《随庵吉金图序》，收入《观堂集林》卷二十三。

改定前所撰《唐韵别考》、《音学馀说》二文，因二书与戴东原《声韵考》体例相合，故将二书合署名曰《声韵续考》。

是年　撰《女字说》，收入《观堂集林》卷三。

撰《邵钟跋》，收入《观堂集林》卷十九。

作诗《海日楼寿东轩老人七十》一首、《戊午日短至》一首、《东轩老人两和前韵再叠一章》、《哭富冈君㧑》，收入《观堂集林》卷二十四。

作诗《题积馀观察〈随庵勘书图〉》三首、《姚子梁观察母濮太夫人九十寿诗》、《题费□□竹刻小像》、《题况蕙风太守北齐无量佛造像》，收入《观堂别集》卷四。

诗《题孙益庵（德谦）南窗寄傲图念奴娇词》一首，收入《观堂别集》补遗。

1919年（己未）

一月　撰《书郭注〈尔雅〉后》一篇，收入《观堂集林》卷五（改题为《书〈尔雅〉郭注后》）。

撰《书郭注〈方言〉后》三篇,收入《观堂集林》卷五。

复以《唐语林》校《封氏闻见记》,补入第三卷《风宪》、第七卷《石鼓》佚文二则。

读雅雨堂本《文昌杂录》,订正十馀字。

读雅雨堂本颜师古《匡缪正俗》,并校正书中诸题。

二月　自一日起历时半月,录毕《殷虚书契》上卷释文。

(己未正月)撰《齐侯壶跋》,收入《观堂别集》卷二。

撰《齐侯二壶跋》。

(己未正月)以严元照手稿文,校清光绪陆心源刻《湖州丛书》本清·严元照撰《悔庵学文》八卷《补遗》一卷,并出校记。

三月　撰《徐俟斋先生年谱》。

撰《沈乙庵先生七十寿序》一篇,收入《观堂集林》卷二十三。

(己未二月晦)阅清康熙成德刻《通志堂经解》本宋·薛季宣撰《书古文训》十六卷,并作题记。

六月　因读法人伯希和所撰《摩尼教》,内引九姓回鹘可汗碑文与李文田《和林金石录本》不同,既借沈曾植所藏拉特禄夫《蒙古图志》中所载苾伽可汗碑文,与李本校之。

七月　据笑道人《论宣集》及云嶷《甄正论》,以补蒋伯斧所撰《老子化五经》佚文五则。

八月　撰《重校定和义金石录》一卷,未刊。

从日人狩野直喜所录英伦博物馆所藏敦煌写本,撰《敦煌石室碎金跋尾》。计有《唐写本残职官书跋》、《唐写本食疗本草残卷跋》、《唐写本灵棋经残卷跋》、《唐写本失名残卷跋》、《唐写本太公家教跋》、《唐写本兔园册府残卷跋》、《唐写本大云经疏跋》、《唐写本老子化胡经残卷跋》、《唐写本韦庄秦妇吟跋》、《唐写本云谣集杂曲子跋》、《唐写本春秋后语背记跋》、《唐写本残小说跋》、《唐写本敦煌县户籍跋》、《宋初写本敦煌县户籍跋》,均收入《观堂集林》卷二十一。

《唐写本字宝残卷跋》、《唐写本季布歌孝子董永传跋》,收入《观堂别集》卷三。

撰《摩尼教流行中国考》,收入《观堂别集》卷一。

九月　(己未闰七月)作《乐庵写书图序》,收入《观堂集林》卷二十三。

撰《西湖考》,收入《观堂集林》卷十三。

269

撰《井渠考》,收入《观堂集林》卷十三,改题《西域井渠考》。

(己未孟秋)译法国伯希和讲演词《近日东方古言语学及史学上之发明与其结论》。

(己未孟秋)撰《虢仲簠跋》。

九至十月间　撰《己未广仓学会秋祀》。

十月　(己未秋九日)用十一个版本参校,撰成《校松江本〈急就篇〉》一卷。所用版本如下:一、汉人隶书本;二、松江石刻本;三、类帖本;四、陈氏独抱庐复刊松江本;五、赵文敏章草本;六、赵文敏正书本;七、岱南阁本;八、颜本(《玉海》附刊王伯厚补注本);九、古佚丛书本;十、宋太宗御书本;十一、日本僧空海临本。并略述各本之优劣、搜求经过,始成定本,收入《观堂集林》卷五。

秋　撰《唐李慈艺授勋告身跋》。

《北伯鼎跋》,收入《观堂集林》卷十八。

《于阗公主供养地藏菩萨画像跋》(又名《于阗公主供养地藏王菩萨画像跋》),收入《观堂集林》卷二十。

《曹夫人绘观音菩萨像跋》,收入《观堂集林》卷二十。

十月　是时起为乌程蒋汝藻密韵楼撰藏书志。

撰《书虞道园高昌王世勋碑后》,收入《观堂集林》卷二十。

十一月　(己未九月)撰《高昌宁朔将军麴斌造寺碑跋》,收入《观堂集林》卷二十。

(己未冬十月)撰《重辑仓颉篇》二卷成,收入《王国维遗书》第七册。《重辑仓颉篇自序》收入《观堂别集》卷四。

参加梁鼎芬公祭,并撰《赠太子少保特谥文忠公挽歌词》诗三首(又名《赠太子少保特谥文忠番禺梁公挽歌辞》)。

(己未十月七日)以蒋氏密韵楼藏徐氏原刊,校清光绪十三年上海蜚英馆石印黄氏《士礼居丛书》本汉·郑玄撰《周礼注》十二卷清·黄丕烈撰《札记》一卷,并出校记。

用蒋氏藏嘉靖间复刊宋大字本《礼记》,以校崇文书局翻刻,张敦仁复宋抚本。

撰《尔雅疏》十卷,并出校记。

撰《九姓回鹘可汗碑跋及图记》,以补沈曾植《和三唐碑跋文》之所未备,收入《观堂集林》卷二十。

是年　又撰《秉中丁卣跋》，收入《观堂别集》卷二。

作《题戢山先生遗像》诗一首、《题敦煌所出唐人杂书六绝句》、《冬夜〈山海经〉感赋》诗一首、《小除夕东轩老人饷水仙钓钟花赋谢》诗一首，均收入《观堂集林》卷二十四。

撰《题刘翰怡小像》诗一首，收入《观堂别集》卷四。

撰《西域杂考》，收入《观堂别集》卷一。

1920 年(庚申)

一月　用蒋氏密韵楼藏北宋刊本《尔雅单疏》，校阮氏嘉庆江西刻晋·郭璞《尔雅注疏》，继而又用《尔雅注疏》所引《方言》，校戴氏疏正本，校出异同，俱入藏书志中。

三月　校《佩觽》一书，知张刻本校正颇多，但亦有数字校误。并将校勘情况次日致信蒋孟蘋。

（庚申正月廿一日）以宋刊大字本，校《吉石庵丛书》二集本，汉·赵岐撰《音注孟子》十四卷，并出校记。

三至四月　撰《舀鼎铭文生霸死霸跋》。未刊。

四月　为蒋氏密韵楼所编藏书志，经部、史部正史初稿撰成。

用蒋氏藏卢弓父校本《穆天子传》，校瞿云升校注本，增若干条。又兼采沈乙庵之说，注于书眉。

（庚申清明后四日）以蒋氏藏复宋小字本《史记集解索隐》，校明末毛氏汲古阁刻本，唐·司马贞撰《史记索隐》三十卷中末二卷，并出校记。

撰《张烈女诗》。

（庚申三月九日）撰《顾刻〈广韵〉跋》，收入《观堂别集》卷三。

春　撰《周玉刀跋》。

四至五月　撰《仓圣明智大学章程序》。

五月　（庚申孟夏）以蒋氏藏景元抄本，校明末刻本宋·孟元老撰《东京梦华录》十卷，并出校记。

（庚申三月）以卢抱经先生校本，校清道光瞿氏刻《五经岁编斋校书三种》本，晋·郭璞注、清·瞿云升校《复校穆天子传》六卷《补遗》一卷，并出校记。

（庚申三月）以明刊本，校清乾隆五十一年卢文弨刻《抱经堂丛书》中晋·孔晁注《逸周书》十卷《校正补遗》一卷,并出校记。

六月　（庚申五月）阅《续古逸丛书》影印宋刻本汉·赵岐撰《孟子注》十四卷,撰《内府藏宋大字本〈孟子〉跋》一文。

　　　　（庚申夏五）撰《涧上草堂会合诗卷跋》,收入《观堂集林》卷三。

七月　（庚申季夏）阅明正德乙亥（十年）苏州刊唐·玄宗撰、李林甫等注《大唐六典》三十卷,并作题记。

九月　（庚申七月二十七日）撰《随庵所藏甲骨文字序》,收入《观堂别集》卷四。

　　　　（庚申中秋）撰《残宋本〈三国志〉跋》,收入《观堂集林》卷二十一,并改题为《宋刊本〈三国志〉跋》。

　　　　用明·黄省曾刻《列女传》,校侯官陈氏家刊萧道管集注本,又据《艺文类聚》所引者比勘之。

　　　　（庚申八月）撰《魏曹望憘造像跋》,收入《观堂别集》卷二。

十月　（庚申八月廿八日）撰《影宋本〈孟子音义跋〉》,收入《观堂别集》卷三。

　　　　（庚申九月朔）以蒋氏藏宋刊本,校渐西村舍汇刊本宋·郑瑶、方仁荣纂修《景定严州续志》十卷,并出校记。

十一月　（庚申十月）以乌程蒋氏藏明刊黑口本,校上海涵芬楼《四部丛刊》影印明正德刻汉·贾谊撰《新书》十卷,并出校记。

　　　　（庚申十月）再以宽永十五戊寅仲秋吉日,二条通观音町风宗智刊行《孔子家语》十卷,校黄周贤本一卷,并出校记,收入《观堂别集》卷三,题为《日本宽永本〈孔子家语〉跋》。

十二月　（庚申十月廿二日）以钱塘张氏藏汲古阁影宋钞本,校清光绪石印《士礼居丛书》刻题汉·焦延寿撰《焦氏易林》十六卷,并出校记。

是年　撰《释媵》、《释髀》后收入《观堂集林》卷六。

　　　　撰《书金王文郁所刊〈韵略〉张天锡草书〈韵会〉后》,后收入《观堂集林》卷八。

　　　　撰《秦新郪虎符跋》,后收入《观堂集林》卷十八。

　　　　撰《诗齐风岂弟释义》,后收入《观堂别集》卷一。

　　　　撰《杨绍蓟跋》,后收入《观堂别集》卷二。

　　　　撰《题族祖母蒋夫人画兰》诗一首,后收入《观堂别集》卷四。

　　　　撰《高欣木舍人得明季汪然明所刊柳如是尺牍三十一通》、己未《湖上草为题三绝句》诗,后收入《观堂别集》卷四。

撰《与友论石鼓书》，收入《观堂别集》卷二。

撰《敦煌发见唐朝之通俗诗及通俗小说》，后发表于《东方杂志》第十七卷第 8 号。

1921 年(辛酉)

二月　(庚申十二月廿七立春)阅上海涵芬楼藏清·刘喜海辑、况周颐编次稿本《金石苑》一百二十一卷，并作题记，收入《观堂集林》卷二十一，题为《刘氏〈金石苑〉稿本跋》。

(辛酉人日)撰《汪日桢〈长术辑要〉跋》，收入《观堂别集》卷三。

(辛酉正月)以范氏天一阁藏明抄本，校明·胡氏文会堂刻《格致丛书》本唐·李匡乂撰《新刻资暇集》三卷，并出校记。

(辛酉正月)以蒋氏密韵楼藏冯已苍抄本及劳季言录冯校本，校清乾隆二十一年卢见曾刻《雅雨堂丛书》中唐·封演撰《封氏闻见记》，并出校记。

用内阁大库旧藏残宋本《大唐六典》，校明正德中重刊宋绍兴本，补第三集佚文数百字。此书先生曾在 1911 年以日本近卫公爵校本校勘过，但仍感不足，故今日又用别本重细勘之，始成一善本。

三月　撰《与友人论〈书〉中成语》、《与友人论〈诗〉中成语》二文，收入《观堂集林》卷二。

撰《敬业堂文集序》，收入《观堂集林》卷二十三。

四月　(辛酉榖日)以南林蒋氏藏旧抄本，校清乾隆二十一年卢见曾刻《雅雨堂丛书》中宋·庞元英撰《文昌杂录》六卷、《补遗》一卷，并出校记。

五月　集数年来所著文，编定《观堂集林》二十卷。

(辛酉四月廿九日)以明抄本，校《四部丛刊》影印明嘉靖伍氏龙池草堂刻唐·张说撰《张说之文集》二十五卷、《补》一卷，并出校记。

六月　(辛酉长至日)作《段懋堂手迹跋》一文，收入《观堂别集》卷三。

(辛酉五月)以宋刊残本十四卷，校《四部丛刊》影印明嘉靖三十一年董氏荚门别墅刻唐·元稹撰《元氏长庆集》六十卷《集外文章》一卷，并出校记。

(辛酉端午前一日)以北宋本，校《四部丛刊》影印蒙古刻本唐·李贺撰《诗歌编》四卷，并出校记。

以明影宋八卷本,校《四部丛刊》影印明正德十五年沈恩刻本唐·岑参撰《岑嘉州诗》四卷,并出校记。

(辛酉仲夏)以蒋氏密韵楼藏叶石君校元本,校涵芬楼铅印本《梁文通文集校补》一卷,并出校记。

七月　(辛酉六月)用蒋氏藏艺云精舍抄本,校《四部丛刊》影印清经鉏堂抄本宋·王禹偁撰《王黄州小畜集》,订正误字千馀,并校出缺页、错页数处,并出校记。

八月　(辛酉七月廿六日)以陈道人本,校明万历何湛之刻唐·韦应物撰《韦苏州集》十卷,并出校记。

十月　(辛酉九月朔日至二十三日)录巴黎国民图书馆所藏唐写本《切韵》残卷三,共得五十三纸,以景照本校勘之,并出校记。收入《观堂集林》卷八,题为《书巴黎国民图书馆所藏唐写本〈切韵〉》。

十一月　撰《百一庐金石丛书序》文一篇。

(辛酉冬日)以明抄本《李义山文集》,校《四部丛刊》影印明刻本唐·李德裕撰《李文饶文集》二十卷、《别集》十卷、《外集》四卷,并出校记。

(辛酉十月)以明复陈本,校《四部丛刊》影印明五云溪馆铜活字印本南朝陈·徐陵辑《玉台新咏》十卷,并出校记。

(辛酉孟冬)撰《明太傅朱文恪公手定册立光宗仪注稿卷跋》一文,收入《观堂别集》卷三。

十二月　用蒋氏密韵楼藏明嘉靖徐氏复刊宋建安大字本及宋刊纂图互注本《礼记》,校崇文书局重刻张氏影宋抚州刻本。

撰《汉南吕编磬跋》,收入《观堂别集》卷二。

《观堂集林》由乌程蒋氏密韵楼仿宋聚珍本校刊出版。

是年　从经典中摘出连[联]绵字,辑《连[联]绵字谱》初稿成。计分上中下三卷,上卷为叠韵连[联]绵字,中卷为双声连[联]绵字,下卷为非叠非双声之古成语,收入《王国维遗书》第九册。

撰《明拓石鼓文跋》,收入《观堂别集》卷二。

撰《释辥》上下;《释昱》、《释旬》、《释西》、《释物》、《释牡》、《释弓彁》、《释礼》等,均收入《观堂集林》卷六。

撰《唐广韵宋雍熙广韵考》,收入《观堂集林》卷八。

撰《唐写本摩诃般若波罗蜜经残卷跋》,收入《观堂别集》卷三。

《庚辛之间读书记》，即先生在庚辰、辛酉间所作读书记，曾发表于《盛京时报》，收入《观堂别集》卷四。

1922 年(壬戌)

一月 (辛酉冬十二月十一日)阅宋刻本残叶《后汉书·郡国志》，并出校记。收入《观堂别集》卷三，题为《宋刊〈后汉书·郡国志〉残叶后》。

撰《宋韶州木造像刻字跋》，收入《观堂别集》卷二。

(辛酉季冬醉司命日)撰《题汉人草隶砖》绝向二首，收入《观堂别集》卷四。

(辛酉季冬醉司命日)撰《唐吴郡朱府君墓志跋》，收入《观堂别集》卷二。

撰《晋开运刻毗沙门天王像跋》，收入《观堂别集》卷三。

(辛酉季冬)撰《宋赵不泫墓志跋》，收入《观堂别集》卷三。

(辛酉十二月望日)以明影宋刊本，校《四部丛刊》影印明万历三十年玄览斋刻本后蜀·赵崇祚辑《花间集》十二卷、明·温博辑《补》二卷，并出校记。

(辛酉十二月望日)以明洪武壬申遵正书堂本，校《四部丛刊》影印明刻本宋·何士信辑《增修笺注妙选群英草堂诗馀前集》二卷、《后集》二卷，并出校记。

《唐写本〈切韵〉残本三种》，由北京大学国学门研究所马衡等集资影印出版。

二月 (辛酉季冬除夕前五日)撰《兮甲盘跋》文，收入《观堂别集》卷二。

三月 (壬戌二月)撰《两浙古刊本考》二卷，收入《王国维遗书》第十二册；《两浙古刊本考序》，收入《观堂集林》卷二十一。

撰《罗君楚妻汪孺人墓碣铭》，收入《观堂集林》卷二十三。

四月 (壬戌三月五日)以沈乙庵所校宋刊本，校《四部丛刊》影印清乾隆武英殿聚珍本北魏·郦道元撰《水经注》四十卷(存三十七卷一至十九、二十三至四十)，并出校记。

(壬戌三月)阅清嘉庆九年宁俭堂刻清·李遇孙撰《尚书隶古定释文》八卷，并作题记。

春夏间 撰《王复斋钟鼎款识中晋前尺跋》，收入《观堂集林》卷十九。

撰《日本奈良正仓院所藏六唐尺摹本跋》，收入《观堂集林》卷十九。

撰《宋钜鹿故城所出三木尺拓本跋》，收入《观堂集林》卷十九。

撰《宋三司布帛尺摹本跋》，收入《观堂集林》卷十九。

撰《记现存历代尺度》，收入《观堂集林》卷十九。

撰《元刊本资治通鉴音注跋》，收入《观堂集林》卷二十一。

撰《元刊本西夏文〈华严经〉残卷跋》，收入《观堂集林》卷二十一。

撰《匈奴相邦印跋》。

五月　（壬戌四月）撰《张母桂太夫人真赞》，收入《观堂别集》卷四。

撰《罗君楚传》，收入《观堂集林》卷二十三。

（壬戌端午）撰《明瞿忠宣印跋》，后收入《观堂别集》卷二。

六月　撰《宋抚州本〈周易〉跋》，后收入《观堂别集》卷三。

七月　以蒋氏密韵楼藏海宁陈仲鱼抄本《千顷堂书目》，校《适园丛书》本。校出陈本比适园本多数百条，均录于眉端。复又取《明史·艺文志》校勘之，将见于《艺文志》者，别用朱笔录之。

八月　撰《古监本五代两宋正经正史考经》脱稿，并致函王秉恩，欲借其所藏《五经文字》、《九经字样》书，复考订之。

撰《五代两宋监本考》三卷成，收入《王国维遗书》第十一册。

（壬戌六月）撰《传书堂记》一文，收入《观堂集林》卷二十三。

初版《观堂集林》由乌程蒋氏以聚珍本刊行，收文二百篇，诗六十七首。

九月　（壬戌七月）撰《库书楼记》，收入《观堂集林》卷二十三。

（壬戌八月）以唐写本《切韵》、《唐韵》，再校勘宋·陈彭年撰《广韵》五卷，并出校记。

撰《显德刊本宝箧印陀罗尼经跋》，收入《观堂集林》卷二十一。

十月　（壬戌八月廿日）阅嘉兴金蓉镜辛酉新装其所藏彝器铭拓本，原为鲍少钧家旧物，并作题记。

十一月　撰《沈乙庵先生绝笔楹联跋》，收入《观堂别集》卷三。

十二月　应北京大学研究所国学门之请，致信沈兼士为该大学研究生提出研究题目四："一曰《诗》中成语之研究；二曰古字母之研究；三曰古文字中连[联]绵字之研究；四曰共和以前年代之研究。"

（壬戌冬日）再撰《五代刻宝箧印陀罗经跋》，收入《观堂别集》卷三。

是年　撰《庚嬴卣跋》，收入《观堂集林》卷十八。

撰《梁虞思美造像跋》，收入《观堂别集》卷二。

撰《书某氏所藏金石墨本后》，收入《观堂别集》卷二。

撰《宋刊分类集注杜工部诗跋》、《乾隆诸贤送曾南邨守郴州诗跋》，收入《观堂别集》卷三。

撰《肃忠亲王神道碑》，未刊。

撰《乾隆〈浙江通志〉考异残稿》四卷，收入《王国维遗书》第十四册。

撰《梁溪高仲均兄弟以其先德古愚先生事实属题为书一绝》(诗)、《题西泠印社》图二首(诗)，收入《观堂别集》卷四。

借乌程蒋氏藏天一阁明抄本原本，校吴兴刘氏刻《嘉业堂丛书》中朱寅仪等撰《重详定刑统》三十卷之首数卷，因首数卷明抄本残缺，即用《唐律疏仪》补其缺字，然未尽善，仅补缺字，并出校记。

(壬戌)复用宋刊本，校清乾隆十七年存恕堂刻宋·赵与峕撰《宾退录》十卷。并出校记。

注：《经学概论讲义》一文，是王国维先生在哈同任教时作为讲课教材而作，后由商务印书馆作为函授教材刊印。因无具体年月，经陈鸿祥先生在《王国维传》一书中考证，当作于1920年春至1922年秋冬间，故列于后供参考。

1923 年(癸亥)

一月　(壬戌十一月廿八日)以蒋氏密韵楼藏明刊本《张文献公集》十二卷，校《四部丛刊》影印明刻唐·张九龄撰《唐丞相曲江张先生文集》二十卷、《附录》一卷，并出校记。

撰《飞燕角跋》。

撰《魏正始石经残石考》一卷、《附录》一卷，收入《王国维遗书》第九册。

(壬戌十一月)撰《明熊忠节题稿跋》，后收入《观堂别集》卷三。

二月　(壬戌岁不尽四日)撰《敀卣跋》，收入《观堂别集》卷二。

撰《弜父丁角跋》，收入《观堂别集》卷二。

(壬戌小除夕)撰《刺鼎跋》，收入《观堂别集》卷二。

(壬戌冬十二月岁除)撰《父乙卣跋》，收入《观堂别集》卷二。

(癸亥正月)以明初黑口本，校《四部丛刊》影印明初刻《邓析子》一卷，并出校记。

用嘉靖丙戌正学书院刻本《国语补音》,校曲阜孔氏微波榭刻本。

三月　（癸亥正月二十八日）以蒋氏密韵楼藏宋刊残本,校清光绪十年黎庶
　　　昌刻《古逸丛书》中宋·蔡梦弼撰《杜工部草堂诗笺》四十卷、《补遗》十
　　　卷、《外集》一卷,宋·蔡梦弼撰《诗话》二卷,宋·赵子栎、鲁訔撰《年
　　　谱》,并出校记。

　　　（癸亥二月）撰《古音义索隐》（散片）,后收入《观堂集林》卷八。

　　　撰《高邮王怀祖先生训诂音韵书稿叙录》成,收入《观堂集林》卷八。

四月　蒋氏《密韵楼藏书志》撰成。是书历时二年馀,书以经、史、子、集分部,
　　　书志中著录各书提要、版本及诸本异同。稿二,一藏国家图书馆;一蒋
　　　氏自藏。蒋藏本后收台湾大通书局出版《王国维先生全集续编》,题为
　　　《传书堂藏善本书志》。

五月　二十五日束装离沪北上。

(1)《王国维遗书》1983 年 9 月由上海古籍书店印行。

(2)《王国维先生全集》分初编、续编。均于 1976 年 7 月由台湾大通书局发
　　行。

参考书目：

《王静安先生著述目录》　赵万里编　《国学论著》第一卷第三号

《王国维先生全集》　初编　续编　台湾大通书局　1976 年 7 月

《文献·观堂题跋选录》第九、十期　《文献》杂志编辑部　1981 年

《王国维遗书》　上海古籍书店　1983 年 9 月

《王国维全集·书信》　刘寅生　袁英光编　中华书局　1984 年

《王国维年谱新编》　孙敦恒编　中国文史出版社　1991 年 6 月

《王国维年谱》　陈鸿祥编　齐鲁书社　1991 年

《王国维年谱长编》　袁英光　刘寅生编　天津人民出版社　1996 年

《罗雪堂王国维来往书信》　王庆祥　萧文立校注　东方出版社　2000 年

王静安

图书在版编目(CIP)数据

王国维在一九一六/虞坤林 编.—太原:山西古籍
出版社,2008.1
ISBN 978-7-80598-862-7

Ⅰ.王… Ⅱ.虞… Ⅲ.王国维(1877~1927)－生平事
迹Ⅳ.K825.4

中国版本图书馆 CIP 数据核字(2008)第 000561 号

王国维在一九一六

编　　者	：	虞坤林
责任编辑	：	张雪琴
出 版 者	：	山西出版集团·山西古籍出版社
地　　址	：	太原市建设南路 15 号
邮　　编	：	030012
电　　话	：	0351— 4922268(发行中心)
		0351— 4956036(综合办)
E－mail	：	fxzx@sxskcb.com
		web@sxskcb.com
		gujshb@sxskcb.com
网　　址	：	www.sxskcb.con
经 销 者	：	山西古籍出版社
承 印 者	：	山西三联印刷厂
开　　本	：	787mm×1092mm　1/16
印　　张	：	18.5
字　　数	：	286 千字
印　　数	：	1-2000 册
版　　次	：	2008 年 1 月　第 1 版
印　　次	：	2008 年 1 月　第 1 次印刷
书　　号	：	ISBN 978-7-80598-862-7
定　　价	：	30.00 元